晚清民国时期职业教育课程史论

任平 著

暨南大学出版社
JINAN UNIVERSITY PRESS
中国·广州

图书在版编目（CIP）数据

晚清民国时期职业教育课程史论／任平著．—广州：暨南大学出版社，2009.6

ISBN 978－7－81135－318－1

Ⅰ．晚…　Ⅱ．任…　Ⅲ．职业教育—研究—中国—民国　Ⅳ．G719.29

中国版本图书馆 CIP 数据核字（2009）第 094831 号

出版发行：暨南大学出版社

地　址：中国广州暨南大学
电　话：总编室（8620）85221601
营销部（8620）85225284　85228291　85220693（邮购）
传　真：（8620）85221583（办公室）　85223774（营销部）
邮　编：510630
网　址：http://www.jnupress.com　http://press.jnu.edu.cn

排　版：暨南大学出版社排版设计中心
印　刷：佛山市浩文彩色印刷有限公司

开　本：787mm×960mm　1/16
印　张：14.25
字　数：250 千
版　次：2009 年 7 月第 1 版
印　次：2009 年 7 月第 1 次

定　价：28.00 元

本专著系：

广东省重点扶持学科职业技术教育学成果

广东技术师范学院资助出版

作者简介

任平，1963年生，湖北荆州人，现任广东技术师范学院副教授、硕士生导师。人如其名，是一名普普通通的大学教师。1979年高中毕业上中师，1991年师从著名教育家王道俊先生，1994年在华中师范大学获得教育学硕士学位。2005年开始攻读教育学博士学位，师从著名课程专家石鸥教授。2006年在加拿大不列颠哥伦比亚大学访学一年，师从著名课程理论家威廉·F. 派纳。曾发表学术论文四十多篇，研究领域涉及教育基本理论、教育病理学、职业教育、课程与教学论等。

目 录

导　论

很多东西在没有被证实之前，都是我们的主观猜测，并使人充满无限的遐想。研究历史也是一样，不可能摆脱人的主观性。不过，这倒使历史的研究充满了生命气息。

一、问题的提出

课程是教育活动的核心，课程设置是学校教育的灵魂，任何教育计划的实施最终都要落实到课程中去。教育思想、教育观念的变革，人才培养模式和教学内容体系的改革，都必须通过课程来加以实现和落实。无论哪个历史阶段的课程都是教育研究无法忽视的问题。课程变革的历史背景，历史人物的课程主张，课程如何承载各种教育思想，课程的设置、审定，课程的内容等都是课程史的研究范围。

目前我国职业教育恰逢发展的大好时机，但是这个大好时机并不一定能给职业教育的发展带来质的变化。从晚清时期的实业教育到民国时期的职业教育，都曾出现过几次发展的高峰时期，但无论是实业教育还是职业教育，始终都没有得到实质性的发展，也没有从根本上改变国人看不起职业教育的传统观念，其中原因固然很多，但职业教育的课程空疏无用、脱离社会经济和生活实际应是重要原因。目前职业教育的课程研究存在的主要问题是：课程理论研究方面存在“重理论、轻实践，重模式、轻内容，重引进、轻创新”等现象；而课程改革实践方面存在“重课程理念、轻课程实际，重教师个体、轻教师群体，重教轻学”等现象。这些问题必然会使职业教育的课程研究陷入一种十分尴尬的境地，课程理论研究者和课程实践工作者相互指责，从事职业教育的工作者和社会各阶层人士相互埋怨。学校不断地追随新的职教课程理念，不停地进行课程改革，结果造成教师教学压力大、课改阻力大、学生学习负荷大的局面，而社会各方面对职业教育的质量也不甚满意，认为职业院校并没有教给学生工作中所需的知识，也没有培养工作中所需的技能，职业院校培养出来的学生远远没有达到应用型技术人才的要求。

近年来，关于职业教育课程的研究，我们所做的主要是对发达国家的职业教育课程模式的引入和介绍性的工作，如MES模式、CBE模式、行动导向模式、任务分析模式、多元整合模式等的引入和介绍，但鲜有较为系统和深入的理论研究，这一状况不仅制约了职业教育课程理论的发展，而且也制约了职业教育课程实践的进行。职业教育究竟要教给学生什么？职业教育的实质是什么？现代职业教育强调职业能力的培养，强调职业教育要将“职业人”培养成“社会人”，强调从单纯的培养“技术劳动者”变成培养具有全面素质和综合职业能力的新型劳动者。总之，职业教育既要强调职业技能的培养，又要强调整体素质的提高，这种理念好是好，但未免太过于理想化。这样职业教育的目标不就同其他类型教育的目标一样吗？职业教育的特色究竟体现在哪里？这是不是一种“大职教”或者是“大普教”的概念呢？在一片大力发展职业教育的鼓噪声中，职业教育是不是承受了不该承受之重？职业教育是不是被赋予了太多本不应有的功能？这么好的形势下为什么还是会出现叫好不叫座的现象？对这类问题我们都应给出正面的回答。职业教育的课程设计如何在提高理论知识和实践动手能力之间找到平衡点？究竟什么是职业教育课程？它是不是普通院校课程体系的“压缩饼干”？职业教育的课程只是在职业学校内进行吗？晚清民国时期以“生计”、“生利”为目的的实业教育或职业教育，是如何解决受教育者的“生计”，如何使受教育者“生利”的？这些课程目标实现了吗？从职业教育发展的历史角度去考察职业教育的课程，能给我们当今职业教育的发展带来哪些值得借鉴的内容？诸如此类的困惑都是本书的逻辑起点。

如同教育有广义和狭义之分一样，职业教育也具有广义和狭义之分。人们认为广义的职业教育是指人类社会中所有有关生产和生活经验技艺的传授活动。这种理解涵盖了学校制度建立以前的一切教育活动。还有人认为职业教育就是除了普通教育以外的所有专业教育。狭义的职业教育则是指在现代学校意义的学校制度下所进行的生产技能知识的传授。本书所论及的属于狭义的职业教育。

职业教育对人类社会的承继和发展有着不可替代的作用。我国现代学校制度化形式的职业教育萌芽可以追溯到1840年的鸦片战争时期。龚自珍、林则徐、魏源等倡导的“经世致用”的新思想催生了中国的新教育，中国的职业教育开始进入萌芽阶段。从某种意义上讲现代职业教育甚至早于普通教育，但是经过一百多年的发展，职业教育的发展却远远落后于普通教育，其中原因固然很多，但是作为职业教育载体的课程一定是原因之一。我国职业教育在发展体制上经历了非学校制度化—学校制度化；时段上经历了萌芽—创立—发展等阶段；内容上经历了海防军事教育—民用实业教育—职业教育等阶段；实质上经历了精英教育—民生教育—大众教育等阶段。职业教育的发展从兴盛到衰落再到如今的复兴，其课程发生了很大变化。因此本书的研究将围绕下列问题展开：职业教育课程史研究的理论基础是什么？职业教育课程史研究的内容是什么？晚清民国时期的职业教育课程史的思想渊源是什么？晚清民国时期的职业教育课程体现了一种什么样的教育思想？晚清民国时期我国职业教育课程的内容、实施的方式有哪些以及应如何评价？晚清民国时期的职业教育课程研究对现代职业教育的发展有何启示？

二、研究的现状

通过查阅国内有关课程史研究方面的文献发现，目前对课程史的研究主要集中在对课程论学科发展历史的评述，对学科历史起源的探究和对课程运动的描述。关于职业教育课程演变发展史的研究则主要散见于有关教育史和职业教育史的专著中。课程史的研究也似乎停留在有形易见的教学时数的变化、学科名称的改变、课程标准（纲要）字面意义的解读、学生评价标准的设定、教学活动设计的项目，以及学术理论的引进（或移植）层面上，对于潜藏于背后的价值预设、价值体系以及课程史研究所强调的历史脉络、历程、人物、学派、证据、动态等方面的研究成果却不多见。得出这样的结论或许因为笔者视野有限，或许因为笔者研究方法的局限，或许事实本不该如此而实际就是如此。

关于课程史理论研究的权威著作主要是由美国著名课程理论与课程史方面的杰出人物丹尼尔·坦纳、劳雷尔·坦纳著，钟启泉、张华教授主编，由教育科学出版社出版的《学校课程史》，该书以美国学校教育从欧洲教育的母体分娩为开始，到具有美国特色的教育理论和实践的形成，展示了两百多年来学校课程在双轨与单轨、综合课程与分科课程、学科中心与学生中心、传统与进步、保守与激进、理论与实践等二元论之间的种种角逐和努力。这些角逐和努力不是在真空中发生的，而是在错综复杂的社会事件中展开的。作者引用杜威对"丧失一种历史的洞察并轻易导向短暂的、即时的潮流，慌乱地丢弃恒久的、宝贵的价值"的警告来指出课程领域中一个明显的缺陷。如何评价课程遗产？我们学到了什么？我们基于什么来建设新课程？为什么教育工作者面对课程的时尚以及凭借反应（reaction）和逆反应（counterreaction）进行的课程改革如此脆弱？为什么有那么多的课程改革支离破碎？原因之一就是，"许多课程改革方案很少关注甚至忽略了前人的努力。每一个新的课程改革小组在探讨课程改革时，似乎他们要解决的问题都是那些从前从未认识到的问题。因而，没有成功地把课程研究工作建立在前人的基础上。过去与现在之间的断裂总是成为屡教不改的错误"。

专题研究职业教育发展史的第一部专著，当属商务印书馆1931年出版的黄炎培的《三十五年来中国职业教育》。该书为商务印书馆三十五周年纪念而作，即命名"三十五年来中国职业教育"，黄炎培认为同治六年福州船政学堂之开设是"职业教育制度之最初成立"，[①] 全书分三十五年以前之职业教育、自光绪二十三年迄民国五年凡二十年间之职业教育、最近的十五年间之职业教育三个部分，对职业教育制度之演进和教育机构之设立进行回顾，为所见材料中最早专题论述职业教育发展史的著作。台湾国立师范大学工业教育研究所教授吴谈辉编撰的《中国职业教育发展史》（三民书局民国七十三年印行），将近代职业教育分为萌芽期（同治元年至光绪二十七年）、建立期（光绪二十八年至宣统三年）、民初、新学制时期、建国十年时期、抗战及复员期等若干时段，从职业教育的行政制度、学校设置、分科与课程、教法与教员等侧面对中国近代职业教育的发展进行梳理和评述。由高等教育出版社1994年出版，李蔺田编写的《中国职业技术教育史》一书主要介绍了清末以来的近代、现代职业技术教育。该书按照历史发展年代顺序分时期叙述了从1862年（清代同治元年）开始，经过中华民国时期直到中华人民共和国时期（写到1988年为止）我国职业技术教育发展的历史。书中对每一个历史时期职业教育发展的社会历史背景、教育的

① 田正平，李笑贤．黄炎培教育论著选．北京：人民教育出版社，1993．236

宗旨、学制、科类与课程以及其他相关的职业技术教育的政策、文件和具有重要历史价值的史料都进行了详尽的介绍。

关于晚清民国时期职业教育的著述，总的来说大致可以分为三类。

第一类是资料汇编。主要有舒新城编的《中国近代教育史资料》（中），其中中册有奏定实业学堂章程的内容①。陈学恂主编的《中国近代教育史教学参考资料》（上册），辑录有实业教育的议论、奏章等原始资料②。朱有瓛主编的《中国近代学制史料》，其中第一辑下册、第二辑上册有关于晚清实业教育的内容，如实业教育的上谕、奏章、时人的议论、实业学堂的发展概况等，内容非常丰富③。陈元晖主编的多卷本《中国近代教育史资料汇编》，其中“戊戌变法时期教育”、“留学教育”等分册中都有晚清实业教育的内容，特别是璩鑫圭、童富勇、张守智任分册主编的实业教育、师范教育卷收录了大量关于清末（1902—1911 年）实业教育的章程、议论、办学情况的调查等，是研究实业教育的第一手资料④。还有陈学恂主编的《中国近代教育文选》，选录了不少实业教育代表人物的言论⑤。

第二类是专著。有代表性的有李国钧、王炳照总主编的《中国教育制度通史》第六卷⑥，毛礼锐、沈灌群主编的《中国教育通史》第四卷⑦，关晓红著的《晚清学部研究》⑧，陈学恂主编的《中国教育史研究》（近代分卷）⑨ 等。这些专著尽管都涉及职业教育的课程内容，但都不是将其作为重点来论述的，只是泛泛的介绍，并没有进行深入的分析和探讨。刘桂林著的《中国近代职业教育思想研究》⑩ 对实业教育思想的产生、发展和代表人物的实业教育思想作了详尽的分析和客观的评价。该著作以近代职业教育思想发生、发展和变化演进的历程为对象，论述前后相续的三次职业教育思潮的演变脉络，展示职业教育思

---

① 舒新城．中国近代教育史资料（中）．北京：人民教育出版社，1961

② 陈学恂．中国近代教育史教学参考资料（上册）．北京：人民教育出版社，1986

③ 朱有瓛．中国近代学制史料（一、二辑）．上海：华东师范大学出版社出版，1986

④ 陈元晖．中国近代教育史资料汇编（实业教育、师范教育卷）．上海：上海教育出版社出版，1994

⑤ 陈学恂．中国近代教育文选．北京：人民教育出版社，2001

⑥ 李国钧，王炳照．中国教育制度通史（第六卷）．济南：山东教育出版社，2000

⑦ 毛礼锐，沈灌群．中国教育通史（第四卷）．济南：山东教育出版社，1988

⑧ 关晓红．晚清学部研究．广州：广东教育出版社，2000

⑨ 陈学恂．中国教育史研究（近代分卷）．上海：华东师范大学出版社，2001

⑩ 刘桂林．中国近代职业教育思想研究．北京：高等教育出版社，1997

潮产生的社会根源、与职业教育制度和实践的内在联系等，肯定了职业教育思想对职业教育之建立、修正和推动的积极作用，是职业教育思想研究的一部高质量著作。此外，还有吴玉琦著的《中国职业教育史》[①] 等。

第三类是论文。研究职业教育发展历史的论文很多，这里仅能择要介绍。赵郭的《清末安徽的实业教育》一文，是笔者目前所能见到的最早研究职业教育史的论文，该文发表于安徽大学教育学社主办的《教育新潮》第 4 卷第 1 期（1935 年）。法国汉学家巴斯蒂（M. Bsatid-Burguiere）的《从辛亥革命前后实业教育的发展看当时资产阶级社会政治的作用》一文写作于 1982 年，该文首先考察了那些规定技术职业教育范围的各种章程的制定和内容，接着阐明其实在情形，文章用意在于考察资产阶级在实业教育这一局域的活动，并从中窥见当时整个资产阶级社会政治的作用。该文认为“实业教育的发展不能认为是资产阶级的功绩”，其实“起着显著作用的是一批主张改革的绅贵”。[②] 台湾学者王树槐在《清末铁路人才问题》一文中，从考察清末铁路人才状况出发，延伸至人才培养的教育问题，陈述了属于实业教育系统的铁路学堂的兴办过程，对清末各类铁路公司自行举办铁路教育的情况进行了回顾。霍益萍、田正平的《试论中国近代职业技术教育的发展》[③] 把实业教育作为职业技术教育的一个阶段进行了简单的论述。李霞的《近代中国实业教育的历史考察》[④] 对实业教育的发展历程进行了简单的回顾。孟旭的《中国近代实业教育的产生和实业教育制度的确立》[⑤] 对实业教育的发展历程进行了简单的叙述。再有就是对实业教育代表人物教育思想的研究，如戴亦明的《张謇的实业教育思想》[⑥]，胡世刚的《张之洞实业教育观之我见》[⑦]，韩秀珍的《杨昌济的实业教育思想》[⑧]，熊贤君的

---

① 吴玉琦. 中国职业教育史. 长春：吉林教育出版社，1991

② ［法］巴斯蒂. 从辛亥革命前后实业教育的发展看当时资产阶级社会政治的作用. 纪念辛亥革命七十周年论文集（下）. 北京：中华书局，1982. 2318～2329

③ 霍益萍，田正平. 试论中国近代职业技术教育的发展. 华东师范大学学报（教育科学版），1986（3）

④ 李霞. 近代中国实业教育的历史考察. 湘潭大学学报（哲学社会科学版），2005（3）

⑤ 孟旭. 中国近代实业教育的产生和实业教育制度的确立. 山西大学师范学院学报（哲学社会科学版），1998（4）

⑥ 戴亦明. 张謇的实业教育思想. 宁波大学学报（教育科学版），2003（8）

⑦ 胡世刚. 张之洞实业教育之我见. 湖北民族学院学报（哲学社会科学版），2002（4）

⑧ 韩秀珍. 杨昌济的实业教育思想. 湖南师范大学教育科学学报，2003（11）

《清末职业教育述评》[1]，谢长法的《实业教育的改革和职业教育的兴起》[2]，邓耀彩的《我国高等职业教育发展的历史述评》[3] 等，都从不同角度考察了职业教育产生、演进的历程，勾画了中国近代职业教育史的局部线索或大致轮廓。

综合来看，对职业教育发展史的研究愈来愈受到学界的关注，经过研究者多年的资料挖掘和研究探讨，产生了一大批研究成果，职业教育发展史研究的基本问题逐步清晰，有影响的专著和论文不断涌现。但已有的丰硕成果并不意味着没有留下进一步研究探讨的空间，现有的一些认识也远远称不上是没有商榷余地的定论。

在提出本课题的研究之前，有必要回过头来对以往的研究重新进行审视。在研究内容上，对比各著作和论文，相互间的雷同远大于差异，数量看似不少但相互重复的很多，一些研究停留于对职业教育成文条款的罗列，不少论文仅限于简单地梳理整个近代职业教育的线索，缺乏深度的理论分析和事实评价。在研究时段上，有的纵跨古今、面面俱到却蜻蜓点水、浮光掠影，在有限的篇幅内难以对某一时期或某一问题展开更深入和全面的剖析。在研究重点上，多数从新学制的角度或围绕黄炎培及职教社的活动对二三十年代的职教高潮展开讨论，对清末实业教育多只作为背景进行追溯。在研究视角上，宏观分析者较多、微观者次之、中观者更次。从教育与政治、经济、文化相关联的社会大系统的宏观角度分析讨论职业教育的产生、发展和影响者为数不少，对少数几个精英人物的职业教育思想进行研究的成果也建树不少，但深入到具体的职业教育实体，从课程、生源、师资等角度进行微观剖析者则相对薄弱。介于宏观与微观之间，从职业教育与社会各界、社会各阶层互动关系的角度跟踪职业学校兴办、运作和兴衰历程，探求直接影响职业教育发展的社会环境和各界支持，以及职业教育在整个教育系统中的所占比重和所处地位的中观研究者为数甚少。在史料运用上，笔者作过粗略统计，除区域性的职业教育史研究外，多数论著所引材料基本上不出舒新城、璩鑫圭、朱有瓛等汇编的近代教育史资料中有关职业教育部分，内容大体不外乎职业教育思想、各学制关于职业教育的文本。对反映职业教育办学真实成效、反映社会各界尤其是下层民众对职业教育态度

---

① 熊贤君．清末职业教育述评．教育研究与实验，1994（4）
② 谢长法．实业教育的改革和职业教育的兴起．教育与职业，2002（2）
③ 邓耀彩．我国高等职业教育发展的历史述评．高等教育研究，1999（4）

的史料挖掘和应用还远远不够。在研究方法上，多作一般性的文献解读，有的干脆就是对学制体系和教育行政文件中有关职业教育政策的照录，没能依照一定的理论体系作深入的理论阐释或理性阐析。

三、研究的意义

职业教育是一个国家国民教育体系中的重要组成部分，它是一种使“无业者有业，有业者乐业，有志者创业”的教育。职业教育对社会经济的发展及人的生存与发展，乃至国家的生存与发展的作用都是不容低估和不可替代的。然而，这种特殊的功能经常被我们忽视。这里的“我们”包括一些教育官员、教育理论研究人员和教育实践工作者。职业教育经常被看作是低于普通教育的次等教育。因此，在政府决策中，职业教育被当作民心工程中的一种施政策略，如关心民生问题、解决三农问题、减轻社会就业压力问题等。在教育规划中，职业教育被视为调节普通教育生源的缓冲系统。在招生和经费投入政策中，职业教育总是处于“先普教、后职教”的次要地位。研究职业教育课程的发展历史，必然要研究职业教育发展的历史，梳理职业教育在不同历史阶段的发展可以窥见其对社会、国家、民族和个人的贡献，唤起我们对职业教育的重视。职业教育的课程历史研究是对历史事实的回眸与梳理，可以为当下职业教育的课程解构与重建提供一些历史性的借鉴与启示，有利于建构职业教育的话语体系，为职业教育真正确立自己在国民教育体系中的地位、摆脱次等教育的印象具有实际意义。

（一）研究的社会意义

我国当前职业教育的发展与经济建设的发展并不适应。承载职业教育思想、实现职业教育目标的课程是造成这一现象的主要因素。职业教育是与社会生产联系最密切的教育形式，特别是在当前的社会主义市场经济体系的构建过程中，更是具有不可替代的作用。温家宝总理在 2005 年 11 月 7 日召开的全国职业教育工作会议上指出：“当前我国就业和经济发展正面临着两个大的变化，社会劳动力就业需要加强技能培训，产业结构优化升级需要培养更多的高级技工，因此，需要大力发展职业教育。做好这项工作，对于把巨大的人口压力转化为人力资源优势，使我国经济建设切实转到依靠科技进步和提高劳动者素质的轨道上来，具有重大意义。”① 但是，当前我国的职业教育面临着一方面市场需求旺盛，另一方面自身发展困难的局面。

当前职业教育的困境已引起国家的高度重视。在2005年11月7日召开的全国职业教育工作会议上，温家宝总理作了《大力发展中国特色的职业教育》的重要讲话。讲话说“从总体上看，职业教育的发展仍然是薄弱环节，不适应经济社会发展的需要”，认为“大力发展职业教育，既是当务之急，又是长远大计”。他要求大家“要从国家现代化建设的大局出发，深刻认识加强职业教育的重要性和紧迫性”。11月9日，根据这次会议精神，国务院下发了《国务院关于大力发展职业教育的决定》。该决定承诺，“十一五”期间中央财政要对职业教育投入100亿元；到2010年，中等职业教育招生规模将达到800万人，与普通高中招生规模大体相当；高等职业教育招生规模占高等教育招生规模的一半以上。“十一五”期间，为社会输送2 500多万名中等职业学校毕业生，1 100多万名高等职业院校毕业生。经过几年的努力，我国的职业教育已经得到长足的进步，传统的职教观正在发生改变，可以毫不夸张地说，职业教育迎来了前所未有的发展机遇，但是，要真正让职业教育完备起来，还有很多工作要做，我们要从不同的视角去研究职业教育，构建职业教育的理论体系，指导具有中国特色的职业教育实践。本书拟从课程的角度，对我国近代职业教育的发端——晚清时期的实业教育，和极具特色的民国时期的职业教育进行研究，希望能对当前的职业教育发展起到一定的作用。

（二）研究的学术意义

实业教育和普通教育、师范教育构成了近代中国新式教育的主要内容，总体而言，我们对职业教育的研究还比较薄弱，特别是对1902年以前的实业教育研究更是缺乏，这是一个很大的缺憾，也与实业教育在历史上的地位不符。

课程史记录了某个时期中的特定社会人群，对于课程定义与目标设定的看法与想象，以及决定达到目标方式的历程与影响，研究者的研究取向及重点自然成为课程史关注的对象。从性质来说，课程史属于课程基本研究之一，

① 资料来源：www. xinhuanet. com

课程的基本研究对象，除了知识与控制、学校科目等课题以外，近年来也涵盖了课程历史、课程话语、教师文化、教师生活史、潜在课程、教育与种族和教育与性别等。这或者可以认为是课程研究的再概念化（reconceptualization），是课程研究用一种革新的方式开拓了新的历史研究领域。课程史研究的意义[①]在于：

（1）提供课程的过去、现在与未来之间的复杂关系。

（2）在历史背景下探究某个特殊时期的课程为何要教，如何被教，以及为谁的利益而被教。

（3）理解过去的课程是如何限制目前的课程发展的。

（4）为现在及未来课程的研究与实践提供借鉴。

（5）提供学科的正式结构背后的人类活动的过程与动机。

（6）帮助理解目前课程发展模式的评价。

（7）协助了解已经界定的专业与个人生活的历史。

课程是一个动态的社会现象，每逢社会和生产力发生重大变革时，都会带来课程的变化，这种变化一般有两种形式，即通过影响学习者的思想和行为引起社会的变革，或者是将社会变革通过课程来体现。清末民初是我国社会发生急剧动荡的时期，社会处于一种转型期，职业教育被提到了“实业救国”、“教育救国”、“救亡图存”等关涉国计民生的高度。那么课程在其中是否发挥了作用？多大程度上发挥了作用？其原因是什么？这些都是值得研究的。

Della-Dora（1976）在 Davis 主编的《课程发展观点 1776—1976》一书中提到：历史研究的价值之一，在于协助我们不至于被每一种提出来的“新万灵丹”给绊倒，让我们体会并认识到我们曾经实际尝试的想法，以及那些想法之所以无法拥有璀璨未来的理由。课程史研究先驱 Bellack 也认为：课程领域所面临的最大挑战之一，就是丧失了它的历史观点，而专注于现行问题的结果，导致忽略了那些问题原来产生的种种历史根源[②]。

① 欧用生，陈伯璋．课程与教学的餐宴．高雄：复文图书出版社，2003．192～193

② 白亦方．课程史研究，此其时矣．课程研究，2006（2）：3～4

四、研究的相关界定

（一）实业与实业教育

“实业”一词是外来词，由日本传入中国。它实际上借用了德文“realsehule”一词的日文翻译。“实业教育”在日本使用得较多，1899 年 2 月（明治三十二年）日本颁布的《实业学校令》中就是使用这个称谓。中国在“实业教育”这个词传入以前，人们对培养农工商矿等各类应用人才的教育的叫法并不统一。有的称之为“实学”（梁启超：“一切实学，如水师必出海操练，矿学必入山察勘”）①；有的称之为“农工商学”（严复：“西洋今日，业无论兵农工商，治无论家国天下，蔑一事焉不资十学”）②；有的称之为“艺学”（梁启超：“今日学校，当以政学为主义，以艺学为附庸”）③，不一而足。实施实业教育的学校则直接加上学校的种类称其为某某学堂或学馆，如杭州蚕学馆、江西高安蚕桑学堂、湖北农务学堂、湖北工艺学堂等。

实业教育是职业教育的早期形式，这一点人们是达成共识的，但是对实业教育一词的阐释，各种材料的表述则不尽相同。刘桂林博士认为，实业教育就是工业教育。据现有材料推断，最早使用“实业学校”和“实业教育”两词的大概是夏偕复④。1901 年，时任出洋学生总监督的夏偕复在《学校刍议》的“日本学校概述”一节中，用“实业学校”的概念指“中等农、工、商实业之教育”。⑤ 严复在上海高等实业学堂演讲时（1906 年），对“实业教育”的解释是：

> 实业，西名谓之 industries；而实业教育，则谓之 technical education，顾西人所谓实业，举凡民生勃动之事，靡所不赅；而独于树艺牧畜渔猎数者，则罕

---

① 陈学恂. 中国近代教育文选. 北京：人民教育出版社，2001. 130

② 陈学恂. 中国近代教育文选. 北京：人民教育出版社，2001. 198

③ 陈学恂. 中国近代教育文选. 北京：人民教育出版社，2001. 157

④ 夏偕复（1874—?），字棣三，浙江余杭人，清末历任中国留学生总监督、驻美国纽约总领事、外交部云南交涉使，曾与刑部主事张元济等呈请设立通艺学堂（1897 年）。

⑤ 夏偕复. 学校刍议. 璩鑫圭，唐良炎. 中国近代教育史资料汇编（学制演变）. 上海：上海教育出版社，1991. 172

用其字。至所谓实业教育，所苞尤隘，大抵同于工业。[①]

由张百熙呈奏的《钦定学堂章程》方案中“技术职业教育称为‘实业教育’，乃借用德文“realsehule”一字的日文翻译”。[②] 而“realsehule”在德文里指实科中学，即18世纪初出现于德国，与文科中学相对，着重教授实际生活和国民经济各部门必需的实用知识的学校教育形式。

黄炎培则认为：“实业教育与职业教育，二者皆以解决生计问题为目的，然其范围不同。实业教育之高焉者，高等专门实业亦属之；其下焉，仅为职业之预备者亦属之。故论其长，可谓过于职业教育。英语 industrial education 之名词，依其本义，仅限于工业教育。东方译为实业教育，亦仅限于农、工、商三种，而医生、教师等不与焉。职业教育（vocational education）则凡学成后可以直接谋生者皆是。故论其阔，又可谓不及职业教育。”[③] 朱作人在其主编的《教育辞典》中认为，实业教育是“实施农、工、商所必需的知识和技能的教育，旨在培养技术工人或中、低级的技术人员”。[④] 此解释合乎民国后期职业教育的情况，但于清末的实业教育不甚妥帖，因为清末实业教育包含层次较高的高等实业学堂，民国后期才将这一层次划归专门学校。

本文所指实业是指农业、工业、商业、矿冶、铁路等物质生产行业。实业教育就是指19世纪下半期到20世纪初，与普通教育和师范教育相对应，以传授发展农、工、商所需知识和技能为教学内容，为农业、工业、商业、矿冶、铁路等物质生产部门培养专门应用人才的学校形态的教育。

（二）职业与职业教育

“职业”一词，最早见于《国语·鲁语》：“昔武王克商，通道于九夷百蛮，使各以其方贿来贡，使勿忘职业。”这里的“职”指执掌之事，“业”是古代记事的方法，把要做的事在木棒上刻成齿状，有多少件事就刻多少个齿，做完一件事就消去一个齿，叫做“修业”。所以“业”的含义是事，“职业”即分内应

① 夏偕复．学校刍议．璩鑫圭，唐良炎．中国近代教育史资料汇编（学制演变）．上海：上海教育出版社，1991．172

② 纪念辛亥革命七十周年论文集（下）．北京：中华书局，1982．2318

③ 陈元晖．中国近代教育史资料汇编（实业教育、师范教育卷）．上海：上海教育出版社，1994．234～235

④ 朱作人．教育辞典．南昌：江西教育出版社，1985．436

做之事。在古代，“职”和“业”各有所指，职，即官事，业，指农、牧、工商。古人所说的“官有职，民有业”，就是指两者的不同。现在职业已经将其合在一起使用了。根据研究需要的不同，职业可以从政治学、经济学、社会学、教育学、法学等不同的角度进行界定。比如从教育学的角度，《教育大辞典》中对职业作了如下的解释：职业是个人在社会中所从事的作为主要生活来源的工作的种类。而从社会学的角度对职业又作了如下理解：第一，职业是社会分工体系中的一种社会位置，这种位置一般不是继承性的，而是获得性的；第二，职业是已经成为模式并与专门工作相关的人群关系和社会关系，或者说已成为模式的工作关系的结合，它是从事某种相同工作内容的职业群体；第三，职业同权利和利益紧密相连，它拥有垄断权和经济收益权；第四，职业是国家确定和认可的。任何一种职业的产生，必定为社会所承认，为国家的职业管理部门所认可，并具有相应的职业标准。而职业的经济学理解又是：第一，职业是社会分工体系中劳动者所获得的一种劳动角色。它根源于社会分工，并赋予劳动者以不同的工作内容、不同的职责、不同的声誉和社会地位，以及不同的劳动规范和行为模式。第二，职业是一种社会性的活动，具有社会性。它是劳动者所进行的社会生产或社会工作，均为他人所必需并为国家所认可，所以，职业是社会的职业。第三，职业具有连续性和稳定性。劳动者只有连续不断地从事某种社会工作，这种工作才能成为劳动者的职业，或者只有相对稳定地从事某项工作的劳动者，才能称其为该职业的劳动者。第四，职业具有经济性。劳动者从事某项职业，必定要从中取得经济收入。

综合对职业这一概念的不同表述，本研究将职业界定为，职业是指人们在社会生活中所从事的，以获得物质报酬为自己主要生活来源，并能满足自己精神需求的、在社会分工中具有专门技能的工作。

关于职业教育的称谓目前没有一个统一的标准，大致上有“职业教育”、“职业技术教育”、“技术和职业教育”、“技术教育”、“技术职业教育”几种。职业教育的概念比较宽泛，凡是为就业做准备，培养学生获得一种谋生的技能的教育都可以称之为职业教育。而技术教育虽然也是为学生就业做准备，但必须是以传授技术知识和技能为教育内容。在现代社会中，几乎所有的职业都与技术有关，因此，职业技术教育也就成为职业教育的同义词。

在我国，“职业教育”的称谓有一个历史演化过程。清朝末年，现代学校形式的职业教育开始出现，当时被称为实业教育，进行实业教育的学校被称为实业学堂。当时这种学校兼有中等和高等教育的性质，有的还具有初级职业训练的性质。1922 年，民国政府颁布壬戌学制时，将实业教育改称为职业教育，中等教育阶段称为职业学校，高等教育阶段称为专门学校，这种称谓一直沿用到 1949 年。新中国成立后，开始改称为技术教育，分为初级和中级两个层次。后来学习苏联的教育经验，把培养中级专门人才的学校，称为中等专业学校，包括中等师范学校和各类中等技术学校；把培养中级技术工人的学校，称为技工学校；把各种短期训练机构或长期训练机构，称为训练班。没有再沿用“职业教育”的名称。直到 1958 年，开始创办农业中学、工业中学、手工业中学，又把这些技术中学称为职业中学。1951 年《政务院关于改革学制的决定》中，使用的是“技术教育”，1982 年 12 月 4 日通过的《中华人民共和国宪法》中，使用的是“职业教育”，但把中等专业学校归入技术教育，并将职业教育与初、中等普通教育和高等教育并列，则是从 20 世纪 80 年代初开始，在各有关文件（包括《中共中央关于教育体制改革的决定》）中均使用“职业技术教育”的称谓，将“职业教育”与“技术教育”统一起来，规定了职业技术教育与基础教育、高等教育为我国教育体系的三大组成部分。从 20 世纪 90 年代开始，在《教师法》和有关的政府文件中，改用“职业教育”，1996 年颁布的《中华人民共和国职业教育法》将其正式称为职业教育，但其内涵与使用过的“职业技术教育”相同，包含了职业学校教育、职业培训及职业预备教育等。在我国台湾地区称之为“技术职业教育”。

由于世界各国的情况不同，经济和教育发展的阶段不同，对职业教育的含义也有不同的理解和称谓。在德国，职业教育是指高等专科教育以下、基础教育以上的各级各类学校的教育和培训。在美国，“职业教育”与“技术教育”并存，技术教育指专科教育，而职业教育包括技术教育和职业中学。在意大利，职业教育、技术教育两个名称是分开使用的，但又合称为职业教育。联合国教科文组织称“技术与职业教育”、苏联称“职业技术教育”、德国和美国等国家称“职业教育”。联合国教科文组织在 1974 年的第 18 届大会上通过的《关于技术与职业教育的建议》中将技术教育和职业教育统称为“技术和职业教育”（technical and vocational education）。

在教育史上，关于职业教育的解释很多。杜威认为，职业教育就是为从事职业工作做准备的教育；斯内德认为，凡为生活做准备的教育都可称为职业教育；梅斯在《职业教育的原理和实践》中指出，职业教育是为学生将来从事某种特定职业做准备的教育；《国际教育词典》指出："职业教育是在学校内或学校外为提高职业熟练程度而进行的全部活动，它包括学徒培训、校内指导、课程培训、现场培训和全员再培训。当今则包括职业定向、特殊技能培训和就业安置等内容。"

在职业教育发展到21世纪的今天，相关实践不断促进该领域的扩展。我国的职业教育包括职业学校教育和职业培训。职业学校教育从纵向来说包括初、中、高三个层次。其中，初等职业教育有职业初中、初中后的"3+1"等；中等职业教育有中专、技校、职业高中及成人中专；高等职业教育有职业大学、职业技术学院、高等技术专科学校、成人高校、高级技工学校以及普通高等学校中设置的二级学院——职业技术学院。从横向看，它包括农业职业教育、工业职业教育、商业职业教育、金融财贸职业教育、政法职业教育、服务职业教育，以及卫生、艺术、体育等方面的职业教育。

综上所述，职业教育就是在一定普通教育的基础上，对社会各种职业、各种岗位所需要的就业者和从业者所进行的职业知识、技能和态度的职前教育和职后培训，使其成为具有高尚的职业道德、严明的职业纪律、广泛的职业知识和熟练的职业技能的劳动者，从而适应个人就业的要求和客观岗位的需要，推动生产力的发展。从职业教育的实践角度来看，可以从广义和狭义两个方面来理解：从广义上说，它泛指一切增进人们的职业知识和技能，培养人们的职业态度，使人们能顺利从事某种职业的教育活动；从狭义上说，它就是指学校职业教育，即通过学校对学生进行的一种有目的、有计划、有组织的教育活动，使其获得一定的职业知识、技能和态度，以便为学生将来从事某种职业做准备。本文所研究的职业教育是狭义的学校职业教育。

（三）关于课程

"课程"一词在我国最早见于唐宋年间，唐代孔颖达在《五经正义》里为《诗经·小雅：巧言》的"奕奕寝庙，君子作之"句注疏，说："教护课程，必君子监之，乃得依法制也。"南宋朱熹在《朱子全书·论学》中有"宽着期限，紧着课程"，"小立课程，大作工夫"等。这里的课程含有所分担的工作的程度，学习的范围、时限、进程，或是教学与研究的专门领域的意思。

西方“课程”curriculum（俄语是 kypc，德语是 lehrplan）一词源于拉丁语的“跑道”（cursum，race course），转义作为教育上的术语，意味着“学习者学习的路线”。因此，与“学习过程”（course of study）同义，含有“人生之阅历”的含义。斯宾塞在他的《教育论》（1861）中已把“教育内容的系统组织”谓之“curriculum”。在日本，战前采用“教科课程”（小学）和“学科课程”（中学），战后采用“教育课程”的术语。这是因为，学校中的教育活动除了学科教学之外，课外活动也作为课程的一个领域受到重视。因此，这里所谓“教育课程”是指“在学校的指导下，儿童所拥有的教育经验或是活动之总体”。

1974 年，美国课程学者塞勒（Saylor）和亚历山大（Alexander）将课程的定义归纳为四类：课程是学科和教材；课程是经验；课程是目标；课程是计划。《国际教育百科全书》列举了课程的九种定义：①为训练儿童和青少年在集体中思维和行动的目的而制定的潜在经验的序列；②在学校指导下的学习者的全部经验；③为使学生有资格毕业，或取得文凭，或进入某一专业或职业领域而由学校提供给学生的教学内容或者具体教材的总计划；④课程是探索学科中的教师、学生、科目和环境等因素的方法论研究；⑤课程是学校的生活和纲领……一种有指导的生活事业，它变成青少年和他们长辈生活中能动的活动的长河本身；⑥课程是一种学习计划；⑦为在学校的指导下使学生的个人的和社会的能力不断地、有意识地发展，通过知识和经验的系统重建而形成的，有计划和有指导的学习经验以及预期的学习结果；⑧课程必须基本上由五大领域的有组织学问组成，即掌握母语和系统学习语法、文学和写作，数学，科学，历史和外语；⑨课程被看作是关于人们的经验（而不是结论）的日益广泛的可能的思想范例，从这些范例中引出结论，这些结论只能在这些范例的背景中扎下根基，并获得认可。①

我国学者施良方概括了六种典型的课程定义：课程即教学科目；课程即有计划的教学活动；课程即预期的学习结果；课程即学习经验；课程即社会文化的再生产；课程即社会改造。

为了更进一步说明课程的含义和研究课程发展演变的意义，我们有必要了

① 江山野．简明国际教育百科全书（课程）．北京：教育科学出版社，1991．64

解课程发展的历史进程。

课程是随着人类教育的发展而产生的。在原始时期，人类祖先为了提高征服自然的能力而学会了制造工具，为了加强生存的本领而掌握了火的运用，为了增进种群的协作而发展了语言，为了维系种族的繁衍而逐步形成了婚配习惯及道德观念。在人类的进化过程中，人的每一种本质活动和特性，每一种生活本能都会成为一种需要。而这些根本的需要就成为远古时代人类社会教育的基本内容。用今天的话来说，制造工具、运用火、语言、培养道德习惯等就是原始社会教育的课程。教育内容与人类的生存需要紧密相连，这是原始课程的突出特点，也是课程的本质。

随着人类文明的进步，课程的发展日趋专门化和正规化。在这一过程中，课程受到了两种因素的影响，那就是阶级的分化和学校的产生。社会统治者从本阶级的利益出发，将阶级统治的信条和价值观念逐渐变成课程的目标和内容，并通过学校保存下来。统治阶级因享有教育的特权而达到垄断教育的目的。这时的学校课程已不再体现人类的生存需要，而首先体现统治阶级的生存需要。教育内容已由人类的生活本领演变成统治阶级的统治本领。中国奴隶社会官学中的习射、习礼教育，封建时代的六艺教育，以及古代欧洲的七艺教育，中世纪欧洲的宗教教育，都是这一特征的体现。学校教育的内容与人类生活的需要相分离，与人类生产劳动的需要相脱节，与人的发展相背离，表现出课程发展越来越偏离了其本质而成为社会进步的桎梏。

这一格局的改变，首先来自欧洲。欧洲资本主义的崛起，使中世纪宗教教育受到冲击，神本主义课程体系先后为人本主义课程、科学课程所取代；课程发展以传授统治术为核心开始向传授生产技术和促进人的发展为核心转化。被誉为“现代科学之父”的培根最早喊出了“知识就是力量”的口号。夸美纽斯继承了这一思想，强调了现实世界的各种知识都是有用的，都应该包括在课程内，并系统阐述了“把一切事物交给一切人”的课程理想。斯宾塞接着发表了《什么知识最有价值》，以生物进化论为理论基础，提出了功用课程思想。他认为：生产过程既然那么快地科学化，“科学知识就应该同样地成为每人所必需的”；“什么知识最有价值？一致的答案就是科学”。因而，他主张生理学、数学、力学、物理学、化学、生物学、天文学、地质学都应该成为学校课程。他的这一主张成为人类现代课程意识的开端。通过几代资产阶级教育家的不懈努力，不仅确立了科学课程的地位，而且催发了新的人文课程，使课程发展再次回到为生产服务、为人类服务这一轨道上。这是一种新层次、新水平的课程本质的回归，它体现了历史的必然，也体现了历史的进步。

在中国，处于同一时期的明清王朝，课程的发展不仅没有跟上这一时代潮流，反而在封建专制制度下，向背离课程本质的方向越走越远。程朱理学成为传统课程的灵魂，“存天理，灭人欲”成为传统教育的根本目标。于是，传统课程体系所体现的文化传统只剩下一副僵死的外壳，原始儒学中所蕴含的创造活力被封闭保守、故步自封、愚昧专制等陋习劣俗所窒息。封建士子唯习八股术，奉程朱理学为圭臬，蝇营狗苟、亦步亦趋，形成食古不化的“考癖”。整个知识群体乃至整个民族文化视野的保守性和狭隘性突出地显露出来，传统的进取精神丧失殆尽，以致民族文化心理结构中对外来文化的排异性空前膨胀，中国文化的内部更新机制极度萎缩，导致了中国文化的衰败和落后。这些事实表明，明清时期的课程发展已经严重阻碍了社会的进步，它的空疏无用开始为越来越多的思想家和教育家所唾弃。于是，课程本质的复归就同样成为中国课程发展的历史必然，只不过直到近代才使这一变革获得实现的条件。

由上述可见，古今中外关于课程的解说各式各样，诸如“学习程序”、“教程内容”、“计划化的学习经验”、“在学校保护下掌握的各种经验”、“一连串有意识地结构化了的学习结果”等。总之，有的强调“经验和活动的教育组织与计划”，有的强调学习对象——内容本身的独特意义，把课程视为“系统知识、智力技能与情感内容的复合物”。要给出一个大家都能接受的课程的定义是一件非常不容易的事，因为我们每一个试图回答课程是什么的人，都已经包含了各自对课程不同的理解，赋予了课程各自主观价值的旨趣。作为课程论的研究者或学习者，竟然不知道课程是什么这个似乎令课程论的研究者和学习者感到尴尬的问题，仔细思考，又会觉得没有什么奇怪的，就像我们不能清楚地回答人是什么一样。所以，我们不可能拿出大家都认可的课程的定义。

话虽如此，但是我们不难发现有一点是得到大家的认同的。随着“课程论”作为独立学科的地位确定，课程概念一般可概括为三大层面或三大范畴领域，即：第一，课程是叙述学校制订的教育工作计划的范围和安排的书面文件；第二，课程是学校教育的下位概念，如设置什么课程、课程次序、课程结构、课程评价等；第三，课程是学科领域的同义词，如课程研制、课程的性质及课程领域诸方面的理论和实践研究。因此，本书就是对课程的思想、课程的目标、课程的内容、课程的实施、课程的评价等方面进行的研究。

（四）职业教育课程

职业教育课程按其功能可分为普通教育课程、专业课程和实训课程三大类；按职业教育模式类型又可分为学校职业教育模式、企业职业教育模式和双元制职业教育模式三大类。其模式有“三段式”课程模式、能力本位教育课程模式、行动导向课程模式、MES（Modules of Employable Skill，模块式职业技能培训模式）课程模式、核心阶梯课程模式、群集课程模式以及工作本位模式等。

不同的哲学价值取向，往往确立了不同的课程发展导向和课程价值目标，形成了不同的教学观、课程观和学生观。如进步主义（progressivism）视教育为个人经验的成长及重组；精粹主义（essentialism）的教育目的在于保存和继承文化；永恒主义（perennialism）的教育目的在于传授旧知识；重建主义（reconstructionism）注重重建社会而迎合时代的文化危机等哲学思潮。职业教育课程的发展观可以概括为“以学生为中心”、“以社会为中心”、“以学科为中心”。这三大课程发展观的变体和延伸，又可分为五种基本课程发展观：①着眼于认知过程的发展；②着眼于课程的技术作用；③着眼于学生的自我实现；④着眼于社会的需要和发展；⑤着眼于学科知识内在的逻辑体系等。这五种课程发展观反映了职业教育课程发展的价值取向和课程目标及实践的追求方向。

从内涵上讲，职业教育课程和普通教育课程并无实质性区别，两者的差别更多体现在课程的构成要素及其特征方面。和普通教育课程相比较，职业教育课程的特点主要有：①课程目标的定向性。与普通教育不同，职业教育课程定位是特定的职业或职业群。20 世纪 80 年代以来，西方职业教育理论和实践发展出现了新的方向，被称为“新职业主义”，主张要构建一个培养高技能的、拥有较多理论知识的、弹性的、富有合作精神的劳动力的全新职业教育体系[①]。在这种新职业主义框架下，职业教育课程的定向特征要由具体职业定向转变为职业群定向，由动作技能定向转变为心智技能定向。②课程模式的适应性。职业教育课程是为了适应特定区域、特定职业的需要而开发并实施的。③课程内

① 石伟平. 新职业主义：英国职业教育新趋向. 外国教育资料，2000（3）

容的实践性。职业教育不同于以掌握符号知识为目标的普通教育，它是为具体工作做准备的教育，它所培养的学生必须能够有效地完成工作任务。④课程运行的昂贵性。职业教育课程的实施条件要求高，要有设备、人员、资金的投入，通常要几倍于普通教育。“书本上学种田，黑板上开机器”的方式是培养不出现代企业所需的高质量的、适用的职业技术人才的。

职业教育课程设计一般包括就业市场调研、行业分析（亦称职业分析）、课程目标的拟定、课程内容和课程结构的界定、课程组织和实施、课程评价和反馈六个步骤。与普通教育课程发展相比，职教课程发展的焦点首先落在对就业市场和劳动市场进行调研的基础上，这是因为通过调研，可以充分了解劳动市场的供求状况，预测劳动力的走向趋势，为职业教育的发展规划和专业设置提供依据，为课程发展提供新型职业的职业知识、职业能力、职业准备等资料。职业教育课程发展的目标在于：既要解决所面临的现实需要，更要注重未来劳动市场的发展趋势。传统的职业教育是以昨天和今天的经验为基础，具有面向过去的特点；未来的职业教育在培养学生的职业素质的同时，要自觉地以明天的观念来分析、研究当前的劳动市场需求和职业教育，使职业教育（特别是中等职业教育）在连续性、可持续性等特征基础上向新的历史阶段发展，具有面向未来的特点。职业分析（occupational analysis）、行业和工作分析（trade and job analysis）以及任务分析（task analysis），通常作为同义语理解，包括“详细而有系统地阐述从事某种职业所需的技能、知识与态度的过程”。作为适应劳动分工的发展而由人类创造出来的职业和职业体系，如今已成为一种独立的社会力量，影响职业教育课程的发展。而职业分析一方面有助于职业教育课程发展目标的确定，另一方面也有利于社会功能的发展，如社会协作功能、经济生产功能、社会变迁功能、社会控制功能和促进功能等。

无论是从学生的个体发展，或是经济效益的观点，或是职业教育内涵发展的态势来看，“职业教育的目的在于培养学生胜任某一项特定的工作，以满足社会的人力需求。因此，职业教育旨在帮助学生学习行业界的真实工作（real jobs）”，而上述分析就是将职业需求转化为课程目标、课程结构、课程内容和课程评价的标准，是确定学生学习职业知识、技能与态度的一种主要工具，也是职业课程发展不可或缺的一个步骤。正如美国学者斯特鲁克（Struck，1945）所指出的那样，这种分析具有八个主要目的：①确定所需的技能和专业课程内容；②避免教授不实用的内容；③突出教育的相对的重点；④有利于选择职业技能方面的教材；⑤作为评价学生的基本资料；⑥便于阐明和拟定教学顺序；⑦明确达成目标；⑧便于选择适宜的教育手段和方法。

我国职业教育课程正处于模式转换的重要阶段，即从根深蒂固的、传统的以学科课程为主体的课程模式，转向以项目课程或任务引领型课程为主体的课程模式。伴随着实践层面的模式转换，学术层面的话语争论一直存在着。一方是恋恋不舍的学科话语，一方是坚定不移的实践话语。职业教育课程模式的转换往往有着更加深层的社会思维模式的变化，分析、厘清晚清民国时期的职业教育课程变化，对于理解新一轮职业教育课程改革的实质具有重要的借鉴意义。

（五）研究时限的界定

中国曾出现过许多伟大的科学家、发明家和能工巧匠。在西方工业革命之前，中国的科技成就即闻名于世，四大发明、丝织、陶瓷、冶炼技术、医学、建筑等方面的成就为世界所赞誉。这些都与经验、技能的传授形式有着密切的联系。从某种意义上说，职业技术教育在中国有着悠久的历史。早在先秦时代的一些古籍文献中，就已经出现对农业和手工业等方面的技艺传授的记载。原始社会出现的生产和生活方面的技能、经验的传授，商代的庠和序中的教育活动都可说是一种初级形式的技术教育活动。到了周朝，专业技术教育已在民间有了很大的发展。春秋战国时期，我国的科学技术发展处于世界的前列，医学、建筑、军工、天文、地理、数学等都具有极高水平。墨子他们所用教材《墨经》中关于形学、力学、光学知识的研究和记录，是一部早期完整的光学专著。汉代官学和私学中的高级专业技术教育，唐代的算学、书学、律学、医学等，以及宋、元、明、清的专业技术教育都有了一定的发展。这些都是早期的广义上的职业技术教育的形式。

职业教育的产生和发展是和近代资本主义机器工业生产的发展紧密相连的。职业教育的发展需要社会为之提供经济条件，同时，职业教育的发展也需要社会消化其成果。资本主义工业生产要求劳动者必须具备一定的文化水平，能了解生产过程和工艺原理，并具有一定的技术能力，这是职业教育发展的社会经济需求。由于我国经历了漫长的以农业经济为主的封建时期，儒学思想长期统治着教育，技艺教育长期受到忽视，资本主义工业在中国的发展严重滞后于西方，且速度缓慢。中国真正意义上的职业教育是随着新的机器生产在中国的出现而产生的，因此本文将研究的上限追溯到太平天国运动时期，因为在此期间已经有了类似学堂的教育形式，并且开始传授农业技术教育。后来经过洋务运动时期的实业救国的海防军事教育，戊戌维新时期的农商民用实业教育，新政时期和民初的唯实主义职业教育的发展演变，形成了中国近代职业教育制度。由于民国政府的教育制度一直是当时的主流制度，一直沿用到新中国成立，而当时革命根据地和东北沦陷区不属于民国政府的管辖范围，因此本文不对革命根据地和沦陷区的职业教育课程进行研究。本文研究的时间下限就定为民国时期。

（六）研究对象的界定

本研究所指的职业教育是指在学校制度形态下，通过学校对学生进行的一种有目的、有计划、有组织的教育活动，使学生获得一定的职业知识、技能和态度，以便为学生将来从事某种职业做准备。在晚清到民国时期，职业教育和普通教育时分时合，其内容经常相互交织在一起。在普通教育中存在大量的职业教育的内容，要研究这一时期的职业教育课程的历史，就不能不研究普通教育的职业教育课程内容，否则就是不完全的。因此，本课题的研究对象既包括实业学堂的课程、实业学校的课程，也会涉及普通学校中的职业教育课程。

五、课程史研究的视野

（一）课程史研究的目的

“治”史在于“明”史，正如先哲论述的那样，为了解决社会科学问题，为了用科学的眼光观察这个问题，最可靠、最重要的就是不要忘记基本的历史联系。考察每个问题都要看某种现象在历史上怎样产生，在发展中经历了哪些主要阶段，并根据它的这种发展去考察这一事物现在是怎样的。因此，要科学、透彻地阐明有关职业教育课程的一系列问题，就有必要对职业教育的课程产生和发展情况作一次历史的考察，从而对职业教育课程产生的源流脉络做到清晰了解和把握。

课程研究可以用史学的方法来厘清并审视过往的或当下的课程，这种研究有助于了解课程变革的历史脉络，从而得到一些对当下的改革有意义的启示。课程史研究是针对特定的课程含义而进行的一种教育史学研究，其凸显的时空性与个体性既构成其研究特色或者说是困难，也为其提供了不同的研究维度和丰富而有趣的题材。

伴随着职业教育新一轮的发展，职业教育课程理论研究和课程改革取得了重大的成果，但在发展的过程中也出现了各种矛盾纷争。教育问题或者说课程问题近年来成为社会各界津津乐道的议题。面对社会各界对职业教育的一些疑惑，对职业教育课程的构建的一些困惑，作为从事职业教育研究的学者们和课程建设的专家们却不能解答，或者解答不清；面对教学一线实施者们的发问和求助，不能予以及时而正确的指引，这是课程专家的窘境和难堪。教育从业者（教育理论工作者和教育实践工作者），尤其是教育理论工作者热衷于追求新颖的名词术语、建立自己的话语系统、推出标新立异的改革措施，寄希望于这些新的概念、新的话语、新的做法、新的学派或新的标准，能帮助家长、社会大众、各年龄阶段的学生解答一些疑惑，或者舒解那些无论是初为人师者还是拥有多年教学经验的教师面对改革感到束手无策的困境。事实告诉我们，这一目的并没有达到。为什么会出现这种事与愿违的现象，原因固然很多，但其中我们教育从业者对课程的历史研究不够，或者说对课程史的研究方法存在一定的局限性（对课程史的研究往往缺乏一种叙事研究，而叙事研究在历史研究中更具有说服力和启发性）应该也是一个不容忽视的因素。我们对历史上出现的变革没有进行充分的厘清，对过往变革的起源、发展、主张与影响、成功与失败、在变革中有哪些群体获益（或受损）、如何获益（或受损）等都缺乏深入而严谨的研究。这些都是课程史研究的重要课题，我们将从中得到有意义的启示。

（二）课程史研究的意义

任何一种课程，都是代表社会或社会某部分团体所倡导的价值，都是在强迫学生熟记某些知识和信念，课程领域是社会不同利益团体争相竞逐与控制的领域之一，这是课程及课程史的基本性质。课程史尝试记录并诠释这样的竞逐。

当我们揭示并阐明某一特定时空下的课程时，事实上等于挖掘重要的文化人工制品，从课程的文化片断重新构建某些赋予我们社会生活意义的概念。课程是特定社会背景下知识选择的结果，因此也是社会史的重要成分，课程史研究主要综合归纳了在特定时空背景下，某类社会成员对于“教什么”这个关键问题的暂时性解答，而这个暂时性解答，涉及的不只是技术性的课程设计（发展）模式或方法，更蕴涵着一个如何理解课程的价值取向，并且对当下及未来的教育措施提供指导作用，也为日后的课程计划如何实施、确定何种知识提供最有价值的指导。

课程探究是一种实用性探究，宜采取多种探究形式，以便提出不同的问题，获得不同的答案。同时，如果有新的课程问题出现，而现存的探究形式未能获得满意答案时，研究者则应致力于发展新的探究形式。例如，在引进国外课程理论的时候，有些国外学者的主张和理念虽然也被引用，但是这种引用往往都是在缺乏对其特定历史的了解或缺乏足够的历史参考资料与实施效果的评估之下发生的。如果有了课程史研究取向，当这些不当引用，甚至“圆满理论终究在活生生的课程实践面前低头”的现象出现时，课程工作者就会有较大的信心以宏观的角度，去思索厘清课程设计发展的初衷，以及妥善处理在课程实施过程中产生的异变。

在我国，课程史的研究虽然取得了众多的成果，但是其现状仍是不容乐观的，职业教育课程史的研究就更加难如人意。本课题研究一方面呼吁重视课程史的研究，尤其是职业教育课程史的研究；另一方面要考虑在目前诸多的职业教育课程理论和课程政策推出的情况下，我们应持一种什么样的态度。新的学术理论的推出固然有助于学术繁荣、教育进步，有助于创意的激发与一批杰出的课程学者的出现，但也有可能会出现因一味求新，而无暇顾及历史的借鉴与先辈的智慧，或者是重复愚蠢的错误的结果，这非课程改革的本意，亦非教育之福。

（三）课程史的研究内容和特色

课程史和教育史的关系如何？课程史的研究内容是什么？这是开展课程史研究必须回答的两个基本问题。Franklin 认为，课程史与教育史应有所区别，因为教育史专家缺乏课程的相关训练；也有学者认为教育史与课程史之间不应明确划分，理由在于两者并非无法兼容，且历史性质本来就是两者所共同强调的[①]。笔者认为，与其问教育史、课程史两者的关系究竟是相互包含、相互契

---

① Franklin. Historical Research on Curriculum. *The International Encyclopedia of Curriculum.* Oxford: Pergamon Press, 1991

合还是相互背离的，倒不如问研究者所尝试回答的问题是针对普遍的教育意义，还是针对特定的课程含义。教育史与课程史是一种既相互重叠又相互区别的关系。说联系，两者都是对教育领域历史问题的研究；论区别，两者的确有各自的研究对象。

课程史的研究内容是什么？Franklin 主张将课程史的研究分为下列四种内容[①]：

第一，重要的课程运动。

第二，特定课程领域的起源研究。

第三，传统学科的历史变化。

第四，实际学校情境中的教育改革措施起源。

Kridle 与 Newman 则指出课程史的研究为下列几种[②]：

（1）课程史即为文化、社会与教育史的一种领域。

（2）课程史即为一种学科领域的研究。

（3）课程史即个案研究。

（4）课程史即为摘要式课程教科书的形式之一。

（5）课程史即备忘录与口述史。

（6）课程史即档案与文件记录的编辑。

（7）课程史即自传研究。

（8）课程史即不缄默的声音（unsilencing voices）。

对这两种内容分类来说，前者属于比较传统的类型的分类，除了关心主流学科或特定学科的起源及发展之外，还探讨特定时空下课程的潮流趋势，以及个别学校（或组织）场域中具体的课程改革；后者则具后现代意味，除了保留传统的研究类型外，也强调课程实施对象的主体性与“理解”课程的必要性。结合我国目前的课程史研究现状和课程改革的现状，它的研究内容根据研究维度的不同而有所侧重。如果以课程改革发展的脉络为研究方向，课程史研究内容则侧重于：①课程改革的起源研究；②课程改革的发展研究；③课程改革的结果研究。如果以课程改革的参与者为研究重点，则侧重于：①政府行为研究；

① Franklin. Historical Research on Curriculum. *The International Encyclopedia of Curriculum.* Oxford: Pergamon Press, 1991

② W. F. Pinar. *International Handbook of Curriculum Research*. Mahwah NJ: Lawrence Erlbaum Associates, 2003. pp. 642 – 645

②课程专家行为研究；③教师行为研究；④学生行为研究；⑤家长行为研究；⑥社会阶层参与行为研究。如果以课程改革的缘起为研究重点，则侧重于：①学科领域的发展研究；②课程改革的文献研究；③课程改革的文化研究；④课程改革的社会研究。总之，课程史研究的维度不同，则研究的侧重点不同，其内容也不同，研究成果的呈现形式也不同，可以是史志、自传、综述等。

自1977年劳雷尔·坦纳（Laurel Tanner）[①] 和丹尼尔·坦纳（Daniel Tanner）[②] 领军成立课程史研究学会（Society for the Study of Curriculum History）以来，课程史研究在欧美国家一直非常活跃，并逐步形成其研究特色。

课程史研究同其他历史研究一样极具时空性与个体性的特点，其研究者自身也会具有不同的价值取向，而这些价值取向会影响研究者对课程改革的诠释。此外，课程会随着政治、社会、经济形势而变动，因此，在解读课程历史时有可能莫衷一是，这是课程史研究的特色之一。其次，就课程的传统定义（科目、经验、目标、计划）来看，在解读课程主张的时代意义时，研究者往往不自觉地将课程专家的主张视同学生的经验课程，忽视了意识形态与当下或历史演进的关联性，形成偏颇或见树不见林的结论。最后，课程史研究就像历史研究一样，会遭遇史料难寻或不同资料的整合难题，而且在研究结论的深度与价值性方面，课程史研究也不易深入，研究结果的实际应用性难免令人持保留态度。有人认为这些特色也是课程史研究的困难，无论是特色还是困难，我们都可以把它当作追求教育理想历程中伴随而来的挑战，应该做的不是逃避或否认，而是通过坦诚的辩论来激浊扬清，营造一个学术环境，逐步克服个人研究视野的局限、盲目崇拜的心态，让课程的本质得到澄清落实，而不是沦为不同利益群体争相竞逐的实验场域。我们对历史研究，应持一种借鉴与自我反省的态度，而不是对解决当下问题的一种急功近利或以古非今的浅薄应用，只有将这种研究态度予人予己，才能彰显出历史研究的价值。

① 劳雷尔·坦纳（Laurel Tanner）博士是美国坦普尔大学荣誉退休教授，她是美国课程史研究协会的创始人，也是约翰·杜威学会的主席。主要著作有《课程开发：理论与实践》、《学校课程史》、《杜威实验学校：对今天的意义》。

② 丹尼尔·坦纳（Daniel Tanner）博士是美国新泽西州拉特格斯大学教育研究生院教授，负责课程理论方向的学位课程，曾经任美国约翰·杜威学会主席。代表著作有《课程开发：理论与实践》、《学校课程史》。

（四）课程史的研究题材

课程专家布莱克曾经提醒我们，对历史的探究不应该被视为从过去寻求当今教学问题的解决方案，历史学者应该谨慎地避免所谓“福音之罪”（the sin of evangelism），也就是避免尝试用专业热忱来鼓舞教师，而应该协助教师了解学校课程发展的实际状况①。以下将以我国的课程研究为背景，尝试提出若干可供长期或系统投入的课程史研究题材：

（1）某一学科的起源与发展。也就是强调某一学科的历史变化，借此研究可以让我们了解某一学科的来龙去脉，理解其渊源与后续演进的彼此关系，并且探讨其历史意义的变化与学科功能的发挥。

（2）以定量和定性的方法来研究课程改革的方案与实施过程中的对照与回应。例如，基础教育课程改革的实施现状调查、中小学教师对课程改革的态度、改革目标在实施过程中出现的偏移与缺失等。

（3）探讨某一时期课程政策的演变与影响。研究特定时期中，发挥影响力并对改革的后续发展产生影响的个人、组织和团体，以及起重要作用的政策与配套措施等。

（4）某一课程学者的思想与影响。如探讨国内课程先驱学者的系列言论、思想和著作，分析其对我国课程建设或特定课程政策的影响历程。

（5）某一组织对于课程内涵及实施策略的主张与影响。研究有哪些组织在课程历史进程中，针对某些课程措施提出呼吁与具体主张，研究其提出呼吁的渠道及所发挥的作用，以及该组织成员的背景与主张被采纳的相关程度。

（6）新科目出现的时代背景与教育界的回应。研究新形态、新名称、新学科的出现时机、代表人物，以及教育理论与实践界对新科目的看法、接受程度、解读及相关态度，研究这些“新科目”与既有课程的冲突与融合。

（7）某一课程运动的兴起与本土解读或相关批判。如国外的课程改革经验的中国化问题、全国课程改革运动的“区域化、地方化”的问题。

（8）某一课程理念的概念分析。如以一种富有趣味而丰富的方式，去分析利害关系人心目中对于“主体性教学”、“研究性学习”、“综合课程”等的看法

---

① Bellack, A. A. History of Curriculum Thought and Practice. *Review of Educational Research*, 1969 (39): pp. 283 – 292

与做法，在不同时期与不同主张的人物眼中，是否有着类似或矛盾的解读。

以上这些是从事课程史研究的基本题材，我们也可以挖掘其他的题材进行研究。正如 Franklin 建议的那样，我们可以找出更富有趣味、概念更丰富的方式来研究课程观念的历史发展。其次，可以运用参与观察的方法，克服原始资料不易取得的问题，以探讨教师层级或教师周围的课程史议题；而对于主流的课程研究趋势，也可以从历史的视角来加以批判，这也是一种课程史的研究题材。例如，通过 Wraga 与 Hlebowitsh 在 2003 年用 Schwab 在 1969 年提出的课程领域的六大危机征兆①，来审视美国当前盛行的“再概念化”的课程研究趋势。这六大危机征兆中有三点非常接近我国目前的情况：①课程学者的角色正在转换成观察者、评论者、历史学者；②以新语言来重复旧有而熟悉的知识，使得根植于古老而熟悉语言中的旧意义无法获得更多新意义；③不是出于纯粹的学术目的，个人之间的争论、争斗大大增加。

① Wraga, W. G., Hlebowitsh P. S. Toward a Renaissance in Curriculum Theory and Development in the U. S. A. *Journal of Curriculum Studies*, 2003 (4): pp. 425 – 437

第一章　晚清民国时期职业教育思想研究

在西方军事、经济、政治和文化的全方位冲击和压迫下，中国近代社会发生了一系列急剧的变化。在社会思潮上相继出现了海防思潮、洋务思潮、维新思潮和民主思潮等。近代教育思潮则先后经过了地主阶级的改良思潮、洋务派的教育思潮和资产阶级的维新教育思潮、民主革命教育思潮。而近代职业教育思潮与洋务教育思潮、维新教育思潮和民主革命教育思潮都有密切的关系。职业教育课程思想是职业教育思想的具体体现，因此，从对我国近代职业教育思想的分析中可以窥见近代职业教育的课程思想。

第一节　晚清时期的职业教育思想

晚清是中国封建主义文化向资本主义新文化过渡的重要阶段。新教育的产生背景则可追溯到1840年的鸦片战争。鸦片战争后，中国连续在民族抵抗战争中惨遭败绩，蒙受接踵而至的奇耻大辱。帝国主义入侵中国，使中国社会发生了历史性的转折，由封建社会沦为受列强凌辱的半殖民地半封建社会，中国的国际地位由一个泱泱大国沦为任人宰割的贫弱之国，国内的社会危机也日益加剧。国内外的重重矛盾激荡着时代的变革。一些爱国人士开始苦苦思索，中国为何贫弱？用什么方法可以救中国？首先是一批知识分子发起的一股近代资产阶级爱国进步的启蒙思潮。一些先进的知识分子起来抨击腐朽没落的封建专制制度，要求进行社会改革。在教育方面，以反对帝国主义侵略为中心的爱国主义教育思想提高到一个新的水平，主张改革空疏无用的科举教育。这一思潮的先驱者龚自珍、林则徐、魏源等倡导“经世致用”的教育，主张改革科举，开拓新学。龚自珍（1792—1841年）在《上大学士书》中称：“自古及今，法无不改，势无不及，事例无不变迁，风气无不移易。”他开晚清思想解放之先河，并为诸新学家所崇拜。林则徐（1785—1850 年）提出“向西方学习”，“师敌之长技以制敌”。主张改革教育内容，学习西方制造“船械、枪炮、量天尺、千里镜、火轮车、自来火、千斤秤、风锯”，以抵制西方侵略。他编的《四洲志》稿本是中国近代介绍西洋各国概况最早的著作之一，他被誉为“清代开眼看世界的第一人”。魏源（1774—1857 年）根据林则徐的《四洲志》稿本扩编成《海国图志》一百卷，主张学习外国人的长处，提出“未款之前，则宜以夷攻夷，既款之后则宜师夷之长技以制夷”[①]，提倡吸取西方科学技术，办新式工厂，抵抗外来侵略。以上主张在当时虽未唤起统治者的警醒，但是产生了积极的社会影响。鸦片战争战败 21 年后，在英法联军侵略的强烈刺激下，“学西学、求自强”的呼声日渐笼罩朝野。这些都是新教育思想对后世的影响，新教育思想对后期职业教育的萌芽也起了极大的推进作用。

学界一般认为晚清洋务运动时期洋务派兴办洋务学堂是中国近代职业教育的起源，但是鸦片战争之前兴起的太平天国运动，提出了“天下大同”的教育主张，在教育上开始了改革科举制度的尝试，实行平等的教育制度，增加了生产劳动教育等内容，这些对后来的实业教育和职业教育的兴起都起到了启蒙作用，我们可以将其视为职业教育的萌芽。

一、太平天国“天下大同”的教育思想

1851—1864 年兴起的太平天国革命运动是一场声势浩大的反抗清王朝和外国侵略势力的农民运动。它是我国历史上一次规模空前的农民起义，遍及全国 18 个省，长达 15 年之久。太平天国运动具有鲜明的特色，它借宗教之名，不仅在政治上、经济上和军事上对封建地主阶级进行了空前的反抗和打击，而且在文化和教育方面给晚清社会造成了一次大震荡。虽然太平天国运动在中外势力的联合绞杀下失败了，但它却动摇了清王朝的统治基础。

太平天国的教育思想源于他们“有田同耕，有饭同食，有衣同穿，有钱同使，无处不均匀，无人不饱暖”的政治追求。实施普遍的、平等的、天下大同的教育制度，考试和授官职不分男女贵贱门第出身，一视同仁，机会均等，“无

① 魏源. 海国图志（筹海篇三）. 长沙：湖南教育出版社，1987

虑布衣绅士，倡优隶卒”，“无论何色人，上至丞相，下至听卒，均准与考”。大胆改革人才选拔和任用的科举制度，虽然形式上沿用了科举取士的传统做法，但内容上则废除了清朝专考四书五经的做法，代之以太平天国官书（时称诏书，后代学者称太平天国官书，或印书），如《旧遗诏圣书》（“旧约”）、《新遗诏圣书》（“新约”）和《真命诏旨书》（“真约”）、《幼学诗》、《三字经》等，这些也是太平天国的必读教科书。为了罗致人才，除定期科举外，还实行招贤制和保举制，出“招贤榜”广招文学、科学、武艺、医务人才和木匠、瓦匠、铁匠、吹鼓手等艺人。对待经典的儒家文化思想，太平天国采取反儒的政策，如视孔子为“邪神”，把儒家经典看作“妖书”予以焚毁，不准买卖藏读。不过他们也常利用儒家经典中某些对太平天国有用的部分，如利用《礼记·礼运篇》等宣扬太平天国的大同思想。政权建立并定都南京后，对儒家的态度又略有改变，主要是采取了改造的政策。

太平天国各级军政首领除重视政治、宗教为中心的教育外，还重视生产劳动教育和提倡科学技术教育。生产劳动教育包括农业和手工业。在农业方面规定“每年每家设一人为伍卒，有警则首领统之兵，杀敌捕贼，无事则首领督之为农，耕田奉尚”（奉尚，即每人每年的收入，除日用外，其余均缴纳国库，以使天下大家，处处平均，人人保暖），对努力生产的“力农”则加以奖励，对“惰农”则予以惩罚，以“力农”为“圣”、“良”的一种道德标准。太平天国建国后曾两次修改历法，废除旧历中封建迷信的内容，增加农业科学知识。在手工业生产劳动方面，按《天朝田亩制度》规定“凡二十五家陶冶木石等匠俱有伍长及伍卒为之，农隙治事”组织生产，以促进手工业生产。科学技术方面，太平天国鼓励学习西方的科学技术，把科学技术列为“三宝”之一，对诸如火车、火船、钟表、千里镜、量天尺、天球、地球等物均加以重视。太平天国领袖洪秀全就是中国近代最早努力向西方寻找真理的“先进中国人”之一。他尽力吸收和培养如“通晓天文星象算学者，习知地理山川形势扼塞者，熟读孙武书知兵法阵图者，熟悉风土民情利弊者……医士之能内外科者”①。1860年，我国留学教育第一人，爱国知识分子容闳曾向太平天国领袖们提出向西方学习使国家富强的施政纲领，建议设武备学校，海军学校、颁定各级学校制度

① 罗尔纲. 太平天国史稿. 上海：开明书店，1951

和设立各种实业学校等，这些均在洋务教育之前。太平天国农民运动改革了清朝后期空疏腐化教育的思想和设施，在中国近代教育史上具有相当重要的意义和影响。这一时期实业教育虽然没有什么实质性的发展，但是从改革科举、建立新教育的过程中，实业教育已初见端倪。

二、洋务时期“中学为体，西学为用”的教育思想

两次鸦片战争击破了清王朝唯我独尊的梦幻，面对“数千年未有之变局”和“数千年未有之强敌”①，一些学者如魏源、龚自珍以及李鸿章、左宗棠、张之洞等一批汉族官僚高举经世致用的大旗，发扬经世派的传统，求教于西方异质文化，开始了一场持续30年之久的洋务运动。经世学派也由清初的“通经致用”过渡到鸦片战争后的“中体西用”，成为中国近代教育思想的主流。

第二次鸦片战争后，出于国防和外交上的需要，一部分具有封建买办性质的“洋务派”官僚如奕䜣、曾国藩、李鸿章与张之洞等发动了“洋务运动”，推行“新政变法”，主张“师夷长技”，以谋求“自强”、“致富”。清政府为办理洋务，于1860年（咸丰10年）依恭亲王奕䜣所奏，设置“总理各国事物衙门”为统筹洋务的中央机构。奕䜣认为“务得西人之秘”以为日后“安内攘外”之本。文祥也说：“使西人善长之技中国皆能谙悉，然后可以渐图自强。”左宗棠称：“泰西巧而中国不必安于拙也，泰西有而中国不能傲以无也。”洋务派一面购买洋枪洋炮，同时重金聘请洋专家、洋教习，采用西方技术开办工矿企业，制造船舰枪炮与机器，筑铁路、通邮电、开发矿藏；另一方面，随着对外交往的日益频繁，造船制械、操练新军、通商、设厂、开矿、筑路、电报……所有这些新式事业的举办都呼唤着新式人才，而这些都是那些通晓“四书五经”却对自然科学知识几乎一无所知的传统封建士子们所不能胜任的。于是，以张之洞为代表提出“中学为体，西学为用”的方针，学习西方教育，创办技术学堂和派遣留学生出洋学习，培养人才。在引进洋机器、洋设备的同时，造就适应时代需要，掌握西方先进科学技术和军事知识的近代实用人才的洋务学堂在全国各地逐渐开办，军事（“武备”）学堂、电报、铁路、矿务等科学技

① 李鸿章．筹议海防折．李文忠公全集（奏稿，二十四）．南京：金陵出版社，1908

术学堂相继涌现，近代中国的实业教育由此萌发。新式学堂成为中国近现代学校教育和教育与工业生产结合的肇始，学界也将其看作是我国近代职业教育的开端。

（一）“中体西用”教育思想产生的社会历史背景

张之洞被公认为是“中学为体，西学为用”思想的奠基人。梁启超曾经说过，“‘中学为体，西学为用’者，张之洞最乐道之，而举国以为至言”。① 张之洞认为：“今欲强中国，存中学，则不得不讲西学，然不先以中学固其根柢，端其识趣，则强者为乱首，弱者为人奴，其祸更烈于不通西学者。”也就是说，学习“中学”是事关国家生死存亡之大事，必须将“中学”作为教育的根本，而学习“西学”是为了强中国和存“中学”服务的，“中学”和“西学”是“体”与“用”的关系，故办教育、兴学校必须先通经，以明我国先圣先师立教之旨，“然后择西学之可以补吾阙者用之。”张之洞认为，在为“体”的“中学”之中，三纲五常是“百行之原，相传数千年，更无异义，圣人之所以为圣人，中国之所以为中国，实在于此”。在其代表作《劝学篇》中对于新学堂的办学要义指出：“一曰新旧兼学：‘四书’、‘五经’、中国史事、政书、地图为旧学，西政、西艺、西史为新学。旧学为体，新学为用，不使偏废。一曰政艺兼学：学校、地理、度支、赋税、武备、律例、劝工、通商，西政也；算、绘、矿、医、声、光、化、电，西艺也。”②

“中体西用”思潮当时之所以在中国出现，有着深刻的社会历史背景，主要体现在以下几个方面：

1. 晚清政府自大情结的终结

两次鸦片战争和1895年的中日甲午战争，清政府都以失败告终，使得清廷朝野震动。国家和民族数次处在亡国灭种的危机之中，正如孙中山所言，“方今强邻环列，虎视鹰瞵，……蚕食鲸吞，已效尤于接踵，瓜分豆剖，实堪虑于目前”③，“国势危急，岌岌不可终日，有志之士，多起救国之思”④。在国外列强的“坚船利炮”的打击下，清政府妄自称大的情结终于结束了。在内外交困的

---

① 梁启超．中国近三百年学术史．上海：上海三联书店，2006．71

② 陈元晖．中国近代教育史资料汇编（教育思想）．上海：上海教育出版社，2007．105

③ 孙中山．孙中山选集（上卷）．北京：人民出版社，1956．19

④ 孙中山．孙中山选集（上卷）．北京：人民出版社，1956．174～175

形势下，洋务派发起洋务运动以“自救”，恭亲王奕䜣说：“治国之道，在乎自强，而审时度势，则自强以练兵为要，练兵又以制器为先。”遂决定向西方学习“西学”，在“自强新政”的口号下，洋务派开始兴办“洋务”事业。在众多的救国之路的选择中，开始走上了实业救国的道路，在教育思想上逐步形成了“中学为体，西学为用”的教育主张。

2. 太平天国运动的影响

爆发于19世纪中期的太平天国运动，是中国近代史上声势浩大的农民革命运动。在长达14年之久的斗争过程中，太平天国不仅在政治上、经济上和军事上对清朝政府给予了沉重的打击，同时，也给几千年的封建文化、教育带来了致命一击。太平天国运动由于受阶级和时代的局限，始终无法冲破封建主义的束缚，缺乏从根本上摧毁封建文化教育的原动力，因而其文化与教育改革宗教色彩浓厚，并带有很大的盲目性、落后性。太平天国运动虽然最终在中外势力的联合绞杀下失败了，但它大大动摇了清王朝统治的基础。太平天国运动后清政府为了延续其统治，迫切需要一种新的思想统一并控制人们的心灵，以寻求暂时的秩序和安宁。正是在这种背景下，“中体西用”的思想应运而生。

3. 改革派和洋务派合力促成

鸦片战争以后，清朝国势江河日下，封建地主阶级内部开始分化，出现了一批以龚自珍、林则徐、魏源等为代表的比较开明的封建知识分子改革派。龚自珍极富批判性和倡导改革的思想，开一代思想之风，解放了国人的思想。林则徐提倡学习“西学”的主张，魏源“悉夷”和“师夷长技以制夷”的思想都突破了传统中国文化封闭的观念，引导了对西方的全面了解。两人都主张研习“经世致用之学”。太平天国运动以后，清王朝统治集团也开始分化为两个政治派别：顽固派和洋务派。洋务派以奕䜣、曾国藩、左宗棠、李鸿章以及稍后的张之洞为代表。李鸿章提出，“中国欲自强，则莫如学习外国利器。欲学习外国利器，则莫如觅制器之器，师其法而不必尽用其人”。尤其是张之洞，他反对清末教育的空疏无用，提倡实学，力主学习西学。1901年，张之洞、刘坤一向清朝政府连上三折要求迅速改革教育，以便“使各国见中华有发愤为雄之志，则鄙我侮我之念渐消；使天下士民知朝廷不改弦更张之心，则顽固者化其谬，望治者效其忠，而犯上作乱之邪说，可以不作，天下幸甚”。1906年，学部颁布教育宗旨：为忠君、尊孔、尚公、尚武、尚实。同年上谕：学堂以中学为主，西学为辅，培养通才，首重德育，并以忠君、尊孔、尚武、尚实诸端定其趋势。就这样在以龚自珍、魏源为代表的地主阶级改革派和李鸿章、张之洞为代表的洋务派的大力倡导下，“中学为体，西学为用”的思想作为教育方针正式确立了。

（二）“中体西用”的主要内容

1. 开办新式学堂

兴办学堂是洋务运动革新教育的主要措施之一，最早兴办的是京师同文馆，简称同文馆。同治元年（1862）七月二十九日，恭亲王奕䜣等奏准在北京设立同文馆，附属于总理衙门。设管理大臣、专管大臣、提调、帮提调及总教习、副教习等职。同文馆的创设完全是为了帮当时的外交解燃眉之急，是外交政策的结果。同文馆起初不过是总理衙门的一个提供翻译人员的附属机关。先是恭亲王于咸丰十年（1860 年）上奏，提议在北京设立总理各国事务衙门，专门办理外交事务，代替此前的钦差大臣，朝廷准奏。但是朝廷官员无人懂得外语，办理外交事务有诸多不便之处。恭亲王等又建议，在八旗中挑选天资聪慧的人学习外国语言文字。同时，天津条约规定，以后中外条约都用英文，仅在三年以内可以附用汉文，这些都是设立同文馆的初衷。为培养翻译人员的“洋务学堂”，最初只设英文、法文、俄文三班，后陆续增加德文、日文及天文、算学等班。招生对象开始限于 14 岁以下八旗子弟，1862 年 6 月入学的仅 10 人，以后开始扩大招收年龄较大的八旗子弟和汉族学生，以及 30 岁以下的秀才、举人、进士和科举正途出身的五品以下满汉京外各官，入学学生逐年增多。学习期限初定三年毕业，自光绪二年（1876）后改为两种：由外文而及天文、化学、测地诸学者，八年毕业；年岁稍长，仅借译本而求诸学者，五年毕业。课程设置最初只有英、法、俄、汉文，同治六年后增设算学、化学、万国公法、医学生理、天文、物理、外国史地等。除汉文外其他课程多由外国人担任教习。京师同文馆有统一的课程设置和管理章程，基本不学“四书五经”之类的传统科目，被人视为中国近代新式学校的发端。学生毕业后大半任政府译员、外交官员、洋务机构官员、学堂教习。该馆附设印书处、翻译处，曾先后编译、出版自然科学及国际法、经济学等书籍二十余种。此外还设有化学实验室、博物馆、天文台等。1902 年 1 月（光绪二十七年十二月），同文馆并入 1898 年创建的中国第一所具有现代意义的大学——京师大学堂。

由于同文馆的教学侧重于外国语言、文字、算学的传授，对西方的科学和技术传授甚少，为弥补此不足，开始出现了传授西学技艺的新式学堂。洋务运动时期兴办的学堂主要有三种类型：①外国语学堂，主要有京师同文馆、上海广方言馆、广州同文馆、新疆俄文馆、台湾西学馆、珲春俄文书院、湖北自强学堂；②科技学堂，主要有福州电气学堂、天津电报学堂、上海电报学堂、湖北算术学堂、天津医学堂、南京铁路学堂、湖南湘乡东山精舍、湖北工艺学堂；③军事学堂，主要有福建船政学堂、上海江南制造局操炮学堂、广东实学堂、天津水师学堂、天津武备学堂、广东黄埔鱼雷学堂、山东威海卫水师学堂、北京昆明湖水师学堂、广东水陆师学堂、江南水师学堂、奉天旅顺口鱼雷学堂、山东烟台海军学堂、江南陆师学堂等。这些学堂的创办主观上是为了培养洋务人才以适应当时外交、军事的需要，从而巩固清王朝的封建统治，客观上它确实培养了近代中国第一批翻译人员、科技人员和海军人员，在学习和传播“西学”近代自然科学知识方面起了很大作用，从而开创了讲究实用科学的新风气。

2. 派遣留学生

留学教育是洋务派“新教育”的重要组成部分。洋务派认为，要熟悉西方情况，学习西方的科学技术，只有国内办学还不够，还需要到国外去耳闻目睹。1870 年（同治九年），容闳（1847 年赴美留学，为第一个留美的大学毕业生，1852 年自耶鲁大学毕业）上书曾国藩，条陈派遣幼童赴美留学。次年曾国藩、李鸿章奏准选派“天资颖异，学有根底”、“志趣远大，品质朴实，不牵于家累，不役于纷华”的满汉聪颖子弟去美国留学。1872 年（同治十一年），李鸿章奏准派幼童赴美肄业应办章程，以陈兰彬、容闳为正副委员，随带第一批学生梁敦章、詹天佑等 30 人赴美肄业，这是中国官方派遣学生留美的开端。当时留学生均由大员派遣，并非政府选送。自 1872—1875 年，每年派 30 名左右少年赴美学习，4 年共 121 名。1876 年（光绪二年），沈葆桢、李鸿章再次奏书请求委派学生到欧洲留学学习制造、驾驶之方，则为中国政府选派学生留学的始端。向欧美国家派遣留学生学习科目主要是军政、船政、步操、制造。甲午战争后，1899 年（光绪二十五年）谕旨：“向来出洋学生学习水陆武备外，大抵专意语言文字，其余各种学问均未能涉及。即如农工商及矿务等项，泰西各国讲求有素夙擅专长……嗣后出洋学生应如何分入各国农工商等学堂专门肄业，以备回华传授。”甲午战争后，清廷开始向日本派遣留学生。1898 年，张之洞《劝学篇·游学》中说：“出洋一年，胜于读西书五年，此赵营平百闻不如一见之说也。入外国学堂一年，胜于中国学堂三年，此孟子置之庄岳之说也……至游学之国，西洋不如东洋：一、路近省费，可多遣；一、去华近，易考察；一、东文近于中文，易通晓；一、西书甚繁，凡西学不切要者，东人已删节酌改之。中、东情势风俗相近，易仿行，事半功倍，无过于此。若自欲求精求备，再赴西洋，有何不可?”① 至此，留学日本的学生越来越多，对当时传播日本的维新思想起了促进作用，推动了晚清社会的改革。

3. 翻译、传播西学

同文馆等外国语学堂的开设，为中国的外交培养了大量的人才，同时，翻译出版了大量关于西方科学技术的书籍，对西学在近代中国的传播起到了重要作用。如京师同文馆在之三十多年间翻译出版了两百多部书籍，有近代物理、化学、算学、天文学、地理学、全体学（心理学和生理学）、动物学、植物学、医学以及世界史、图书学和万国公法等，又如上海江南制造附设的译书局翻译出版了 178 种有关军事工程等自然科学书籍。这些书籍的翻译和出版，扩大了“西学”在中国的传播，使学习西方自然科学知识开始形成风气。

4. 废除科举，建立新学制

清末两次颁布新学制，一次是 1902 年（光绪二十八年七月十二日），即旧历壬寅年，管学大臣张百熙奏准颁布《钦定学堂章程》，亦称壬寅学制；另一次是 1903 年由张百熙、荣庆、张之洞等三人根据“中学为体，西学为用”的基本精神，会同重订的《奏定学堂章程》，史称癸卯学制。该学制是近代中国第一个现代学制——除规定学制系统外，该学制订立了学校管理法、教授法及学校设置办法等，施行至辛亥革命为止。它包括《学务纲要》、《大学堂章程》（附《通儒院章程》）、《优级师范学堂章程》、《初级师范学堂章程》、《实业教育讲习所章程》，以及《各学堂管理通则》、《任用教员章程》、《各学堂奖励章程》等。在学制规定上，癸卯学制以日本学制为蓝本，根据“中学为体，西学为用”的精神，纵向系统分三段七级。初等教育段分蒙养院、初等小学（5 年）及高等小学（4 年）三级；中等教育段只有中学堂一级（3 年）；高等教育段有

① 张之洞. 张文襄公全集（卷二百零三）. 北京：中国书店出版社，1990

高等学堂（大学预科，3 年）、大学分科（3 ~4 年）及通儒院（5 年）三级。横向系统包含实业学堂与师范学堂两个系统。与初小同级的有艺徒学堂，与高小同级的有初等实业学堂、实业补习普通学堂，与中学同级的有中等实业学堂、初级师范学堂，与高等学堂大学预科和分科大学同级的有高等实业学堂、实业教员讲习所、优级师范学堂以及进士馆、译学馆等。各级各类学堂均开设了西方的一些近代学科，如算学、历史、地理、图画、体育等课程，并采用了西方先进的教材教法和教学组织形式，开中国近代学制之先河。

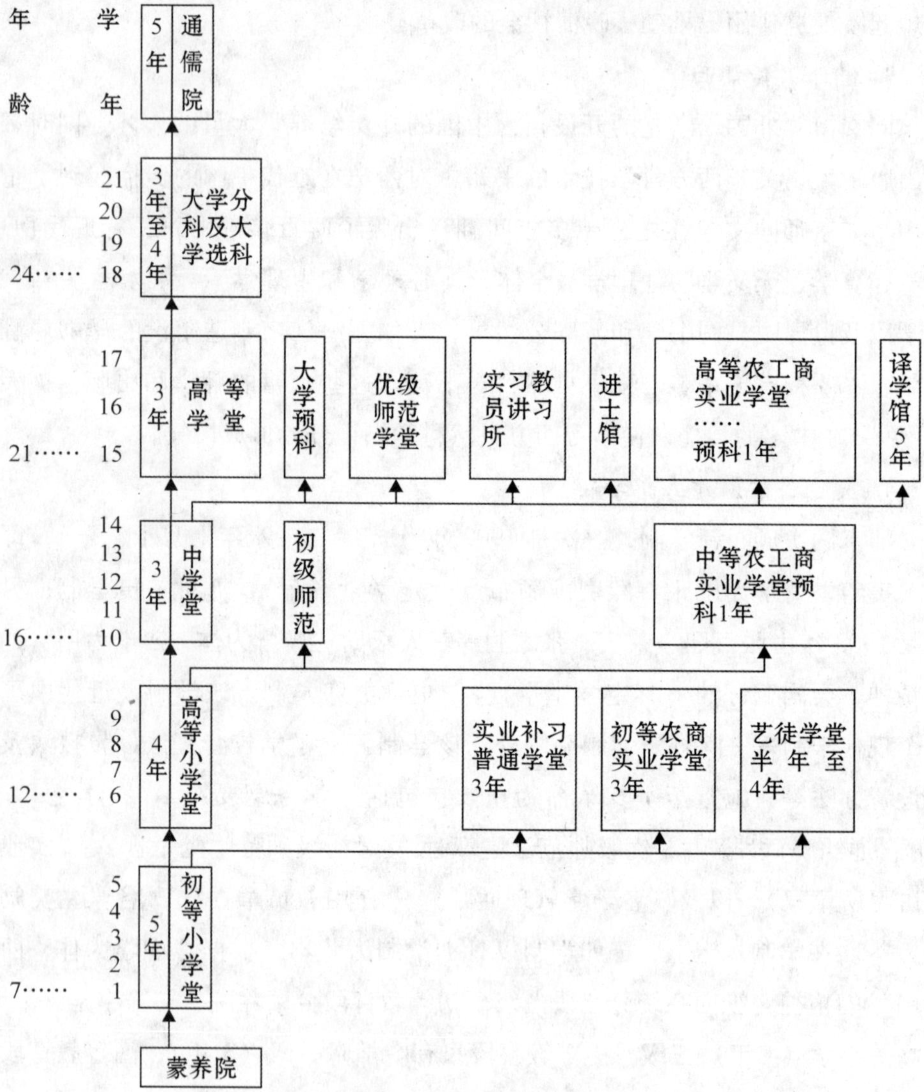

1903 年（光绪二十九年）癸卯学制图

1905年，张之洞、袁世凯、赵尔巽、周馥、岑春宣、端方六名地方督抚联名上奏“臣等默观大局，熟察时趋，觉现在危迫情形，更甚曩日，竭力振作，实同一刻千金。而科举一日不停，士人皆有侥幸得第之心，学堂决无大兴之望”，“强邻环伺，岂能我待”，要求立即停止科举，以促进学校的广泛发展。清政府不得不采纳了这一建议，宣布废止科举制，癸卯学制正式全面取代了科举制。从1905—1909年，清政府成立学部，划分学区，在中央、府、厅、州、县设立相应的教育行政机构，建立起统一的教育行政系统。持续了长达1 300年之久的科举制终于走下了神坛。

三、维新时期“广开学校，振兴实学”的实业教育思想

教育改革是戊戌新政的重要组成部分，也是戊戌变法中最为急切的大事。和轰轰烈烈的戊戌变法一样，教育改革虽然“骤起而卒蹶”，但戊戌维新的教育改革却成为中国教育由传统走向现代的分水岭。

洋务运动期间，随着中国对西方资本主义国家了解的加深以及洋务工业、民族资本的逐步发展，一些改良主义思想家们认为中国落后贫弱的根源在于工商业不发达。甲午战争前，郑观应更在大力提倡“习兵战不如习商战”的同时着重指出，“富强之基”不在器，而在人，无论“兵战”、“商战”，必须“有人才而后可与人争胜”。因此他认为“按古今中外各国，立教养之规，奏富强之效，原本首在学校”①，并在《盛世危言》写下了一段至理名言：“学校者，人才所由出；人才者，国势所由强。”②

然而甲午之战，中国惨败，国人又重新开始苦寻救国之道。以康有为、梁启超、谭嗣同、严复等为杰出代表的维新志士醒悟，政治制度不如人乃中国积贫积弱的根源。正如梁启超所言：“自甲午东事败后，朝野乃知旧法之不足恃，于是言变法者乃纷纷。”于是，以公车上书为开端，掀起了维新变法的大潮。几乎所有的维新志士不约而同地将战略眼光转向教育。康有为认为“泰西之所以富强，不在炮械军兵，而在穷理劝学”。任何一个国家，“才智之民多则国强，

① 夏东元. 郑观应集（上册）. 上海：上海人民出版社，1988. 261

② 夏东元. 郑观应集（上册）. 上海：上海人民出版社，1988. 276

才智之民少则国弱”[1]，“必使全国四万万之民，皆出于学，而后智开而才足”，“民富而国富以强”[2]。在他看来，“兴学育才之事，若追亡救火之急”，因而在奏折中泣血顿首恳请皇上：“夫养人才，犹种树也，筑室可不月而就，种树非数年不荫，今变法百事可急就，而兴学养才，不可以一日致也，故臣请立学亟亟也。”[3] 梁启超则在《论变法不知本原之害》一文中着重指出：“变法之本，在育人才；人才之兴，在开学校。”[4] 他认为，列国纷争，根本在于人才竞争，“胜败之原，由力而趋于智，故言自强于今日，以开民智为第一义。”[5] 西学造诣颇深的严复，从斯宾塞的社会机体论出发，强调社会集体的进步离不开个体细胞的更新，只有提高每一个国民的素质，国家才能富强。1895 年他在《原强》一文中指出“今日要政，统于三端：一曰鼓民力，二曰开民智，三曰新民德”，“中国处今，而欲自存于列强之中，当以教民知学为第一义”。[6]

从鸦片战争到戊戌维新，在将近 60 年的时间里，中国人中的先进分子一直在寻找西方富强之源和中国贫弱之根，苦苦探索着民族自强之路，在经历了实业救国的实践之后，作为中国近代思想的启蒙家，维新人士康有为、梁启超、严复等人在 19 世纪末，同时发出了“兴学养才”、“教育兴国”的呼声，“今国家而不欲自强则已，苟欲自强，则悠悠万事，唯此为大”。[7]在全国变法维新的新思潮中，教育方面也掀起了要求变革的浪潮，“1895 年公车上书后的一年半左右时间里，主张兴学的奏折至少有 20 份。报纸杂志也以鼓吹兴学为重要内容，《知新报》、《集成报》、《时务报》、《利济学堂报》、《浙学新报》等，在此期间刊登的有关文章分别为 139、127、53、49、35 件”。[8] 百日维新期间，光绪皇帝先后发布了一百多道上谕，其中，有关教育改革的上谕约占三分之一。百日维新中涉及教育改革的主要内容有：

第一，改革科举制度，废除八股取士。

从太平天国对科举制度进行改革开始，直到清末新学制的建立，在中国延

① 汤志钧．康有为政论集（上册）．北京：中华书局出版社，1998．130
② 汤志钧．康有为政论集（上册）．北京：中华书局出版社，1998．131
③ 汤志钧．康有为政论集（上册）．北京：中华书局出版社，1998．312
④ 梁启超．饮冰室合集（文集之一）．上海：中华书局，1936．10
⑤ 梁启超．饮冰室合集（文集之一）．上海：中华书局，1936．17
⑥ 严复．严复集（第四册）．北京：中华书局，1986．908
⑦ 梁启超．饮冰室合集（文集之一）．上海：中华书局，1936．20
⑧ 章开沅，罗福惠．比较中的审视：中国早期现代化研究．杭州：浙江人民出版社，1993．530

续了1 300年的科举制度终告结束。在这个过程中，戊戌变法所发挥的历史作用是非常重大的。从著名的公车上书开始，康有为一再奏请皇帝废八股、改科举。1898年6月17日，他在《请废八股试帖楷法取士改用策论习》中力陈："今变法之道万千，而莫急于的人才；得才之道多端，而莫先于改科举；今学校未成，科举之法未能骤废，则莫先于废弃八股矣。"由于科举制度"令诸生荒弃群经，惟读《四书》；谢绝学问，惟事八股"，以致"巍科进士，轮苑情才"中，"竟有不知司马迁、范仲淹为何人，汉祖、唐宗为何朝帝者，若问以亚非之舆地、欧美之政学，张口瞪目，不知何语矣"。任用此等"不识不知，无用人才"之士为官，国家何以富强？因而康有为尖锐地指出："中国之割地败兵也，非他为之，而八股致之也。"[①] 梁启超也强调："顷者强敌交侵，割地削权，危亡岌岌，人不自保，……推求本原，皆由科第不变致之也。"1896年，他在《论科举》一文中，积极主张改变科举，"欲兴学校，养人才以强中国，惟变科举为第一义。大变则大效，小变则小效"。1898年6月，他在京联名上书，建议光绪皇帝"停止八股试帖，推行经济六科，以育人才而御外侮"[②]。严复在《救亡决论》中论科举八股有大害三："其一，锢智慧；其二，害心术；其三，滋游手。八股之三害，有一于此，则其国鲜不弱而亡，况夫兼之则耶！"他认为只有"痛除八股而大讲西学"，中国才能"救亡"、"自强"，"若尚因循，行将无及"。[③] 在维新志士的推动下，光绪帝终于迈出了改革科举的第一步，于1898年6月23日发布"停止八股，改试策论"的上谕。"著自下科为始，乡会试及生童岁科各试，向用《四书》文者，一律改试策论。"6月30日下令，将经济岁科归并正科，各省生童岁科一律改试策论。7月6日传旨："嗣后一切考试，均著毋庸五言八韵诗。"7月19日更在上谕中强调："嗣后一切考试，均以讲求实学实证为主，不得凭楷法之优劣为高下，以励实学而黜浮华。"其后又在上谕中表示"朝廷造就人才，惟务振兴实学"，明体达用之才一经殿试，即可量为授职。[④] 就这样，八股取士的科举制度，第一次受到了来自皇帝谕令的批判和否定。百日维新的新思想使新学制的建立、彻底废除科举、兴办新学堂成为一

① 汤志钧．康有为政论集（上册）．北京：中华书局出版社，1998．268～270
② 梁启超．饮冰室合集（文集之三）．上海：中华书局，1936．21～23
③ 严复．严复集（第一册）．北京：中华书局，1986．40～43、50
④ 汤志钧，陈祖恩．中国近代教育史资料汇编·戊戌时期教育．上海：上海教育出版社，2007．47～49

种可能。

第二，引进西方近代学制，开办新式学堂。

科举制的逐渐废除，为近代学堂的兴起扫除了一大障碍，1898 年六七月间，康有为在《请开学校折》和《改书院淫祠为学堂折》中，就开办新式学堂、引进西方近代学制，向光绪皇帝提出除旧布新的建议。

康有为开宗明义地说，譬如治病，废除八股只是“吐下而去其宿疴”，“广开学校”才是“补养以培其中气”。他在详细介绍了欧美等国尤其是德国和日本的教育发展情况后，建议光绪皇帝“远法德国，近采日本，以定学制”，下令全国“省府县乡兴学”，乡立小学，县立中学，省府立专门高等学、大学，京师设大学，尽力“广开学校，以养人才”。为适应新式学堂的需要，康有为建议“设师范、分科学、撰课本、定章程”，要完成这么繁重的教育改革任务，“非设立学部、妙选人才，不能致效也”。这是康有为革新传统行政体制，设置独立的近代中央教育行政机关的重要建议。康有为还就教育经费、兴办农学等教育问题提出了自己的建议。

光绪帝几乎全部采纳了康有为的建议，并陆续发布上谕。兴办京师大学堂，将各省府厅州县所有的大小书院，全部改为兼学中学和西学的学校；对于“能独立创建学堂”或“措借巨款”者，“予以破格之赏”，或“照军功之例给予特赏，以昭激励”；设立各种农工商学堂，准许梁启超在上海设立翻译书馆，培养翻译人才等教育改革举措。

第三，革新教育内容，“兼习中学西学”。

借鉴欧美、日本以教育为治国之本、富强之原的经验，维新志士和开明官员反复奏请光绪皇帝革新教育内容。1896 年 6 月，刑部左侍郎李端棻建议：府州县学以三年为期，“诵《四书》、《通鉴》、《小学》等书，而辅之以各国语言文字及算学、天文、地理之粗浅者，万国古史近事之简明者，格致理之平易者”；省学以三年为期，“诵经史子及国朝掌故诸书，而辅之以天文、舆地、算学、格致、制造、农桑、兵、矿、时事交涉等书”；京师大学之课程，“一如省学，惟益加专精，各执一门，不迁其业”。1898 年 6 月 17 日，康有为以国家正值“多难之秋”，建议皇帝“宏开校舍”，“内讲中国文学，以研经义、国闻、掌故、名物”，“外求各国科学，以研工艺、物理、政教、法律”。同年 7 月 3 日，康有为在赞美西方各国教育发达、中小学遍地的同时，建议在中国也实行强迫教育，责令六岁子弟皆入小学读书，“教之以图算、器艺、语言、文字”。对于各级学校的教学内容，梁启超主张“今日之学校，当以政学为主义，以艺学为附庸”，带有明显的“中学为主，西学为辅”、“中学为体，西学为用”的色彩，相当典型地反映了戊戌时期教育内容革新的指导思想。

光绪皇帝的上谕，虽然没有具体谈及课程内容，但总体上采纳了上述改革建议。他于7月10日传令“各省府厅州县现有之大小书院，一律改为兼习中学西学之学校”，各地大小学以及“地方自行捐办之义学、社学等，亦令一律中西兼习”，庶几全国“风气遍开，人无不学，学无不实”。于是，一向被视为“异学”、“偏学”、“末学”甚至“异端邪说”、“雕虫小技”的西学，正式被列为中国各级学校的教育内容和正式课程。

第四，“参用泰西学规”，设立京师大学堂。

中国近代教育史上，首次向皇帝建议设立京师大学堂的是李端棻。1896年6月12日，他在《奏请推广学校折》中提出，国家要“究通变久”，要“自强”，就必须“自京师以及各省府州县皆设学堂”，培养大量人才。李端棻认为，传统教育可以培养出擅长“考据、词章、帖括”的人才，却难以造就懂得“格致、制造、农、商、兵、矿诸学”的人才；只有“远之得三代庠序之意，近之采西人厂院之长”，以官书局、大学堂为经，以藏书楼、仪器院、译书局、报馆、游学为纬，才能造就各种“奇才异能之士”。他建议，京师大学“不宜因陋就简”，办学经费应酌量动用国库；学生可从30岁以下举人中挑选，京官则自愿入学。李端棻颇为自信地表示，只要采纳了这些建议，“十年以后，贤俊盈廷，不可胜用矣；以修内政，何政不举？以雪旧耻，何耻不除”。

光绪皇帝非常重视这份奏折，当即交总理衙门复议。8月，管理书局的孙家鼐在《议复开办京师大学堂折》中，向皇帝奏呈了六点建议：①宗旨宜先定。以中学为主，西学为辅；中学为体，西学为用；中学有未备者，以西学补之，中学有失传者，以西学还之；以中学包罗西学，不能以西学凌驾中学。此是立学宗旨。②学堂宜造。③学问宜分科。④教习宜访求。⑤生徒宜慎选。⑥出身宜推广。他认为，上述六事，“准今酌古，原始要终，实已兼包中外”；若“循名责实，慎图始终”，必能“海宇倾风，贤才辈出，师师济济，为国干城，内政外交，永不必借材异地”。光绪皇帝十分赞同这些建议，然而总理衙门以经费困难为由，使创立京师大学堂的构想搁浅。

1898年1月29日，康有为在《应诏统筹全局折》中再次奏请："自京师立大学，各省高等中学，府县立中小学及专门学"，并在内廷设学校局，专管兴学事宜。同时，御史王鹏运也奏请开办京师大学堂。为此，光绪皇帝在2月15日发布上谕说："京师大学堂迭经臣工奏请，准其建立，现在亟须开办。其详细章程著军机大臣会同总理各国事务衙门大臣，妥仪具奏。"但是，总理衙门仍然虚与委蛇。

直到6月11日，光绪皇帝在《明定国是诏》中下令："京师大学堂为各行省之倡，尤应首先举办。著军机大臣、总理各国事务大臣，会同妥速仪奏，……不得敷衍因循。"6月26日再次发布上谕，警告军机大臣和总理各国事务大臣"毋再拖延"，否则"即从严惩处不贷"时，大臣们才无可奈何地让梁启超代他们起草了一份《京师大学堂章程》（以下简称《章称》），于7月3日"恭呈御览"。

梁启超所拟《章程》，"略取日本学规，参以本国情形"，共八章五十四节。针对中国知识界"治中学者则绝口不言西学，治西学者亦绝口不言中学"的流弊和洋务学堂"浮慕西学"，"仅教语言文字而于各种学问皆从简略"的通病，《章程》强调，京师大学堂必须以"中西并重，观其会通，无得偏废"为办学方针。课程设置则"略依泰西，日本通行功课之种类，参以中学"，并作出如下规定：第一类是所有学生都要通习的"普通学"课程，包括经学、理学、中外掌故学、诸子学、初级算学、初级格致学、初级政治学、初级地理学、文学、体操学10门；第二类是每人各选一门的"专门学"课程，包括高等算学、高等格致学、高等政治学（含法律学）、高等地理学（含测绘学）、农学、矿学、工程学、商学、兵学、卫生学（含医学）10门。此外，每个学生还在美、法、俄、德、日五种语言文字中自选一种，与普通学课程同时并习。教学采取班级授课与个人自学相结合的方式。考试"依西例，用积分之法"区别学生功课之高下。聘用教师"宜取品学兼优通晓中外者，不论官阶，不论年龄，务以得人为主"。经费使用"采用西法"，开列常年预算表，按表支出经费，力戒花钱愈多成效愈少的现象，杜绝舞弊与官场积习。对招生也作了改进，除吸收愿入学堂的翰林院编检、各部院司员、道府州县以上官员及大员子弟、八旗世职、各省武职后裔外，还吸收由各省中学堂学成并领有文凭，来京肄业的学生。名额设500人，宁缺毋滥；分为六级，递升黜降，"宁严毋宽"。学堂另立师范斋，

"以养教习之才"。《章程》还规定：设管学大臣一员，总教习一员。管学大臣不仅要办好京师大学堂，以为各省表率，而且要管好各省学堂。京师大学堂由此具有两种身份：一是全国的最高学府；二是全国最高教育行政机关。

7 月 3 日，光绪皇帝发布上谕，为"广育人才，讲求时务"，"振兴实学"，决定"参用泰西学规"，设立京师大学堂，派孙家鼐为管学大臣，并将原设之官书局及新设译书局并入大学堂，由管学大臣督率办理。"总教习总司功课，尤须选择学赅中外之士，奏请简派。其分教习各员，亦一体精选，中西并用。"孙家鼐上任后，于 8 月 9 日向光绪皇帝呈上筹办京师大学堂的具体计划。随后，清政府根据孙家鼐推荐，任命许景澄为中学总教习，丁韪良为西学总教习；规定京师大学堂开办经费为白银 35 万两，常年用款为白银 20 余万两，由户部指定以华俄道胜银行中国政府存款利息支付。

京师大学堂在名义上正式成立了，管学大臣和中西学总教习也任命了。正当筹办计划逐步展开时，以慈禧太后为首的保守派和盘根错节的封建势力，在 9 月 21 日发动戊戌政变，扼杀了 19 世纪末中国进行改革、谋求发展的最后一次机会。

第二节　民国时期的职业教育思想

中国近代职业教育经过鸦片战争后五六十年的发展，特别是清末新政的推动，至辛亥革命前已经初具规模。据不完全统计，1909 年全国共有实业学堂 254 所，学生 16 649 人。尽管实业教育早有职业教育之实，但是近代职业教育思想的产生则是始于民初，民国时期形成的职业教育思想在中国近现代教育思想史上占有极其重要的地位。其中 1917 年黄炎培联合教育界、实业界著名人士蔡元培、张謇、宋汉章等 48 人在上海创建的中华职业教育社和 1922 年"壬戌学制"的颁布，是中国教育划时代的进步，体现了"五四"科学与民主精神对教育的要求，渗透了要求教育紧密联系中国经济和生产发展、人民生活和生计的精神。中华职业教育社的成立也成为中国职业教育由近代进入现代的重要标志。此后，中国职业教育形成了实利主义、实用主义、生利主义、平民主义等职业教育思想。

一、职业教育思想产生的历史背景

（一）职业教育思想产生的经济原因

辛亥革命后，民国政府采取了一系列振兴民族实业的政策，许多保护民族工商业的法规相继出台。同时，“一战”期间及战后的几年，国际形势相对宽松，西方国家由于忙于战争，暂时放松了对中国的经济入侵，中国民族资本主义工业在这一时期得到了快速的发展。以工厂为例，1903—1908 年，平均每年注册的工厂有 21.1 家，而 1913—1915 年，平均每年注册的工厂为 41.3 家，1916—1919 年，平均每年注册的工厂达到 124.6 家[①]，荣氏家族所办的面粉公司，1902—1909 年仅有 4 个粉磨，1920 年，发展为 300 个以上的粉磨，无论速度还是规模都令人惊叹[②]。“一战”结束后，西方欧美资本主义国家需要时间从战争中恢复过来，同时在“五四”运动中出现抵制洋货运动，这些都为中国民族资本主义的发展提供了有利的条件。

民族资本主义经济的发展，产生了对人才的迫切需求。实业家们普遍认识到人才对企业兴衰的意义。近代以来我国农工商矿企业从技术人员到管理人员普遍雇佣洋人的局面并没有得到根本改变。轮船招商局经营家郑观应一直苦于没有本国的航海人才代替外国人，张謇认为办企业最急之务是储备人才，商务印书馆领导人张元济认识到“为公司全局计，不能不急于储才”[③]。近代第一个把西方管理科学理论引入中国的企业家穆藕初认为，“人才为事业之灵魂。故物色人才和善用人才，实为事业家首务”[④]，因为“凡百事业之成败，全视人才之优劣”，“吾国各业之不振，皆由于缺乏适用人才，并缺少独树一帜之人才耳”。荣德生也认为中国“所以贫弱，所以无新事业发展，则缺乏人才启发之故耳”。[⑤]

实业界对人才的强烈需求，直接对当时的学校教育提出了呼唤。清末以来

① 汪敬虞．中国近代工业史料（第一辑）．北京：三联书店，1957．14
② 吴承洛．今世中国实业通志（下册）．上海：商务印书馆，1929
③ 张树年．张元济书札．北京：商务印书馆，1997．571
④ 穆湘玥，童世亨．藕初五十自述．上海：上海书店，1990．83
⑤ 计泓赓．乐农自订行年纪事续编．北京：中央文献出版社，2006

的普通教育虽然有了几次大的改革，也培养出不少毕业生，但都不具备专业素质，缺乏动手操作能力，不能满足实业界的要求。实业教育虽然也培养了一些实业学生，但是由于只懂得纸上谈兵，不会应用操作，职业素质太差而不受实业界的欢迎。民初教育界正是在经济界巨大的人才需求亟待满足，而学校教育又无法供应符合经济界人才质量要求的毕业生这个矛盾中，展开了一场对清末以来普通教育和实业教育的批判，这场批判是在实用主义教育思想指导下进行的，它导致了人们对实业教育制度的失望和怀疑，导向社会对职业教育思想和制度的提倡。

（二）职业教育思想产生的思想基础

1913 年，黄炎培发表《学校教育采用实用主义之商榷》一文，主张中国教育应采用实用主义思想为指导思想和实施方法。他批评当时的学校教育，教师用注入法给学生灌输一些无用的书本知识，根本不顾及学生是否能接受，教学是否能达到目的。学生所学的东西能运用于实际的很少，例如学生会作论说文字，却不会写家信；学会了算术，却不能计算日常生活数字；知道植物之名，却认不出庭院中的草木。这些都说明学校教育正日益脱离社会生活。他说，如果照此不变，中国教育普及之日就是百业停废、社会生计困绝之时。因此主张渐改文字的教育而为实物的教育，学校教育“以实用为目的”，使学生所得确实适于应用。

此文发表后，立即引起了教育界的热烈响应，随后形成对中国教育的反思思潮。

庄俞认为，中国教育必须采用实用主义，才能补救当时教育的严重弊端。表面上看，中国教育日有进步，但是实质是所学非所用，所用非所学，“于国家鲜有实利”①。他要求教育贯彻实用精神，办学以“合于实用为目的”，使学校成为实用学校，学生成为实用学生。

廉方认为：“人之为学，当务实用，而教育之本旨即为造就实用之人而设。”②

此后，各教育刊物发表了大量的文字，许多学校纷纷根据黄炎培思想试行

① 庄俞．采用实用主义．教育杂志，1913，5（7）

② 廉方．今日学校教育应否采用实用主义．教育杂志，1914，6 卷临时增刊

实用主义教授法，其情形如舒新城在《近代中国教育思想史》中所概括的，实用主义教育“于民国二三年之间，蔚为一种思潮，流行全国”。正是在实用主义教育思潮和随后的职业教育思想中，当时教育界对清末以来尤其是1903年以来中国的实业教育进行了批判。

自清末中国引进西方学校教育制度之后，由于种种原因，学校教育产生了许多弊病，在民国前就有人对此大胆批判。严复说：“盖之学堂议兴，朝廷屡下诏书，大抵训勖吏民，穷力兴学。然而行之数年，无虑尚无成效，问其所以，则曰无经费也，又曰无教员也。此中小学堂之通病也。至于高等学堂，则往往具有形式，而无其实功。”① 梁启超也曾批评说：“今之言教育者何如？各省纷纷设学堂矣，而学堂之总办提调，大率皆最工于钻营奔竞，能仰承长吏鼻息之候补人也。学堂之教员，大率皆八股名家戈窃甲第武断乡曲之巨绅也。其学生之往就学也，亦不过曰此时世妆耳，此终南径耳，与其从事于闭房退院之诗云子曰，如何从事于当时得令之ABCD。”② 师资、经费、学生、教材、课程、管理等都是新教育产生弊病的原因，实业教育也不例外，这些弊病的要害在于其不切实际。蔡元培、贾丰臻曾指出，由于实业教育的脱离实际，实业学校学生仍存在严重的书房习气，工学生不实习，农学生不务农。黄炎培批判说，当时的学校仅多购一种教科书，教师照本宣科，学生一读了之，根本没有实习设备，学生也不进行实习。陈独秀更是猛烈抨击实业学校脱离实际的问题，所谓农学生只知道读讲义，不会种地；工学生只会在课堂上画图，一经实用，成绩反不如小皮匠；学矿物的记了许多外国名词，见了本地植物却茫然不知；商业学生不会做买卖。③

为了克服实业教育的弊病，教育界一方面极力倡导联系实际的重要，一方面深入挖掘教育弊病产生的根源。庄启和顾树森从实业教育制度自身寻找实业教育弊病产生的根源。

庄启认为，实业教育制度根本不符合中国的国情，完全是中央临时教育会的官员抄袭日本成制而来。他从实业学校与专门学校教育目的之异、分类之异、教师资格规定之异、课程设置之异几方面详细分析了所谓实业学校制度在上述

① 严复．论教育与国家之关系．严复集（第1册）．北京：中华书局，1986

② 梁启超．饮冰室合集（专集第3册第4卷）．上海：中华书局，1936

③ 陈独秀．新教育是什么．陈独秀文章选编（中）．北京：三联书店，1989

几方面规定的混乱悖理，结论是："总之，所谓实业学校者，既非专门学校，亦非职业学校。故毕业于此种学校之学生，上之不足以言知识，下之无可用之技能"，"此制既行，乃有一班上不成技师下不若工匠之人，踯躅于实业界中。"[①]由于实业教育制度混乱，因此造成实业学校实践中的种种问题。他把1913年学制颁行至1916年三年间甲种实业学校问题归纳为七大点，其中课程的问题为其一，他认为实业学校的学生文化程度不够，小学生国文、算学、外语程度根本没有为进此种学校做好准备，理科生在小学校中没有学会相应的课程，但这些却是实业学校的基础。据此，庄启强烈呼吁要求废止实业学校制度，"故欲为实业界请命，非废止实业学校不可"，他建议实业学校废止后，根据情况或改为职业学校，或改为专门学校。

有人从实业教育和职业教育两者的区别来分析实业教育的弊病，代表人物就是顾树森，他说："现行学制（指实业教育制度——引者）既无职业教育之规定，与普通教育程度相当者虽有甲乙种实业学校，而其性质既非完全实业学校，又非简易职业学校。其所造就之人才，上不能适应于实业界，为重要之中坚人物，下又不能迁就浅易之职业以谋自立之生活。此等制度不适实用。"因此，他希望"今之秉政者，对于此项制度，当详细改革，对于职业教育当与实业教育分别注重。庶乎教育渐趋于应用也"[②]。

按照庄启和顾树森的分析，实业学校实践不实用弊病产生的根源是制度性的病因，因此要改变这种状况，要么必须改革实业教育制度，要么必须废弃此种制度。

在实用主义教育思想指导下，实用是唯一标准，根据此标准，从对实业学校教育实践弊病的揭露批判开始，进而怀疑和否定实业教育制度，表明实业教育制度已经出现了必须改革的地方，一种新的教育制度呼之欲出。

二、职业教育思想的产生

中国最早提出"职业教育"的是山西农林学堂总办姚文栋。他说："论教育原理，与国民最有关系者，一为普通教育，一为职业教育，两者相成而不相

① 庄启．实业学校改制论．教育杂志，1917，8（8）

② 顾树森．论职业教育与实业教育之区别．中华教育界．1918，6（1）

背。……本学堂兼授农林两专门，即是以职业教育为主义。”[①] 提倡职业教育，主张在中国建立职业教育制度的舆论在民初之所以会形成潮流，直接的原因是清末新教育制度确定后，普通教育和实业教育都有了较大的发展，毕业生人数大大增加，但是出路问题却日益严重。1914 年，黄炎培在调查全国教育状况时发现，初小毕业后除升入高小外别无出路，高小毕业后除升中学外别无出路，问题最为严重的是中学，当年江苏公立、私立中学毕业生升学者仅为 25%，失业者却占 30%[②]。到 1917 年，江苏全省高小毕业生近 5 000 人，升学者不到 25%。全国教育联合会调查全国各省区中学毕业升学者仅为 10%。其余或失业，或苦于所学无所用。

毕业生失业问题实际是生计问题，造成生计危机的社会原因是多方面的。但是教育界和实业界所面临的问题就是，用什么样的教育方法才能使接受普通教育的学生获得谋生技能，使实业教育毕业生克服脱离实际的弊病。职业教育此时一经提出，就成为大家的一致选择。

民国后最早倡导职业教育的是《教育杂志》主编陆费逵。1911 年，他指出：“吾国今日，亟宜注意者有三，国民教育一也，职业教育二也，人才教育三也。”[③] 他提出靠职业教育解决国民生计问题。1913 年，他明确地说：“职业教育则一技之长可谋生活为主。所以使中人之资者，各尽所长，以期地无弃利，国富民裕也。非职业教育兴盛，实业教育必不能发达，民生必不能富裕。”[④] 他认为，职业教育是解决国民生计问题的途径，而当时中国最严重的问题就是生计问题，因此，职业教育比国民教育更应该得到优先发展。甚至可以说，无职业教育将无以治国。职业教育是务求实用、教人获得谋生技能的教育，是关系到国富民强的教育。

黄炎培是职业教育思想的代表性人物，从 1915 年开始，他结合对国内外教育的考察，在国内主要教育刊物上连续发表文章极力提倡职业教育。

1915 年，陈独秀提出以职业教育作为教育方针之一，认为 20 世纪现实世界是经济世界，社会变化以经济为转移，每个人作为生产力，都是社会经济的一部分，职业教育可帮助生产者独立自营。因此，中国教育应以“普通职业为

① 姚文栋．添聘普通练习文．山西农务公牍（第六卷），1904
② 黄炎培．考察本国教育笔记．黄炎培教育文集（卷 1）．北京：中国文史出版社，1994
③ 吕达．世界教育状况序．陆费逵教育文存（卷 5）．北京：人民教育出版社，2000
④ 吕达．论人才教育方针当采实利主义．陆费逵教育文存（卷 1）．北京：人民教育出版社，2000

方针”[1]。

蔡元培把职业教育作为解决中小学生出路的办法，主张“为中学生筹救济，当注重职业教育”[2]。

蒋梦麟发表了一系列提倡职业教育的文章，并研究了职业教育的起源、性质及分类。他认为20世纪是经济社会，国与国之间的竞争是经济的竞争，经济效率的高低决定着国家经济实力的大小，而靠职业教育可以增加经济能率。[3]他指出，职业（vocation）教育就是用教育的方法解决职业问题，通常在中等程度以下，它与高等专门（profession）教育不同，大学不是职业教育，而是一种专业教育。职业教育按照工、农、商、家政四大类，分为农业教育、工业教育、商业教育和家政教育。

1917年5月，中华职业教育社成立。《中华职业教育社宣言书》强烈抨击了中国教育的不实用的现象，认为生计问题是中国最重要乃至最困难的问题，提出沟通职业教育，把职业教育作为解决生计问题最主要的工具或方法。

黄炎培是职业教育的领袖人物，视职业教育制度为教育上最新最好的制度，中国要解决普通教育不实用、毕业生无出路的问题，要解决人民生计、国家经济问题，就要实施职业教育。而要实施职业教育，首先就要确立职业教育制度。所以一直到1922年职业教育家们都在为确立职业教育制度而大造舆论，发表介绍外国职业教育的论文或译文。其主要代表人物有黄炎培、陈独秀、郭秉文、顾树森、庄启、蔡元培、王则行等。

虽然当时赞成建立职业教育制度代替实业教育制度的舆论是绝对主流，但是也存在不同的观点。比如，蒋维乔就对实业教育持相反的观点。他认为我国的实业教育就是职业教育，不必再采用美国的分科制。我国实业教育之所以成效不大，原因不在实业教育制度，而在于社会经济事业的萧条和实业学校课程教学仍是“纸片教育”[4]。不过，蒋维乔的观点很快就被淹没在一片建立职业教育制度的赞誉声中。

---

① 陈独秀．今日之教育方针．陈独秀文章选编（上）．北京：三联书店，1989

② 蔡元培．教育界之恐慌及救济方法．蔡元培教育论著选．长沙：湖南教育出版社，1987

③ 蒋梦麟．世界大战后吾国教育之注意点．教育杂志（10卷10号）．上海：华东师范大学出版社，2007

④ 蒋维乔．职业教育进行之商榷．教育杂志，1917，9（11）

三、壬戌学制中的职业教育制度

经过多年的讨论修改后，1922 年在全国教育会联合会第八届年会上通过了《学制系统修正案》，同年 11 月，以大总统名义颁布《学校系统改革案》。新学制确立了职业教育制度，对职业教育的规定是：初等教育阶段分为初级小学和高级小学共六年，小学校课程可在较高年级根据地方情形，增置职业准备教育。初小毕业后，可以在相当年期进行补习教育。对于年长失学者，宜设补习学校。中等教育阶段共六年中学，初高两级各三年，也可根据学科性质，或定初级二年、高级四年。初级中学实施普通教育，但可根据地方需要，兼设各种职业科。高级中学分普通，农、工、商、师范、家政等科，可根据各地情况，单设一科或兼设数科。中等教育须用选科制。各地方需设中等程度之补习学校或补习科，补习年限种类视地方实际情形定之。

新学制的最大亮点就是将职业教育和普通教育在中等教育阶段融合在一起，成为综合中学。原来学制中作为旁系的实业学校制度被职业教育所取代，兼顾了升学与就业的双重需要。癸卯学制和壬子癸丑学制实业教育制度都是以尚实为宗旨，壬戌学制就其职业教育制度而言，则延续了这种“尚实”、“实用”的思想，要求职业教育紧密联系中国经济和生产发展的实际，密切联系人民的生计和生活。

制定新学制职业教育制度的指导思想共有七条，准确、科学、全面地揭示了职业教育与社会、个人的关系。如第一条强调教育“适应社会进化之需要”，第三条强调“谋个性之发展”；同时也体现了职业教育制度要兼顾中国的国情，如根据中国疆域辽阔，自然条件和社会经济发展水平不同的特点，各地对职业教育的需求可能不一样，各地可以根据自己的条件发展职业教育，如第七条标准规定“多留地方伸缩余地”。中国经济落后，生活贫穷，职业教育是解决生计的教育，因此职业教育的制度必须是面向大众的、廉价的、方便的、多样化的、普及的，如第六条规定“使教育易于普及”就是这个思想的体现。

在壬戌学制中，也体现了产生于“五四”新文化教育运动时期的平民主义思潮。平民主义教育思潮渗透在职业教育思想中，使这个时期的职业教育思想带有明显的平民主义色彩。

在平民主义教育思潮的推动下，新学制标准第二条规定所有教育必须“发挥平民教育精神”，这其中当然包括了职业教育。按照平民主义教育思想，普及义务教育最为急迫重要。黄炎培不反对搞义务教育，但他认为，如果要造福平民，必须在义务教育之后立刻进行职业教育，也只有通过职业教育才能使平民得到好处。因为义务教育仅授给平民普通文化，但平民最迫切需要的却是生计问题的解决，生计不解决，文化知识反而会增添他们的谋生困难。许多平民受了普通教育后轻视农工商，所以，仅仅进行义务教育，则平民受教育越多，生路反而越窄，平民职业教育的重要意义就在于此。

中国是个农业大国，大多数的劳工阶级是农民，因此要解决中国的问题，就必须解决农民问题。过去职业教育总是限于中等以上人家的子女，这类人数量相对较少，且接受职业教育的需求并不迫切，而急需接受职业教育的是中等以下的平民子女。所以，从20世纪20年代中期开始，以中华职业教育社为首的职业教育界开始把实施职业教育的重心由城市转向农村，在20年代末到30年代，又把城市职业教育的重心从正规的职业学校转向职业补习教育和职业指导。这些都是平民职业教育思想的体现。

黄炎培从普及职业教育的角度，论述了乡村教育的重要性，他说：“吾尝思之，吾国方盛倡普及教育，苟诚欲普及也，学校之十之八九当属于农村。”此后不久，1925年，中华教育改进社在太原召开第四届年会期间，黄炎培即着手筹划乡村职业教育的试点工作，提出了划区试验乡村职业计划，并且指出“乡村职业教育之设施，不宜以职业教育为限”，但因兵事纷争不能实现；后又于1926年5月，中华职业教育社联合中华教育改进社、中华平民教育促进会等共同试验划区农村改进工作，也因遇到了经费等困难而未能兴办。但是，这些行动对乡村教育的促进力量是很大的。据《第二次中国教育年鉴》统计，到1935年在全国各地建立的各种乡村教育、乡村改进和乡村建设的试验区多达193处，其中职业教育社在江苏昆山徐公桥创办的乡村改进试验区是具有代表性的试验区。另外还在镇江黄墟、吴县善人桥、沪郊等地创办过农村改进试验区；同年在沪西漕河泾创办农村服务专修科；1933年职业教育社还在浙江余姚县诸家桥办了浙江诸家桥农村改进试验学校。

四、黄炎培的职业教育思想和中华职业教育社

黄炎培（1878—1965 年），字任之，是我国近现代史上著名的爱国主义和民主主义教育家，我国近代职业教育的创始人。新中国成立后，黄炎培先后担任了国务院副总理兼轻工业部部长、全国人大副委员长、全国政协副主席、民建中央主任委员等领导职务，直到 1965 年 12 月 21 日在北京逝世。由他发起成立的中华职业教育社是我国近代第一个以提倡、研究、试验和推广职业教育为宗旨的教育团体。在民国时期为我国的职业教育的发展作出了突出贡献。中华职业教育社总社也于 1949 年 12 月由上海迁到北京，作为一个具有统一战线性质的职业教育团体，至今仍在我国政治生活和教育战线上发挥着重要的作用。

在长期的职业教育实践活动中，黄炎培认真总结了清末以来我国兴办实业学堂的经验教训，批判地借鉴欧美、日本等国的有关理论、制度，逐步形成了自己的一套颇具特色的职业教育理论及独特而完整的职业教育思想。

（一）关于职业教育的定位

黄炎培较早地对职业教育概念作了较为全面的分析。1917 年他在《职业教育》一文中认为，职业教育有广义和狭义之分。就广义而言，凡教育都含有职业教育的意味，“盖教育云者，固授人以学识、技能而使之能生存于世界也”。就狭义而言，职业教育“仅以讲求实用之知能者为限，亦犹实业教育也”。但实业教育与职业教育是有区别的，“实业教育，兼含研究学说之意味。而职业教育，则专重实用，纯为生活起见。实业教育所养成之人物，其一部分主用思想，而职业教育所养成人之物，则完全主用艺术”。[①] 这里所说的“艺术”即技术。随着职业教育实践的不断发展，黄炎培对职业教育的认识也逐步深入。1933 年，他给职业教育的定义是：“用教育的方法，使人人依其个性，获得生活的供给和乐趣，发展其能力，同时尽其对群的义务，名曰职业教育。”[②] 职业教育并不是一种特殊的教育，而是教育的实质却是职业的。他说：“世界一切问题的中

① 中华职业教育社．黄炎培教育文选．上海：上海教育出版社，1985．44

② 黄炎培．职业教育之理论与实际．孙培青，李国钧．中国教育思想史（第 3 卷）．上海：华东师范大学出版社，1995

心是人类，人类一切问题的中心是生活。要是这个中心，在若干世纪内一时没法改变，那么有生活，必有需要、有供给，那么人类必定有各个的特性，各个特长，而人与人之间，亦必定有彼此相感的精神和相结方式，在人群递嬗间，更必定有老辈根据的经验，来供给后辈的仿效，从仿效中获得改进的门径。吾们所说，职业教育这套理论，虽措词容有不同，而这理论的主干，是不易磨灭的。”① 从职业教育的形成中可知，职业教育是与生活、生计和社会发展联系在一起的，它体现了教育的本质是立足于职业。职业理论反映了教育的一般规律。研究职业教育在社会生活中和整个教育体系中和在教育改革中的作用，是研究职业教育的基本出发点。

黄炎培认为职业教育有两个基本含义，即职业技能的教授学习和职业道德的培养训练，二者缺一不可。前者是职业教育不同于其他教育的基本特征，缺此就不成其为职业教育；而离开职业道德的培养训练，职业学校所培养的人都不乐于从事生产劳动，职业教育也就失去了其存在的价值。黄炎培还指出“职业教育者，在学说上为后起之名词，在社会上为切要之问题，而在教育上实为最新、最良之制度也”。这种“最新、最良”的教育制度，不仅对教育发展有重大意义，且直接影响到社会的进步和国家的富强。这是黄炎培终生为之奋斗的主要原因。

由此可见，黄炎培对职业教育的认识是逐步深入的。1917 年，他只强调了职业教育的技能训练，1933 年则在强调培养技能时，更提出了职业道德教育的重要意义，最后把职业教育提升到教育制度的高度来认识，给予了职业教育应有的地位。这是中国教育史上对职业教育第一次较全面、科学的分析，是对中国职业教育理论的一大贡献。

（二）职业教育的目的

黄炎培根据社会的不同需要，在不同的历史时期对职业教育的目的作了不同的表述。中华职业教育社成立之际，黄炎培认为中国社会的主要问题是解决青年的生计和提高实业界的生产力。当时“中学毕业生大都没有出路”，社会上“因世界大战发生，舶来品骤然减少”，实业界急需发展民族工商业以增进生产力，满足市场需要，这就要求培养出大批有技术的职工。在这样的形势下，

① 黄炎培. 职业教育之理论与实际. 孙培青，李国钧. 中国教育思想史（第3卷）. 上海：华东师范大学出版社，1995

1918 年 5 月，黄炎培在中华职业教育社成立一周年之际，提出职业教育的目的是："为个人谋生之预备；为个人服务社会之预备；为世界及国家增进生产能力之预备。"这一目的不仅反映了当时社会对教育的要求，而且标志着中国的职业教育开始从普通教育中分离出来，走上独立发展的道路。

20 年后，随着社会问题的日益严重，黄炎培把职业教育的目的修正为"谋个性的发展"，"解决刻不容缓之严重问题"，"谋民生主义的实现"，最后概括为"使无业者有业，使有业者乐业"。在不同时期的不同场所，黄炎培对职业教育的目的虽有多种表述，但这两句话却成为职业教育的终极目标。所谓"使无业者有业"，就是通过职业教育为工商业发展培养适用人才，同时解决失业问题，使人才不致浪费，所谓"使有业者乐业"，就是通过职业教育，给人以知能，使其能胜任本职工作，热爱本职工作，进而能有所发明创造，为社会作出贡献。其中也包含要培养资产阶级所需要的雇员和工人，以"消工潮，调和劳资"的要求，反映了职业教育鲜明的政治倾向。此后几十年里，在不同的场合，从不同的角度，他对职业教育的目的作过许多说明，但总是把这两句话作为职业教育的最终目的。这一概括集中反映了他的世界观、社会政治观点和对教育本质的认识。他说："余向论教育之旨，归本人生。共义惟何？一曰治生，二曰乐生。"[①] 他认为，教育是一种前人将所获得的知识和经验传授给后人，后人在仿效中获得改进，或进而有所发明的社会活动。从广义上讲，"凡教育皆含职业之意味。盖教育云者，固授人以学识技能，而使之能生存于世界也"。[②] 其作用"语小，个人之生活系焉，语大，世界国家之文化系焉"。[③] 因此，教育与个人生活，与社会生计，与生产力发展的联系是必然的。职业教育即是这种必然性的延伸，它是"用教育方法，使人人依其个性，获得生活的供给和乐趣，发展其能力，同时尽其对群之义务。"[④]

黄炎培对教育本质的认识，对教育与人的发展、教育与社会生产力发展的关系方面的论述有其正确的一面，但是他所提出的职业教育的终极目标，也深受进化论、人道主义的影响，反映了他用教育救国的政治理想和追求，因而也过分夸大了职业教育的作用。

---

① 黄炎培．兴学与垦荒．教育杂志，1917，9（7）

② 黄炎培．新大陆之教育．上海：商务印书馆，1917

③ 黄炎培．中华职业教育社宣言书．中国近代教育文选．北京：人民教育出版社，1983．386

④ 黄炎培．断肠集．上海：商务印书馆，1917

（三）职业教育的本质与中华职业教育社

黄炎培先生认为职业教育的本质是社会化。职业教育必须适应社会需要，服务于国家富强、人民幸福这一最根本、最中心的要求。他在《今后中华民众教育的方针》中讲得非常清楚："研究任何问题，须注意以下三点：第一，认定世界全人类社会是整个的，不论站在任何地位，都值得注视全社会的趋向是怎样，他们所要求的是什么。第二，认定人类社会因因果果、相递相联而成的一部大历史，是怎么一回事？提出办法，都不可忽略过去，尤其是最近的过去。第三，任何问题，须认定对方最中心的要求是什么。"① 从他的这段话中可以看出，他论教育不是就教育论教育，而是将教育放在整个社会和历史的环境下而论的，他的整个职业教育的理论和实践，都贯穿着社会和人的精神。黄炎培深切感受到当时教育脱离社会生活和生产活动的弊端，觉得"教育与社会脱节，求学与服务脱节，所以学生毕业后，竟无相当的事可做。如果教育越发达，社会将越不得了，所以主张将学校与社会、求学与服务联系起来，使学校功课在社会上应用"②。他根据多年职业教育的实践经验，认为"职业学校有最紧要的一点，譬如人身中灵魂，'得之则生，弗得则死'，是什么东西呢？从其本质来说，就是社会性；从其作用来说，就是社会化。"③ 这是对职业教育本质最深刻而精辟的阐述。本着这种社会化的职业教育观，他提出职业教育的目的除了"谋个性之发展，为个人谋生之准备"以外，还包括"为个人服务社会之准备，为国家及世界增进生产力之准备"。1926 年，他曾把这种思想概括为"大职业教育主义"，提出："办职业学校的，须同时和一切教育界、职业界努力地沟通联络。提倡职业教育的，同时须分一部分精神，参加全社会的运动。"④

中华职业教育社是中国第一个研究、提倡、试验、推广职业教育的民间教育团体，对中国职业教育有着显著影响，由发起人黄炎培联络教育界、实业界知名人士蔡元培、蒋梦麟、陈嘉庚、张謇、宋汉章等 48 人于 1917 年 5 月 6 日在上海正式创办。《中华职业教育社章程》规定，其立社宗旨是"同人鉴于方今吾国最重要最困难问题无过于生计，根本解决唯有沟通教育与职业。同人以

---

① 黄炎培．黄炎培教育文选（第 2 卷）．北京：中华职业教育社，1994

② 黄炎培．黄炎培教育文选（第 2 卷）．北京：中华职业教育社，1994

③ 黄炎培．职业教育机关唯一的生命是什么．教育与职业，1930（100）

④ 黄炎培．提出大职业教育主义征求同志意见．教育与职业，1926（71）

此为救国家救社会的唯一方法”。该社的目的是：“甲、推广职业教育；乙、改良职业教育；丙、改良普通教育；俾为适于生活之准备。”具体任务分三类：第一类分调查、研究、劝导、指示、讲演、出版、表扬、通讯答问；第二类设立职业学校等；第三类组织职业介绍部。

中华职业教育社在长期的教育实践中，逐步形成了以职业学校教育、职业补习教育、职业教育研究、职业指导、职业介绍及改进农村教育为主要内容的职业教育体系。1917 年 12 月设立研究部。1920 年成立农业教育研究会。1921 年以后开展工艺教育、女子职业教育、军人职业教育和中等教育制度研究，同年组织上海商业补习教育会，8 月又发起成立全国职业学校联合会（首届会议于 1922 年在济南召开）。另外还在上海组织了第一届职业学校出品展览会，有 8 省 50 所学校参展，展出品 3 039 件，为扩大职业教育的社会影响起到了积极作用。全国职业学校联合会后演变为职业教育讨论会，讨论会提出具有实际指导意义的《职业教育设施纲要》。1917 年创办《教育与职业》刊物。

该社于 1918 年 9 月创办具有“首脑并用，做学合一”特色的上海中华职业学校，作为实验工商教育的中心学校。从 1919 年起，举办了多种形式与类型的职业补习学校（夜校、晨校、日班、午班学校、星期日班与函授等）以及艺徒训练班，所学科目有打字、簿记、速记、会计、珠算、保险、书法、新闻、制图等各种职业知识与技能的成人补习教育，其后还设立了中国第一个职业指导机构——上海职业指导所，并逐步推广到南京以至南洋等地。对于农村教育，以“富教合一”为指导方针，增开劝学运动，办讲习所、农学团、成立新农具推广所等，以增进生产、发展经济。

1917 年职教社成立后，在宣传、研究、推行职业教育方面坚持不懈，但苦于当时的中国处于帝国主义、封建主义和官僚资本主义的统治之下，黄炎培认识到“努力无成成亦少”。1935 年，他在河南大学讲话时指出：“职业教育固然重要，但非根本问题，根本问题不解决，职业教育亦无办法。”

五、陶行知的平民教育和生利主义职业教育思想

陶行知（1891—1946 年），原名文潜，后改知行，又改行知，出生于安徽歙县。1910 年入南京金陵大学学习，1914 年赴美国留学，1915 年获伊利诺大

学政治硕士学位。同年秋，入哥伦比亚大学研究教育，为美国实用主义教育家杜威的学生。1917年获该校都市学务总监学位。同年秋回国，先后担任南京高等师范和东南大学教授、教务主任、教育科主任，兼任中华教育改进社主任干事。1923年他辞去东南大学教授职务，专任中华教育改进社主任干事，从事平民教育工作。“九·一八”事变后，陶行知积极从事抗日救亡运动。1936年，当选为全国各界救国联合会执行委员和常务委员。抗日战争胜利后，陶行知回到上海，立即投入反独裁、争民主，反内战、争和平的斗争中。陶行知和李公朴、闻一多等民主战士一同被列入国民党的黑名单，在李公朴、闻一多遭国民党特务暗杀后，陶行知一面做好了“我等着第三枪”的牺牲准备，一面继续坚持斗争，视死如归，始终站在民主运动的最前列。终因“劳累过度，健康过亏，刺激过深”于1946年7月25日患脑溢血逝世，享年五十五岁。

纵观他的一生，职业教育并不是他理论研究和教育实践的主要内容，但却是他整个教育思想的有机组成部分。

陶行知认为中国有四千年的文明史，但却不能与欧美各国并驾齐驱，处处都显得落后，原因固然很多，但其中传统教育要负主要责任，因为传统教育只许劳心的智识阶级受教育，而劳动者不能受教育，智识阶级劳心而不劳力，读书读死书，既不做工，也不事生产，则只有寄生在社会上，故而成为书呆子。农工阶级只好劳力不劳心，做工而不读书，受尽剥削，还以为天命如此，不知道被剥削的原因，因此成了做死工、死做工的田呆子，任人剥削而不能自保利益。如此一来，中国成了一个“呆子”国家，沉重的民族危机便由此形成。他说：“中国现在危机四伏，存之一缕，造成这个原因的，就是这山穷水尽的传统教育。”① 因此他主张打破传统教育，为民族国家的生存找一条出路。

针对我国传统教育割裂教育与社会实际的联系，所学不切实用，使手与脑分离，智识阶级与劳动阶级分离的特殊国情，陶行知主张用欧美国家的一种新的教育制度对此进行改造，这就是职业教育制度。他说：“欧美之职业教育，吾国曩未之行，此则急宜酌采者也。”② 他以欧美职业教育为参照，批评清末以来的实业教育实施状况，他认为“实业学校办法弗良，学生应用其所学者，十仅一二，改营他业者，十且八九，致演成农不农，工不工，商不商之险状，此则

---

① 陶行知．陶行知全集（卷2）．成都：四川教育出版社，2005．598

② 陶行知．陶行知全集（卷1）．成都：四种教育出版社，2005．65

急宜改革者也"[①]。他又批评当时的教育政策要求确立"对于已在职业界服务之人民，教以改良旧职业之学识技能"[②] 的新政策。

20世纪20年代，陶行知正致力于推行平民教育，他不仅没有以平民教育来排斥职业教育，相反，他认为职业教育与平民教育有十分密切的关系，职业教育是第二期的或继续的平民教育。在他所拟定的庞大的全国平民教育教育计划中，他计划在五年或十年之内，使12岁以上，25岁以下的不识字的一亿人，"受一千字所代表之共和国民的基础教育"[③]，完成一千字的普通教育后，一般平民就有了读书读报的能力，"他们读了书，对于自己生计最有关系的职业，也可以从书籍报纸上多得改进的知识和最新的方法"[④]。陶行知认为，对平民进行职业教育十分重要，但必须在平民具备普通文化基础的前提下。平民学完了千字课，并不意味着他应受的教育已结束，而必须紧随其后实施一定的职业教育。陶行知把它称为"第二期平民教育——职业教育"[⑤]，或叫第二步，或叫继续的平民教育。这第二期平民教育是陶行知教育实践的主体，他在所拟的《中华教育改进社十二年度计划》中，决定与中华职业教育协力提倡职业教育，并在本社内设职业教育委员会，以研究平民职业教育为宗旨，中华职业教育社也确实为陶行知所组织的平民教育第二期准备了平民职业小丛书。

陶行知的职业教育理论是一个完整的理论体系，对职业教育的功能、目的、师资、课程、设备、学生、成人职业补习教育都有深入的研究和精辟的论述。在被后人广泛引用，并产生很大影响的《生利主义之职业教育》一文中，他提出了职业教育的理论基础。陶行知认为"职业作用之所在，即职业教育主义之所在"[⑥]，就是要从职业教育的功能作用着眼来赋予职业教育理论根据，既然职业以生利为目的，故职业教育应以生利为主义。所谓生利就是创造物质财富或增加社会价值，可以分为两类：一是如农产谷、工制器一样生有利之物；二是如商通有无，医生治病一样生有利之事。凡生利之人都是职业界中人，凡养成生利人物之教育，皆是职业教育，揭示出职业教育生利的功能就是抓住了职业

---

① 陶行知．陶行知全集（卷1）．成都：四川教育出版社，2005．556
② 陶行知．陶行知全集（卷1）．成都：四种教育出版社，2005．435
③ 陶行知．陶行知全集（卷1）．成都：四川教育出版社，2005．488
④ 陶行知．陶行知全集（卷1）．成都：四川教育出版社，2005．438
⑤ 陶行知．陶行知全集（卷1）．成都：四川教育出版社，2005．495
⑥ 陶行知．陶行知全集（卷1）．成都：四川教育出版社，2005．80

教育区别于其他类型教育的特质，职业教育的经济能力突现出来，自此成为全国职业教育界的共识，这是职业教育理论的一个重要成果。

既然生利是职业教育的主要功能，相应地，职业教育的目的也就是培养各行各业生利之人物，无论农业教育、工业教育、商业教育的具体目标如何不同，它们作为一类教育的总目的是一样的，陶行知认为好的教育应该养成学生的一种技能，使学生可以独立生活，例如“社会上的农夫、裁缝、商人、工人、教员……都可以凭个人的技能为社会做贡献。有一个人没有技能，则此人必分大家的利”[①]，因此，技能是一个人能否生利，养活自己，贡献社会的必要条件。在这个理论前提下，陶行知提出理想的职业教育师资的三条标准，即生利的经验、生利的学识和生利的教授法。所谓生利的经验，是指直接教授职业的师资必须是能生利之人，本身没有生利经验而教人生利是不大可能的。所谓生利的学识，是指来源于生利的经验而又高于生利经验的科学知识，是属于学理层次的东西。所谓生利的教授法，是指职业教育师资应在熟悉学生心理、教材性质的前提下，采用符合不同职业特点的传授方法。根据生利主义的职业教育，陶行知认为职业教育学校还必须具备能够生利的职业设备。职业设备是进行不同专业教学的条件之一，无农器则不可以教农，无工器则不可以教工，所以有生利之设备，才可以进行职业教育，无生利之设备，即便有好师资好学生，正常教学也无法进行，他认为职业学校用来生利的设备一种是自有之设备，一种是利用职业界固有的设备。由于中国职业学校经费匮乏，不可能每个学校都有自己的设备，所以他主张利用职业界生利设备来进行职业教育。比如学生可以在学校学习职业理论，然后到农场、工厂等地实习。有了很好的师资及设备还不够，还必须有能够生利的课程。他不主张传授系统完整的理论，也不主张专门训练某种技能，而主张“以一事之始终为一课”，例如种豆，围绕种豆所应知应学的一切就算一课，直到学完种豆的一切就算学完一课，学完一事再学一事，叫做升课。自容易的事到繁难的事循序渐进。学完既定全部课程叫做毕课。因为陶行知认为职业教育的理论基础就是生利，所以他认为最好的职业教育课程是充分生利的课程。所谓充分生利的课程是指在职业教育课程配置上，应以一二事为主，同时兼授其他事。学生除得一二生利之正业外，还可以兼会其他生

① 陶行知．陶行知全集（卷1）．成都：四川教育出版社，2005．260

利之业。这样，每年每月甚至每日都可凭所学之业以谋利，这就是充分生利。比如，学生若只会蚕桑一事生利，因季节限制一年只能做几个月，若在蚕桑之外还学会其他项生利之业，则可在此几个月之外靠其他事以生利。

陶行知认为，即使具备了生利的师资、设备和课程三个条件，仍然不能构成完整的职业教育过程，因为缺少生利主义之职业学生这个必要条件。他认为学生“要有独立的职业，为的是要生利”①，对于职业学校的学生，最重要的问题是“择事”，即专业选择。如果学生专业选择不适合自己，那么在校学习时不能专一，毕业后又用非所学，那是职业教育的失败，也是职业教育成效很低的原因之一。由此他特别重视学生的专业选择问题。他认为课程既要合世界潮流、共和精神，又要适合人的个性，要根据学生的个性、喜好和个人条件进行选择，最符合个人及社会的利益，才能生出最大的利益。因此，陶行知提出了职业指导的问题，主张办职业试习科让学生对各行各业都有所了解。在此基础上再根据个人的能力选择最有兴趣的一科专门学习，只有这样才能安心学习，乐于从事某一行业，这对于生利是很有意义的。

对女子的职业教育他也高度重视。全国人口中一半是女性，“女性同为人类，自应有知识技能，去谋独立生活”②，否则女子很难与男子平等。这就要求女子接受职业教育。

陶行知认为我国应该学习西方的职业教育制度，并认为我国已经开展的职业教育实践就是来自西方，但还应结合中国实际有所创新，不能一味抄袭、模仿。在谈到我国学制对职业教育的规定时，他认为应保留本国从前仍然适用的经验并学习外国适用的经验，中外经验不管新旧，只管适用不适用中国现时实际需要。

总的来说，职业教育是陶行知进行社会改造的工具之一。他的职业教育思想体系是与平民教育、乡村教育、普及教育思想有密切关系的。陶行知关于职业教育的实践活动虽然不多，但他关于职业教育生利主义理论的阐述既对近代以来职业教育理论的总结，又对职业教育经济功能作了充分揭示，从而构成近代职业教育理论发展的一个环节。

---

① 陶行知. 陶行知全集（卷1）. 成都：四川教育出版社，2005. 144

② 陶行知. 陶行知全集（卷1）. 成都：四川教育出版社，2005. 257

第二章 晚清民国时期职业教育课程目标与结构

课程问题是教育问题的实质与核心，而课程目标则一直是课程论关注的中心。课程目标是对课程实施结果的一种预期，也就是课程价值观的具体化。课程目标制约着课程内容的选择，直接决定了学生应当接受什么样的教育，并且课程目标也往往是界定教学成功与否的一个标准。完整的课程目标应包括宏观、中观和微观三个层次的目标。宏观目标是指课程的培养目标，它反映了时代、社会、国家对学生成长发展的总体要求，具有较强的抽象性和概括性，晚清民国的课程目标主要体现在这一时期的教育宗旨中，因此我们研究这一段历史时期的课程目标主要是从研究这一时期的教育宗旨入手。中观目标是指课程的具体目标，包括课程功能、课程结构、课程内容、课程实施、课程评价、课程管理等方面的内容。中观目标反映了国家对课程内部运行系统的整体要求，对课程具有明确的指导性和规定性。课程的微观目标就是具体学科课程标准中的目标，可以说它是课程改革目标（宏观和中观目标）的一种具体化，具有更强、更直接的操作性和评价性。它只涉及某一具体学科在某一领域里对学生成长与发展的预期要求，应具有较强的学科性，要充分体现学科自身的特色，因而也称为学科课程目标。学科课程目标不同于前两种，它的主要作用并非体现在观念层面上，而更多是从实际操作层面产生影响，因此，学科课程目标（微观课程目标）的制定，要真正落在实处，则要与宏观和中观目标一脉相承（通过具体化体现）。

第一节　晚清时期的课程目标

一、实业教育的课程总目标

课程目标从宏观上讲就是教育培养目标的具体体现。教育宗旨“即教育的目的和意图，指国家根据政治经济的要求所规定的服从于国家利益的教育工作的最终目标”①。其“反映着国家的意志，代表着统治阶级的利益”，“集中体现了不同历史时期国家的教育意志及其关于教育发展的总方向、总目标、总纲领、总政策和总原则”②。要考察中国实业教育的宗旨，首先得考察中国实业教育宗旨的形成过程。

在清末“新政”之前，清政府并没有明确提出全国统一的教育宗旨。但“中体西用”作为整个洋务运动的根本指导思想，体现在洋务派创办各类学堂的目的之中。这些洋务学堂虽然没有统一规划、领导，更无统一宗旨，但均有别于以科举为中心的旧学的设学之旨，且都服从于“自强”、“求富”的宗旨，主要目的是培养洋务运动急需的外语、外交、军事、科学技术人才。在“中体西用”思想的影响下，“西文”、“西艺”等“西学”被列入课程，成为洋务教育的重要内容。

中国近代学堂立学宗旨的正式提出，肇始于京师大学堂的筹办。1896 年 8 月，管学大臣孙家鼐在《议复开办京师大学堂折》中，认为开办大学堂“宗旨宜先定”。他把“中学为体，西学为用”作为京师大学堂的立学宗旨：“应以中学为主，西学为辅：中学为体，西学为用；中学有未备者，以西学补之，中学有失传者，以西学还之。以中学包罗西学，不能以西学凌驾中学，此是立学宗旨。”周予同先生认为，“中国现代教育宗旨可说从此萌芽”③。

1904 年 1 月，清政府又颁布了张之洞等人拟定的《奏定学堂章程》，明确提出了全国学堂总的“立学宗旨”：“至于立学宗旨，无论何等学堂，均以忠孝

① 张焕庭．教育辞典．南京：江苏教育出版社，1989．762

② 田正平，杨晓．辛亥革命与中国教育近代化．浙江大学学报（人文社会科学版），2002（1）

③ 周予同．中国现代教育史．上海：良友图书公司，1934．17

为本，以中国经史之学为基。稗学生心术壹归于纯正，而后以西学沦其智识，练其艺能，务期他日成材，各适实用，以仰副国家造就通才、慎防流弊之意。”[①] 这是中国近代教育史上首次由政府明确提出的立学宗旨。这个宗旨体现了张之洞等人历来主张的“中学为体，西学为用”的思想，被规定为各级各类学堂必须遵循的办学方针。这个宗旨的核心是封建传统的儒家道德，尤其是忠孝的思想，它成为清末“新政”时期政府制定教育政策、设定课程目标、修订各级各类学校规章制度的依据。由此可见，清末教育改革的主观目的是维护清朝统治，维护封建伦理纲常，但是它又引进了西方的一些先进的做法，反映了半殖民地半封建的时代特征。

1906 年 3 月，学部上呈《奏陈教育宗旨折》。之后清廷据此发布上谕，全文如下：

上谕：学部奏请将教育宗旨宣示天下一折。自古庠序学校，皆以明伦德行道艺，无非造士；政教之隆，未有不原于学术者，即东西各国之教育，亦以无人不学为归，实中外不易之理。朝廷锐意兴学，特设专部以董理之，自应明示宗旨，俾定趋向，斯于一道同风。兹据该部所陈忠君、尊孔与尚公、尚武、尚实五端，尚为扼要。总之君民一体，爱国即以保家；正学昌明，翼教乃以扶世。人人有合群之心力，而公德以昭；人人有振武之精神，而自强可恃。务讲求农工商各科实业，物无弃材，地无遗利，斯有益于国计民生；庶几风俗淳厚，人才众多，何患不日臻上理。著该部即照所奏各节，通饬遵行。所有京师及各省学堂师长生徒，尤宜正本清源，辨明义利，不视为功名禄利之路，而以为修齐治平之规，于国家劝学育才之意方为无负。该尚书、侍郎等惟当整躬率属，行必践言，切实提倡，认真查核，懔时局之艰难，思全国之关系。朕心倦倦，实有厚望焉！余著照所议办理。钦此。[②]

清廷的这个谕旨，对教育宗旨有了新的概括，将其厘定为“五端十字”——“忠君、尊孔、尚公、尚武、尚实”。与之前的“立学之旨”相比，这个宗旨在文字表达上更加简洁、明晰、规范。从内容上看，它仍然没有脱离

① 张百熙，荣庆，张之洞．重订学堂章程折．中国近代教育史资料汇编（学制演变）．上海：上海教育出版社，1991．2

② 学部．奏陈教育宗旨折．中国近代教育史资料汇编（学制演变）．上海：上海教育出版社，1991．538

"中体西用"的指导思想，而且把"中体西用"的指导思想规定得更加细致。至此，经过长时间的发展，在清末正式确立了作为教育指导方针的教育宗旨。

中国近代职业教育的宗旨，包含在各个时期的总的教育宗旨之中。在晚清，职业教育的宗旨也都是服从于"中体西用"的指导思想。

洋务运动时期创办职业技术学堂，目的是为了培养企业或者军队急需的制造或使用西方先进技术设备的人员，所以其开创宗旨无非是为了改变学子们"醉心道德文章，不复以艺事为重"的局面，以造就与近代工业有关的技术人才。这一时期的职业教育，没有明文规定的教育宗旨，各学堂开设的目的，都是为了培养某一具体专业的人才。

壬寅学制、癸卯学制明确提出了"立学之旨"，其中也具体规定了各级实业学堂的宗旨。1904年的《奏定初等农工商实业学堂章程》规定初等农业学堂"以教授农业最浅近之知识技能，使毕业后实能从事简易农业为宗旨"[①]；初等商业学堂"以教授商业最浅近之知识艺能，使毕业后实能从事简易商业为宗旨"[②]；初等商船学堂"以教授商船最浅近之知识技术，使毕业后实能从事于商船之简易执务为宗旨"[③]。《奏定实业补习普通学堂章程》规定"以简易教法，授实业所必需之知识技能，并补习小学普通教育为宗旨"[④]。其他关于各类职业教育的章程也有类似宗旨的规定。

总的来说，癸卯学制职业教育的宗旨就是"意在使全国人民具有各种谋生之才智技艺，以为富民富国之本"[⑤]。

1906年清廷公布的"忠君、尊孔、尚公、尚武、尚实"的教育宗旨中，也包含着对职业教育的规定。这个时期的职业教育无疑也是要服从于这个宗旨的。"忠君"、"尊孔"体现了"新政"时期的教育仍然以中国传统的儒家思想为指导思想，保留着封建教育最核心的精神，目的仍然是要维护旧有的政体。职业学校也遵循着这样的规定，如同样也设置着读经、修身等与职业技术教育无关的课程。教育宗旨中的"尚实"，与职业教育的关系可以说是非常紧密的。曾为学务大臣的荣庆在奏折中说："所谓尚实者何也？夫学可以可贵者，惟其能见

① 璩鑫圭．中国近代教育史资料汇编（学制演变）．上海：上海教育出版社，1991．444
② 璩鑫圭．中国近代教育史资料汇编（学制演变）．上海：上海教育出版社，1991．445
③ 璩鑫圭．中国近代教育史资料汇编（学制演变）．上海：上海教育出版社，1991．445
④ 璩鑫圭．中国近代教育史资料汇编（学制演变）．上海：上海教育出版社，1991．447
⑤ 璩鑫圭．中国近代教育史资料汇编（学制演变）．上海：上海教育出版社，1991．489

诸实用也。”[①]“实”就是要追求实用，学习西方先进的实用科技，即“西用”，在这方面已经超出了封建传统教育的框架。这个“实”不仅指在普通教育中要“求实”，同时也指要重视实业教育。可以说，“尚实”就是这时期职业教育的宗旨。在“新政”时期，职业教育之所以能够取得一定的发展，是与“尚实”的宗旨分不开的。

二、《奏定学堂章程》和《奏定学务纲要》对课程目标的规定

晚清时期对实业教育课程影响最大的是张百熙、荣庆、张之洞的《奏定学堂章程》和《奏定学务纲要》。

《奏定学堂章程》对各级各类学堂的课程都作出了规定，列出了各级各类学堂的课程名目，并且对普通学堂开设课程的标准也作出了具体规定，如奏定初等小学堂章程学科程度及编制章第二第四节初等小学各科目教育要义规定，修身科目的要求是，其要义在随时约束以和平之规矩，不令过苦；并指示古人之嘉言懿行，动其欣慕效法之念，养成儿童德性，使之不流于匪僻，不习于放纵。尤须趁年幼时教以平情公道，不可但存私吝，以求合于爱重亲仁、恕以及物之旨。此时具有爱同类之知识，将来成人后即为爱国家之根基。尤当以俗语解说，启发儿童之良心，就其浅近易能之事使之实践。手工科目的要求是，其要义在使练习手眼，使能制作简易之物品，以养成好勤耐劳之习；而在初等小学，则但当教以纸制、丝质、泥土制之手工，以能成器物为主，不可涉于繁费，此可酌量地方情形加课。对实业学堂开设的科目只是列出名目，对每门具体课程所要达到的教学水准并未作要求，但是明确了各级各类实业学堂的立学总义。例如，初等农业学堂的立学总义就是使初等小学毕业者掌握农业最浅显之知识技能，使毕业后实能从事简易农业。中等农业学堂的立学总义以使高等小学毕业者掌握农业所必需之知识艺能，能够从事农业。而高等农业学堂的立学总义是使普通中学毕业者掌握高等农业农艺，能够经理公私农务产业，也可以充当农业学堂的教员和管理员为宗旨。《奏定实业学堂通则》规定，实业学堂所以振兴农、工、商各项实业，为富国裕民之本，其学专求实际，不尚空谈。

---

① 璩鑫圭．中国近代教育史资料汇编（学制演变）．上海：上海教育出版社，1991．538

《奏定学务纲要》将大小各学堂的办学宗旨作为兴学入手第一要义，如高等小学堂、普通中学堂，意在使入此学者通晓四民皆应必知之要端，仕进者有进学之阶梯，改业者有谋生之智能。实业学堂意在使全国人民具有各种谋生之才智技艺，以为富民富国之本。《奏定学务纲要》对各学堂的课程设置和要求也作出了规定。如关于修身课要求注重读经，经学课程要简要，理学宜讲明，贵实践而忌空谈等。

各实业学堂所设科目的课程标准由各实业学堂根据其立学总义作出具体规定，通过教学计划体现，以下是农工商部艺徒学堂若干课程目标：

修身：授以中外古今名人言行之大义，以端其为人之始基。算法：授以加减乘除等数求积法，并另授以簿记之大要。博物：授以各种动、植、矿物之形状、性质，以助其美术思想。理化：授以理化大要，以助其制造思想。历史：授以中外历史大要，俾各艺徒于历代服装、制度、沿革了然于胸，以为模画雕刻之本。图画：授以铅笔、毛笔、水彩、几何等画法，以为改良各种工艺之基。体操：授以柔软体操、步法、转法，以期发达体质，上下讲堂时秩序井然，便于管理。国文：授以浅近白话文理，总以能做日用笔记、信札为要。唱歌：授以各小学堂教科用之唱歌，使艺徒工作时可以乐而忘劳。

木工科：授以制造器皿及雕刻装饰品等技。漆工科：授以各种明暗彩画漆法、雕漆法、镶螺钿法、漆器制造法、漆器图案法。染织科：分为染色、机织两门。染色门授以精炼、漂白、浸染、反染、印花等法；机织门授以织物练习、织物解剖、织物整理、捻系等法。每门任习其一。窑业科：授以烧瓷、画瓷之法。文具科：授以制造各种纸张暨粉笔、铅笔、印刷油墨、各种洋墨水、天然墨等法。①

从上列课程目标可以看出，课程目标具有以下特点：①其目标类别较为全面，包括认知、技能、情感和应用；②注重实用，所设课程均为所设科目之所需技能知识；③课程目标具有层次性，各类学堂之间的课程目标程度高低不同，如艺徒学堂的办学宗旨就是使广众人民均有可执之业，略具科学之知识，其层次低于初等学堂水平，故其所定的各科目标也均较低浅，这和中高等学堂同类

① 商部奏定艺徒学堂简明章程. 东方杂志，1906（11）

课程所定目标之程度明显不同，体现出不同等级的层次要求；④注重学生品行的养成和职业意识的提高；⑤注重学生的身心健康，照顾其个体发展需要，如体操课程的“发达体质”，唱歌课程的“乐而忘劳”等；⑥内容表述过于粗略，对教学指导性不强。由于所定目标太过笼统，不便于教员按要求贯彻实施。以国文课程为例，相比之下邮传部交通传习所所定目标要具体清晰得多，也便于教师按要求操作。该学堂国文课程的教学目标为，“以书信公犊记事之文三项分别浅深按时错综教授，各种书信格式、寻常书信、上下属来往书信、言事书信、辩驳书信、记事文之体格、记地理、记事物、记工程、追述、豫记、繁简各式、各种来往公犊之文体”①。

奏定学堂章程统一了各级各类学堂的课程要求，为后来的近代职业教育课程的建设奠定了基础，这样的课程体系一直为此后的职业教育所沿用。

三、个案分析：福建船政学堂的课程目标

1866年（同治五年）在福州创办的福建船政学堂（一开始称为求是堂艺局）是中国近代最早的实业学校。福建船政学堂是晚清中国最大的船舶修造企业——福州船政局的一个组成部分。虽然学堂附设于船政局，但在船政局的创办方案中，就明确提出必须通过制造轮船来培养中国自己的造船与驾驶人才，只有这样才能自立、自强。左宗棠就说：“夫习造轮船，非为造船也，欲尽其制造驾驶之术耳；非徒求一二人能制造驾驶也，欲广其传使中国才艺日进，制造驾驶展转授受，传习无穷耳。故必须开艺局，选少年颖悟子弟习其语言文字，诵其书，通其算学，而后西法可衍于中国。”② 而沈葆祯则更进一步指出：“船政根本在于学堂。”③

船政学堂从1866年12月开始招生，这个时间早于船政局的开办时间④。船政学堂的办学模式，最初的设计者是法国人日意格。他采用法国体制，把船舶工程学校与海军学校合为一体，办成一所按学科分设专业与课程的近代职业学校。该学堂分为两大部分，分别用法文和英文教学，“法文学堂由三个科组成：

---

① 学部图书局．学部官报，1909（109）

② 详议创船政工程折．中国近代学制史料（第一辑）．上海：华东师范大学出版社，1983．355

③ 中国史学会．洋务运动（五）．上海：上海书店出版社，上海人民出版社，2000．28

④ 林庆元．福州船政局史稿．福州：福建人民出版社，1986．62

造船科（制造学堂或称前学堂）、设计科（绘事院）和艺圃。英文学堂也有三科：航行理论科（驾驶学堂或称后学堂）、航行实践科（练船）和轮机房（管轮学堂）”①。具体情况如下图②：

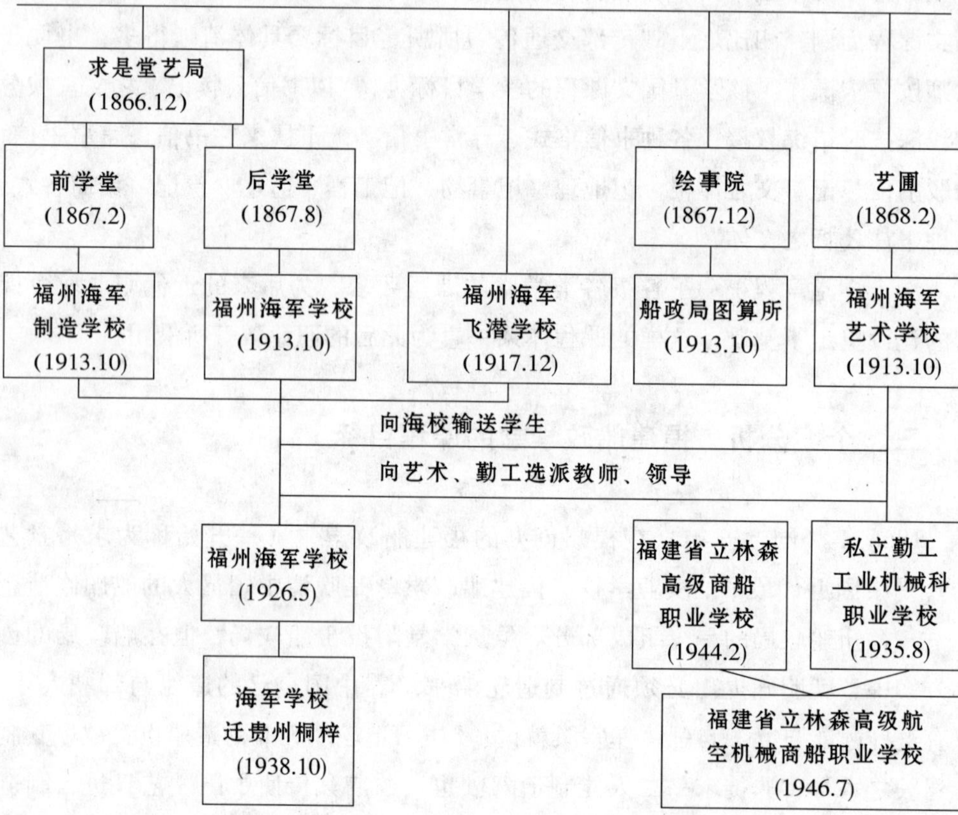

船政学堂情况图

造船科：即造船专业，1867 年 2 月成立，一开始有 12 名学生。该专业的培养目标是使学生能依靠推理、计算来理解蒸汽机各部分的功能、尺寸，能够设计制造各个零件，能够计算、设计木船船体，并在放样棚里按实际尺寸画样。为了实现这样的目标，开设了算术、几何、几何作图、三角、解析几何、微积分、法文、物理以及机械学等课程，并且设置了蒸汽机制造和船体建造的实习

① 毕乃德．记船政学堂的分科教学．中国近代教育史资料汇编（洋务运动时期教育卷）．上海：上海教育出版社，2007．378

② 毕乃德．记船政学堂的分科教学．中国近代教育史资料汇编（洋务运动时期教育卷）．上海：上海教育出版社，2007．375～382

课，在建校后最初两年，各门实习课每天都进行数小时的体力劳动。通过实习课，使学生熟悉车间的工作，并逐步培养学生指挥工人的能力。

设计科（绘事院）：即设计专业，一开始招有3个班32名学生，其中第一班后来转到了造船专业。该专业的培养目标是训练学生制订建造所需计划，为制造各种轮机准备施工图和说明书。基本课程包括法文、算术、平面几何、画法几何，以及一门详论150匹马力轮机的课程。该科学生“在八个月学习期间，他们还要每天花若干小时在工场同工人打交道，熟悉种种轮机和工具的实际细节”。

艺圃：即学徒班，成立于1868年，学员称为艺徒，主要是培养领班青年工人和监工，目的是使他们能够识图、作图，计算蒸汽机各部件的形状、体积、重量，并使他们达到在各自所在车间应有的技术水平。学习课程为：算术、几何、几何做图、代数、设计和蒸汽机构造课。艺徒并没有脱离生产，他们在做完一天的工作之后每晚学习一个半小时。从1868年12月起，他们还在每天上午学习一个半小时。在三年或更长时间的学程结束的时候，艺徒可望“为一部发动机的设计编写一份说明书，计算每一个部件的质量和重量，他们还能够描述这部机器运转的细微末节”。

航行理论科与航行实践科，即驾驶专业。航行理论科于1867年8月创办，课程表包括算术、几何、代数、平面三角和球体三角、航海天文学、航行理论以及地理，这些课程需要三年半授完。第一班有学生23名，毕业于1871年5月。航行理论科的毕业生除了留校当导师和翻译外，其余的都直接进入航行实践科。他们在一艘叫“建威”的训练船上学习“一个船长所必需的理论知识和实践知识”，包括航海技术、射击技术和指挥。驾驶专业的第一批学生就有著名的严复、刘步蟾、林泰曾等人。

轮机房：即管轮专业，其宗旨在于为福州建造船舶训练高级轮机人员，学生则是从上海和香港的工厂中招收的有数年工龄的青年，这些学生在入学前都已经具备一定的生产铁和铁板的经验。学习课程除英文外，还包括算术、几何、制图、发动机绘制、海上操纵轮机规则，以及指示器、盐重计及其他仪表的用途。为了使学生能够把所学的理论用于实际，还组织他们进行实际操作，如在万年青号上安装一台150匹马力的蒸汽机。

福建船政学堂从1866年创办，1907年停止招生，辛亥革命后，1912年12月由海军部接办改组为三所各自独立的学校，前后46年，毕业生共629名（其中制造学堂8届178名，驾驶学堂19届241名，管轮学堂14届210名）。这批学生对中国社会的近代化，包括军事、政治以及文化、经济，都起了巨大的推动作用。所以，有人称其为"近代洋务运动中成绩显著影响深远的一所近代学校"①，这毫不为过。在中国近代职业教育史上，福建船政学堂也有着极其特殊的地位。如果说船政后学堂主要是培养海军军官和军舰的操作人员，带有军事学校的色彩的话，那船政前学堂主要培养的是建造、设计人才，尤其是艺圃这个对工人进行职业培训的机构，它通过工读结合的方式培养生产和技术人员，是我国近代最早的职工教育形式。

第二节　晚清时期实业教育的课程结构

一、奏定学堂章程对课程结构的规定

中国的近代职业教育在其初创时期，学制不统一，体系不完整，更没有共同的教学计划与教学大纲，各学堂课程的设置极不一致，呈现出各自为政的局面。随着近代工业的发展，外国机器设备和先进技术的引进，那种只注重技能训练的做法已经不适合新形势的需要，因此，许多学校开始了近代职业教育课程设置的尝试。在学徒培训的内容上进行了重大改革，力求做到在以技能训练为主的前提下，兼采西法加以教育。例如，福州工艺局的半口学堂，学徒上午到学堂学文化，下午在生产现场学手艺；甘肃劝工局的夜学堂，学徒白天学工艺，晚间到夜学堂学书算；北洋工艺局、农工商部工艺局、北京工艺局和热河驻防工艺厂等则每天为学徒安排一两个小时，讲授修身、汉文、历史、地理、算学、体操、工艺理论等课程。这些学校的种种改革尝试，把生产技艺与课堂文化知识、工艺理论相结合，初步形成了具有特色的职业教育课程结构，适应了近代工业生产机器化的发展要求，是职业教育科学化的一大创举。

1904年，清政府颁行的《奏定学堂章程》，在学制中对各级学堂的课程设置都作了明确的规定，如中学堂学习科目有：修身、读经讲经、中国文学、外

① 林庆元. 福建船政局史稿. 福州：福建人民出版社，1986. 76

国语（东语，英语或德语、法语、俄语）、历史、地理、算学、博物、物理及化学、法制及理财、图画、体操。从其课程设置上看，由于受到当时盛行的实用主义思潮的影响，该章程偏重自然科学知识及实用技术的培养，而对于音乐、体育等科则不予重视，未将其列入正式课程之中。但是，该章程对各学科教育的目的、内容和教学方法作了具体论述，强调科学素养的培养和人的素质发展，在教学方法上，重视实验以便使学生更好地将所学知识运用于日用生计及实业中。这无疑是近代教育的巨大成果。

19 世纪末，清政府开始借鉴德国中等教育发展经验，在中学堂实行文实分科，规定文科以经学、国文、外国语、历史、地理为主科，以修身、博物、理化、法制、理财、图画、体操为通习；实科以外国语、数学、博物、物理、化学为主科，以修身、经学、国文、历史、地理、图画、手工、法制、理财、体操为通习。当时实行文、实分科，主要是受清末兴起的“实业救国”思潮的影响，通过实科的设置，来增加学生对实用科目的学习；同时，分科教学也有利于纠正普通中学僵化单一的课程及培养模式，以实科之设来发展学生个性。然而，实科设置后，有关实科的师资缺乏、设备简陋，使各科内容徒有其名而无其实；加之分科过早，学生每因年幼而志趣难定，且文、实科“之科目悬殊过甚，中途转学，困难尤多”①，以致实施未及一年，不得不将中学修业时间、修业程度及开设科目重新改订。

实业学堂的课程设置在《奏定学堂章程》颁布后走上正规化的道路。该章程的《奏定实业学堂通则》，对各级实业学堂的学习年限、培养目标和课程的开设都作了具体、细致的说明。

初等实业学堂：分农业学堂、商业学堂和商船学堂三种。招收 13 岁以上初等小学堂毕业生，程度与高等小学生相当。农业和商业学堂，修业年限均为 3 年，商船学堂修业年限为 2 年。教育目的与教学内容因专业不同而各异。以初等商业学堂为例，如《奏定初等农工商实业学堂章程》所述“以教授商业最浅近之知识艺能，使毕业后能从事于简单商业为宗旨，以无恒产人民皆能以微小资本自营生计为成效”②。开设的科目有：修身、中国文学、算术、地理、簿记、商品学、

① 石伟平，徐国庆. 职业教育课程开发技术，上海：上海教育出版社，2006. 9

② 璩鑫圭，童富勇，张守智. 中国近代教育史资料汇编（实业教育、师范教育）. 上海：上海教育出版社，1993

商事要项、商业实践和体操。此外还可酌量增加其他有关商业的科目。

中等实业学堂可以分为四种：中等农业学堂、中等工业学堂、中等商业学堂、中等商船学堂。这四种都分设预科和本科，相当于中学程度。本科 3 年毕业，招收 15 岁以上高等小学堂毕业生。预科 2 年，招收 13 岁以上初等小学堂毕业生。各学堂的教育目的和教学内容因专业不同而各异。例如，中等农业学堂以传授农业所必需的知识艺能为宗旨，以各地方种植畜牧日有进步为成效。预科的科目有修身、中国文学、算术、地理、历史、格物、图画、体操，并可加授外语。本科分农业科、蚕业科、林业科、兽业科、水产科。各科的课程又分为普通科目与实习科目。农业普通科目有：修身、中国文学、算学、物理、化学、博物、农业理财大意、体操，此外还可因地制宜开设地理、历史、外语、法规、簿记、图画等科目。农业的实习科目有：土壤、肥料、作物、园艺、农业制造、养蚕、虫害、气候、林学大意、兽医大意、水产学大意等。以上科目可根据各地情况选择地开设，也可以将各科目分割、合并，还可以在各科目外酌情加其他关系农业之科目。

高等实业学堂分为：高等农业学堂、高等工业学堂、高等商船学堂和高等商业学堂四种。与普通高等学堂相等，招收年龄在 18 岁以上 22 岁以下普通中学毕业生。各学堂因专业不同，修业年限也各不相同。高等农业学堂，预科 1 年，本科 3 年；高等工业学堂，不设预科，3 年毕业；高等商业学堂，预科 1 年，本科 3 年；高等商船学堂分航科和机轮科，前者 5 年毕业，后者 5 年半毕业。教育目的和教学内容因专业不同而各异。高等工业学堂“以授高等工业之学理技术，使将来可经理公私工业事务，及各局厂工师，并可充各工业学堂之管理员、教员为宗旨；以全国工业振兴，器物精良、出口外销货品日益增多为成效”①。该学堂共分应用化学科、染色科、机织科、建筑科、窑业科、机器科、电器科、电器化学科、土木科、矿业科、造船科、漆工科、图稿科、图稿绘画科等。各科都要求开设一些普通课程，如人伦道德、算学、物理、化学、英语和体操等。

通过对上述实业教育的课程结构的分析，可以看出晚清时期职业教育课程结构具有以下特点：一是注重思想品德的养成；二是注重实用知识的习得；三

① 唐群．近代职业教育课程内容的进步性及特色分析．大同高等专科学校学报，1999（9）

是注重实习课程。

二、实业教育课程结构实例分析

实业学堂的课程结构按照功能分为通修科目、专修科目和实习科目三大类。第一类通修科目或称普通科目，主要是各科都应该修习的基础文化课程"通修课目，完全科艺徒皆须习之"，如自然科学的算学、格致、博物、化学等，社会科学的国文、修身、历史等，这些课程在注重基础的初、中等学堂的课程结构中所占比重更大。同时，为了使实业学堂修业者提高基本文化素养和掌握基本的知识，在实业学堂开设了普通学科。《学务纲要》专门强调："电报、铁路、邮政、矿务等类学堂，亦实业之一端，此等学堂均宜添课普通学科。"① 第二类专修科目是不同专科所必须具备的基础知识和专业技能，如高等工业学堂机械科的应用力学和机械制图，土木科的测量学，矿业科的地质学、建筑科的建筑法、造船科的造船学、漆工科的漆器制造等。第三类课程为实习科目，是实际动手能力和劳动技能的训练课程，如建筑科的塞门土制作法、矿业科的测量制图及坑内演习、窑业科的陶瓷器制作法等。另外，在所有实业学堂课程中，实习都是非常重要的环节。

《奏定学堂章程》对初、中、高等农工商实业学堂应设课程都列有具体名目，对总的学业期限和每周授课时数有具体要求。初、中等实业学堂每周授业时数在 30 节以内，如初等农业学堂之学习年限以三年为限，授业时数每周在三十点钟以内。初等商船学堂之学习年数以两年为限，授业时数除实习外，每周三十点钟以内。对高等实业学堂的授业时数根据不同专科学堂而有所区别。高等农业学堂、高等工业学堂每周为 36 节，高等商船学堂为 34 节。对于讲堂科目、分年学级及每日授课时刻，学制也并无统一要求，《奏定学堂章程》称："由该学堂监督教员临时功课，奏定章程仅举其目，如何分期教授、编配钟点、及各科学是否由外国教习直接讲授及拟用何项课本之处，该学堂应先期呈由提学使司申部核定。"宣统元年三月，学部在《咨江苏巡抚、札江苏提学使查实业学堂课程办法》中提及："奏定学堂章程，实业学堂学科课程所有分年程度、

---

① 璩鑫圭，童富勇，张守智．中国近代教育史资料汇编（实业教育、师范教育）．上海：上海教育出版社，1993．8

教法均未编订，应先由各学堂自行编拟，送部察核。”① 此前的分年程度和课程教法，同样也该是由学堂自行编订的。下面以上海女子蚕业学校和河海工程测绘养成所为例。

（一）上海女子蚕业学校

上海女子蚕业学校的课程目标是注重栽桑、养蚕、制种、缫丝等实验，并改良旧法，兼授普通及专门学理，以扩充女子职业，挽回我国利权为宗旨。其具体的课程设置如下：

表2-1 预科课程表

		修身	国文	数学	蚕学	博物	习字	家政	合计
第一学年	每周时数	2	12	珠算6	4	4	6	—	34
第二学年	每周时数	—	12	笔算9	4	4	6	1	36

表2-2 本科课程表

	第一学年	每周时数	第二学年	每周时数	第三学年	每周时数
修身	人伦道德之要旨	2	—	—	—	—
国文	读文、作文、写字	12	文典、作文、写字	9	作论说	6
数学	算术	4	代数	4	几何、三角	6
蚕体解剖	内外部	4	—	—	—	—
蚕体生理	卵体	3	蚕体、蛾体	4	—	—
显微镜	使用法及论理	2	—	—	—	—
蚕病理	—	—	病理	3	—	—
栽桑法	—	—	桑树栽培论	3	—	—
养蚕法	—	—	—	—	蚕新记法	4
缫丝法	—	—	—	—	上等丝	4
理科	动物、植物、物理	9	矿物、物理	6	化学	4

① 学部图书局. 学部学报，1909（89）

（续上表）

	第一学年	每周时数	第二学年	每周时数	第三学年	每周时数
土壤学	—	—	—	—	—	2
肥料学	—	—	—	—	—	2
经济	—	—	—	—	—	2
图画	—	—	—	—	器械、着色	3
日文	—	—	文典	3	会话	3
合计	—	36	—	32	—	36

表2－3　实习课

催青	饲育（春蚕、夏蚕）	缫丝（上等丝、屑茧丝、双宫丝）	制种
肉眼考种	显微镜考种	栽培	解剖

手工为外国刺绣、织线物、织绒物和铁机织缝；体操为必修科、游戏体操及音乐为随意科。

课程结构为通识课、专修基础课和专修课，预科阶段以通识课为主，周课时数为20，专业课周时数为14，本科阶段专业课三年的总课时数为1 220，通识课的总课时数为860，约为专业课的2/3。

（二）河海工程测绘养成所

河海工程测绘养成所的课程结构分为三部分：一部分是普通文化课，共七门，包括修身、体操及游戏、国文、英文、数学、理化、地理；一部分是专业基础课，共六门，包括用器画、简易写生画、测量学及实习、力学、水利学、机械学；一部分是专业课，共七门，包括工用织料学、木工结构、土工、格工、混凝土及铁筋混凝土、水工、河工。各部分课时分别为665、490和945，可见绝大部分时间都用于学习专业基础和专业课，而尤以专业课为核心，通过比较可知，三部分课程的门数是7∶6∶7，专业课时数大大超过普通文化课，

总体而言，实业学堂的课程结构和比例具有以下特征：①普实结合。课程既有普通知识，又有实业的内容。②专业课程数量和难度以及所占的比重逐年

递增。就专业课程而言，初等实业学堂的专业课程内容少而浅，中等实业学堂第一学年课程的专业界限不是很明显，多为通识性和基础性学科内容，专业性课程在高等实业学堂中比重较大，内容包括专业发展简史、趋势及前景、行业法规及一般性实训课程，如高等商业学堂的商业史、交涉法、商业实践等。③灵活的课程设置。《奏定学堂章程》在设计课程时给地方留有一定的弹性，允许课程在其划定的开列清单范围内有所变动，除修身和中国文理外，其余科目“可酌缺一科目或数科目”。对章程未列而又确实需要的课程，可“随时体察考验，呈请本省学务处改订通行”①，如广东商务学堂根据经商实际需要开设南北正音、辨认物产、察识地名等实用的课程。但是遗憾的是，《奏定学堂章程》和各学堂的实际教学，都未能根据学生的实际情况考虑机动课程的开设，学生在课程选择上没有丝毫的自主权，学堂办学的独立性和自主权在课程设置上表现得不够明显。

三、实业学堂若干课程分析

清末实业学堂层级分为初等、中等和高等三层，科目分为通修科目、专修科目和实习科目三类，还有预科、本科之分，加上商船、艺徒、教员讲习所等，实业学堂门类繁多，课程内容庞大，不可能逐一加以分析，下面仅就实业学堂通修的修身课程、外语课程和实习课程为例作个简要的分析。

（一）修身课程

封建教育以四书五经儒家经典一统天下，洋务学堂最先打破了旧教育长期居于正统地位的局面，加入大量技术性课程，实业学堂的技艺课程比重更大。但在“中学为体，西学为用”思想统治下，“艺学”始终难以摆脱其附庸地位。传统的经学、修身课程不仅没有退出课程体系，且始终居于首列，其他课程可酌量加减，只有此类课程不得有任何缩略。封建专制的思想禁锢，一方面以功名利禄为诱饵，一方面借文化政策施高压，迫使学生只能在“技艺”层面接触新科技，而思想观念却牢牢控制在封建统治之下。体现在实业学堂的课程上，

---

① 舒新城. 中国近代教育史资料汇编（中册）. 北京：人民教育出版社，1963. 757

这种统治就是经学和修身课程的开设及相应教学内容的限定。两湖矿业学堂的经学课程为摘讲《春秋左传大义》，位列第一的修身课程指定教材为《五种遗规》[①]。《五种遗规》是一种记载嘉言懿行、宣扬封建道德规范的类辑，书中虽不乏至今仍可汲取的有益成分，但其主旨是灌输爱亲敬长、母训闺范、旌表忠烈、厚让息讼、为官篇规等伦理道德。这些道德宣传和灌输的目的是让学生远离新思想，恪守旧规范，踏踏实实地做忠于封建统治的顺民。这是清末实业教育的课程受时代束缚而呈现出的主要局限。

（二）外语课程

外语课程在实业学堂教学中占有很大比重，学生投入很大精力学习外语，各学堂也不惜重金聘请外语教员。从客观上评价，实业学堂开设外语十分必要，因为当时各项实业技术几乎全是从国外引进，国内无师资、无教材，不得不借助于外语来组织教学。初创时期的实业学堂几乎都开外语课，课时分量还相当大。鲁迅在《琐记》中回忆他在路矿学堂求学时说："功课也简单，一星期中，几乎整天是英文。"外语语种因学堂、专业而异，湖南高等实业学堂除国文、历史外，"皆主用英语原本，即是初等算术，亦以英文本教之"[②]。但无论癸卯学制还是后来成立的学部，都未对外语的具体教学作出详细和统一的规定，《奏定学堂章程》中载明高等农业于预科设英语，愿入农学科者兼习德语，农学本科未列何种外国语。高等工业学堂于普通科载明英语；高等商船学堂载明英语通学，俄、法、德、日本、朝鲜语兼习其一。而高等商业学堂及中等初等实业学堂应习何种外文并没有明确说明，有些学堂还没有将外文列入课程，或仅仅作为附加科目。由于没有统一的要求，在实际教学过程中，各学堂开设的外文语种不一，"现在各处学堂习文译本，既失科学之精神，其采用外国文课本者，又属此法而彼德、此英而彼日，将来学生毕业，循序递升，以各府州之中等实业学生汇于一省之高等实业学堂，以各省之高等学堂汇于大学堂之农工商各科，所习文字截然不同，必致无以为教"。有鉴于此，加之在各种语言中，以英文最

① 《五种遗规》为清人陈宏谋编辑的一种教学读本，包括养正遗规、训俗遗规、教女遗规、从政遗规、在官法戒录五种，故称。该书在清末乡塾广为流传，《奏定学堂章程》中学堂各学科分科教学一节，首条明定修身课采用《五种遗规》。

② 曹典球．湖南高等实业学堂略述．中国人民政治协商会议湖南省委员会文史资料研究委员会．湖南文史资料选辑（第二十辑）．长沙：湖南人民出版社，1986．43

为通行，传入中国最早，而又最广，英文科学书籍在中国也最多，因此宣统二年学部明确规定："各等农工商实业学堂所有外国语文功课，拟一律定为英国语文。"[①] 原来没有开设外文的学堂，一律加设外语一门；原来将外语列为附加科目的一律改为必修科，以便各学堂遵守，将来学生循级递升，由初等、中等、高等以至于大学，不致因文字的问题而使学生升学受阻。在各等实业学堂统一开设外语使癸卯学制进一步完善和规范时，也出现了一些问题，如由于大部分学生没有外语基础，陡然以外籍教师、原版外语教科书授课，导致教学超出学生接受能力的范围，从而影响了教学效果。由于基础差，学生不得不用大部分精力对付外语学习，才有可能进入专业课学习，增加了学生的课业负担。另外，在语种选择上摇摆不定，更加剧了上述困难，正如梁启超《论教育当定宗旨》所言："闻甲之言曰：英语要也，则教英语；乙之言曰：日本语要也，则教日本语……如蝇之钻纸，任意触撞；如猴之跳戏，随人低昂……"[②] 这些问题都反映实业学堂办学之初急于求成的迫切心情和摸索试探的艰苦历程。在此境况之下，实际的教学效果一定是大打折扣的。

（三）实习课程

实业教育以"民人得有实在技能"为宗旨，实业学堂以学生皆能实行工作为成效。《奏定学堂章程》中，各等农工商实业学堂功课均列有实习一门课程，其办法就是系以讲堂所授各种应行实习之功课，令学生分就学堂所设的农工场、农工厂及商业实践室分别练习，以验学生之有无心得最为切实。《奏定学堂章程》对实习科目的课时学制未作统一要求，后来学部于宣统元年十一月提出一个建议性标准："农业科最重实习，每星期须十二钟点或十钟点，不宜过少。蚕业科实习于养蚕时须将钟点特别加多，余时可少。林业科可视农业科实习钟点略减。"[③] 从各等实业学堂科目结构可以看出，实习科目和课时均占较大比重，如高等农学本科的实习科目在总数上超过了普通科，计 25 门之多。尽管其中不少是简单的劳动技能、有的甚至可看作是生活技能，但实习课程在于促进手脑并用，在于脱离书本而亲身体验生产的实际，其意义在于实业学堂的教学模式

---

① 学部. 奏实业教育宜择定外国语文并修改课程折. 大清法规大全（续编，卷 11）. 北京：（清）北京政学社

② 梁启超. 饮冰室文集点校. 昆明：云南教育出版社，2001. 1356

③ 学部图书局. 学部官报，1909（107）

已突破单纯的书斋讲学而走向生产劳动的实际。为确保实习效果，一些学堂对实习课程的性质作了进一步的界定，提出不同层级的目标要求。如云南省会中等农业学堂将实习定为三类：模范实习、公共实习、划区实习。模范实习即演示实习，由教习试验以指导诸生；公共实习为学生实习，教习督率；划区实习用以学生熟练实业，将来可独任其事。

尽管《奏定学堂章程》规定农、工、商船学堂，讲堂功课分类占总平均三分之二，实习分类占三分之一，商业学堂，讲堂功课分类占五分之四，实习分类占五分之一，但是，由于传统的晋仕教育的影响，学生存在重文轻武的心理，实习科目在实业学堂和学生中并没有被真正重视，其实习效果自然不能尽如人意。正如学部指出："现在各处实业学生狃于往日趋重文字之习，尚于实习不甚措意……实业学堂或但有场厂实习，而讲堂并不讲授实习科目，或讲堂讲授实习科目，而学生并不分别实验，皆与定章不合。"为此，学部下文强调实习的重要性，并改变分数的计算办法，加大实习分数在总平均分中的比重，各等农业学堂、工业学堂、商船学堂实习功课最为重要，实习时数必须增加，其分数计算为"以讲堂功课之平均分数以二乘之，加入实习分数之平均分数，以三除之，俾实习分数实占三分之一"，"各等商业学堂实习时数较少，拟以讲堂功课之平均分数以四乘之，加入实习分数之平均分数，以五除之"，使实习分数实占五分之一。所有学期考试、学年考试、毕业考试、复试考试，一律照此核算。与强调实习课程相关联，学部亦对实业学堂学生轻视动手、不胜劳作的现象严厉斥责。学部认为，近来各处学生大多浸染矫情之习，而实业学堂尤以耐劳茹苦为本务，垦辟场圃，鼓煽锅炉，以至修缮器物，扫除校舍，皆应令学生亲身经历，以资历练。但学部掌握的情况却是，"各处实业学堂多有广置夫役另雇工人者，实习事项或亦雇夫役为助，殊与实业教育本旨不合"。于是，学部严肃要求，"当随时训练学生朴实耐久成其坚定不摇之志……各实业学堂考选学生时，并当检查身体，其过于孱弱不能任操作及身有宿疾于操业有妨碍者，应即汰除"①。

实业教育要突出技能训练，这是实业教育区别于他类教育的重要特点，也是决定实业教育成败的关键。学生不能掌握一些实业生产的真实本领，实业教育也就失去了自身的特色，和他类书斋式教学无异了。

---

① 陈元晖．中国近代教育史资料汇编（实业教育、师范教育）．上海：上海教育出版社，2007. 21

第三节　民国时期的课程目标

一、南京临时政府的教育目标

1911年10月，辛亥革命推翻了清朝两百多年的封建统治，1912年1月宣布中华民国成立，以孙中山为临时大总统的临时政府，建立了以资产阶级为主的革命政权。孙中山在《临时大总统就职宣言》中指出，政府的职责是“尽扫专制之流毒，确定共和，普利民生，以达革命之宗旨”。由此开始了政治、经济、文化教育等一系列的改革工作。为了彻底改革封建教育，使教育适应资产阶级的政治、经济发展的需要，必须改变清朝政府的教育宗旨。所以南京临时政府教育部成立不久就开始研究新的教育宗旨。蔡元培批判了清末“忠君、尊孔、尚工、尚武、尚实”的封建教育主义的教育宗旨。他指出：“忠君与政和政体不和，尊孔与信教自由相违。”他提出了军国主义教育、实利主义教育、公民道德教育、世界观教育、美感教育的“五育”并举的教育宗旨。1912年7月召开的临时教育会议讨论通过了新的教育宗旨，于9月2日由教育部颁布实行。新的教育宗旨是：“注重道德教育，以实利教育、军国民教育辅之，更以美感教育完成其道德。”

道德教育实际上就是资产阶级的自由、平等、博爱思想。用蔡元培的话来说：“何谓公民道德？曰：法兰西之革命也，所揭示者，曰自由、平等、亲爱。”他认为这是道德的要旨，而公民道德教育则是教育的最终目的，也是教育宗旨的核心。

“实利教育”实际上是发展资本主义生产的知识和技能，就是现在所说的智育。根据当时社会经济发展的需要和解决生计问题的考虑，实利教育成为富国强兵、发展国民经济的重要基础。“实利主义之教育，以人民生计为普通教育之中坚。”当时我国工业不发达，国家贫困，因此注重“实利主义教育，固亦当务之急者也”。蔡元培提倡学习西方的科学技术，并且把算学、物理、化学、博物学等自然科学，甚至烹饪、缝纫、金、木、土工等都列为实利主义的教育内容，反映了资本主义生产需要科学技术人才，以及对熟练的、并有一定技能的工人的要求。

军国民教育就是军事体育教育，这是富国强兵的根本保证。目的是通过训练使全国青年和广大人民具有健康的身体和武装自卫的能力，能够外抗帝国主义侵略，内防军阀专制。因此认为，军国民教育“诚今日所不能不采者也”。主张在小学教育中军国民教育应当占10%。

美感教育是指音乐、图画、手工等艺术教育。美育是陶冶情感、培养道德的重要手段。所以，在教育部成立后不久，就通令全国中小学将图画、手工、唱歌等列入课程。

新的教育宗旨体现了民国成立之初，国家、社会对学校教育所要造就的个体的成长发展的总体要求，也就成了各类各级教育课程的宏观目标。职业教育课程在实利教育宗旨的指导下，“实利”成为职业教育课程的中观目标。

1912 年公布的《专门学校令》第一条：“专门学校以教授高等学术、养成专门人才为宗旨。”翌年，《实业学校令》规定：“实业学校以教授农工商也必须之知识技能为目的。”并规定：“实业学校分甲种乙种，甲种实业学校施以完全之普通实业教育，乙种实业学校施简易普通实业教育，亦得应地方需要，施以特殊技术。”

实业补习学校的教育目的是对已有职业或志愿从事实业者，“授以应用之知识技能，并补习普通学科”。

二、袁世凯的七项教育宗旨和《特定教育纲要》

辛亥革命后，封建顽固势力和帝国主义相勾结，妄图推翻共和国，复辟封建帝制。以袁世凯为代表的北洋军阀政府，掀起了一股复古教育的逆流。1912 年 3 月袁世凯窃取了“民国”大总统职位。为达到复辟帝制的目的，在教育领域里掀起了一股尊孔读经的复古逆流。

1915 年袁世凯政府相继公布了《颁定教育宗旨》和《特定教育纲要》。在《颁定教育宗旨》中，袁世凯提出了“爱国、尚武、崇实、法孔孟、重自治、戒贪争、戒躁进”的办学宗旨，把孔孟思想当作“扬国粹而跻富强”，“治国为人之真谛”，因此强调“各学校均应崇奉古圣贤以为师法，宜尊孔以端其基，尚孟以致其用”，要求“中、小教员宜研究性理，崇习陆王之学，导生徒以实践”。他认为“心性之学，实教育国民必不可少之趋旨也”，至于“教科书宜采辑学案（指宋明学案），以明尊孔尚孟之渊源”[1]。他认为这样，就集孔孟、程朱、陆王思想之大成了，还特别把唯心主义的程朱理学和陆王心学作为规范青年的准绳和导之以实践的榜样。《特定教育纲要》中更进一步规定“中小学校均加读经一科，按照经书及学校程度分别讲读，由教育部编入课程”，并详细规定了中小学必读经书的目录。这样，一度被取消的读经科又死灰复燃了。

由于封建思想再度统治教育，所以女子教育也退到“女子无才便是德”的境地，1918年《教育杂志》上有一篇《女子教育之方针》的文章，代表了当时女子教育的观点。其中说：“女子不必使其离失家庭而图务高尚之教育，应使其人人以良母贤妻自期，同时对于社会国家尽其重大之任务，则女子唯一之天职。”教育总长汤化龙在关于整顿教育方案里也说：“女子教育注重师范及职业，并保持严肃之风纪。”又说：“今且勿骛高远之谈，标示良成良妻贤母主义，以挽其委琐龌龊或放任不羁之陋习。”[2] 至此，民国元年教育方面的一些进步改革被取消，教育领域出现暂时的倒退。

三、三民主义的教育宗旨

“五四”时期，由于受实用主义教育思想的影响，我国教育界曾提出“废止教育宗旨”，宣布“教育本义”。所以在1922年北京政府颁布的“学校系统改革案”中，只附有七项标准而未定教育宗旨。在第一次国共合作时期，广州国民政府提出以党治国的政策，于是教育界也出现了“党化教育”的口号。1926年8月，国民党政府教育行政委员兼广东教育厅厅长许崇清，拟写了《党化教育之方针、教育方针草案》，其中提出十四条纲领：“一、教育行政组织的改良与统一；二、义务教育的厉行及其教育经费的国库补助；三、中等学校的扩张及其设备教学训练的改善；四、生产教育组织的建设；五、乡村教育的改造；六、民众教育事业的扩张；七、贫困儿童的就学补助；八、优良教师的养成；九、大学教育内容的充实；十、军事训练的实施；十一、宗教与教育分离；十二、外国人经营学校的取缔；十三、革除偏重书本的陋习，力行学校的社会

---

① 舒新城．特定教育纲要．中国近代教育史资料（上册）．北京：人民教育出版社，1962．260

② 舒新城．特定教育纲要．中国近代教育史资料（上册）．北京：人民教育出版社，1962．243

化；十四、打破学科课程的一元主义。”① 这十四条不仅要改善和发展各级学校教育，而且要扩张民众教育事业，改造乡村教育，并提及生产教育组织的建设，贫困儿童的就学补助。这一切都符合孙中山先生的三民主义精神。1927 年 6 月教育行政委员会又起草了《国民政府教育方针草案》，文章对党化教育提出了十二条内容：“一、民众教育与民众运动一并进行；二、应以最短时间实行义务教育；三、教育应增进生活的效能；四、应指导学校毕业生到民间去；五、各学校应增设军事训练；六、各学校应注重体育训练；七、学生运动应统一在党的指挥之下；八、科学教育应特别注意；九、应努力收回教育权；十、教育权与宗教分离；十一、教育经费应早日确定；十二、政府应在国内重要的工商业及农业地点开设特别学校。”② 这十二条比一年前许崇清的十四条纲领更加切合当时的社会形势。

1927 年 8 月，南京国民党政府教育行政委员会制定了《学校施行党化教育办法草案》，提出“我们所谓党化教育就是在国民党指导之下，把教育变成革命化和民众化，换句话说，我们的教育方针要建筑在国民党的根本政策之上”。关于课程和教科书，同样是这个草案指出，“要把学校的课程重新改组，使于党义不违背”，“应赶促审查和编著教科用的图书使与党义及教育宗旨适合”。不仅通过了《组织教科书审查会章程》十一条，而且成立了一个由十五人组成的教科书审查委员会。12 月大学院公布《教科图书审查条例》十六条，规定：“小学校及中等学校所采用之教科书，非经中华民国大学院审定者，不得发行和采用。”1928 年 3 月，大学院又公布《大学院教科图书审查委员会组织条例》并制定《暂行教科图书审查办法》。但是后来随着党化教育逐渐变成了国民党的党义教育。无论是当时的进步人士还是国民党内部都对“党化教育”提出了异议，于是提出用三民主义的教育宗旨代替“党化教育”。1928 年 5 月，大学院在南京举行第一次全国教育会议。会议决议废止党化教育的名称，改称三民主义教育。大会宣言提出“此后中华民国的教育宗旨，就是三民主义的教育”，“我们全部的教育，应当发扬民族精神，提倡国民道德，锻炼国民体格，以达到民族的自由平等；应该养成服从法律的习惯，训练团体协作和和使用政权的能力，以导入民权的正轨；应该提倡劳动，运用科学方法，增进生产的技能，采

① 许崇清. 党化教育之方针、教育方针草案. 近代中国教育史料补编. 北京：中华书局，1928. 8
② 舒新城. 近代中国教育史料补编（上册）. 北京：人民教育出版社，1962. 8

取艺术的陶融，丰富生活的意义，以企图民生的实现。总之，我们全部的教育，应当遵照着三民主义的宗旨，贯彻三民主义的精神”①。1929 年 3 月，在国民党第三次全国代表大会上，正式通过了三民主义的教育宗旨及实施方针，并于同年 4 月由国民政府正式公布。教育宗旨的全文为：

中华民国之教育，根据三民主义，以充实人民生活，扶植社会生存，发展国民生计，延续民族生命为目的；务期民族独立，民权普遍，民生发展，以促进世界大同。

虽然三民主义教育宗旨并没有明确交代职业教育的特殊使命，但是其中“充实人民生活”、“发展国民生计”，均与职业教育关系密切。根据“确定教育方针及其实施原则案”的解释是“充实人民生活”系针对“学校教育与人民实际生活分离”，是为不能升学的青年培养面对生活的实际能力；“发展国民生计”，则属继承清末“尚实”与民初的“实利教育”或“崇实”精神，以促进生产。

三民主义教育宗旨公布时，还附有实施方针，如果说三民主义教育宗旨是职业教育课程的指导思想或者说是职业教育课程的宏观目标，那么实施方针则是职业教育课程的中观目标。实施方针具体规定如下：

（1）各级学校之三民主义教育，应与全体课程及课外作业相贯连，以史地教科阐明民族之真谛，以集团生活训练民权主义之运用，以各种生产劳动的实习，培养实行民生主义之基础，务使知识道德融会贯通于三民主义之下，以收笃信力行之效。

（2）普通教育，须根据总理遗教，以陶融儿童及青年“忠孝仁爱信义和平”之国民道德，并养成国民之生活技能，增进国民生产能力为主要目的。

（3）社会教育，必须使人民认识国际情况，了解民族意义，并具备近代都市及农村生活之常识，家庭经济改善之技能，公民自治必备之资格，保护公共事业及森林园地之习惯，养老、恤贫、防灾、互助之美德。

（4）大学及专门教育，必须注重实用科学，充实学科内容，养成专门知识技能，并切实陶融为国家社会服务之健全品格。

（5）师范教育为实现三民主义的国民教育之本源，必须以最适宜之科学教

① 教育部教育年鉴编纂委员会．第二次中国教育年鉴（第二编）．上海：商务印书馆，1948．37

育及最严格之身心训练，养成一般国民道德、学术上最健全之师资为主要任务，于可能范围内使其独立设置，并尽量发展乡村师范教育。

(6) 男女教育机会平等。女子教育并须注重陶冶健全之德性，保持母性之特质，并建设良好之家庭生活及社会生活。

(7) 各级学校及社会教育，应一体注重发展国民之体育，中等学校及大学专门学校，须受相当之军事训练。发展体育之目的，固在增进民族之体力。尤须以锻炼强健之精神，养成规律之习惯为主要任务。

(8) 农业推广。须由农业教育机关积极设施；凡农业生产方法之改进，农业技能之增高，农村组织与农民生活之改善，农业科学知识之普及，以及农民生产消费合作之促进，须以全力推行，并应与产业界取得联络，俾有实用。①

四、民国时期职业教育目标的规定

民国时期对职业教育目标先后有过几次明确的规定：

1932 年 12 月 17 日，国民政府公布的《职业学校法》中第一条规定，职业教育“以培养青年生活之知识与生产之技能”为目标，与“充实人民生活”、“发展国民生计”相呼应，可以认为兼顾就业及应用科学促进生产。按照上述精神，教育部于次年 3 月公布《职业学校规程》，规定初、高级职业学校实施下列各项训练：“（一）锻炼强健体格，（二）陶融公民道德，（三）养成劳动习惯，（四）充实职业知能，（五）增进职业道德，（六）启发创业精神。”

1933 年 10 月，教育部职业教育设计委员会议案中有《职业学校设施标准》，其中规定：初级农科的任务在养成具有普通农业常识之农民，使之有独立经营之技能。初级工科的任务是培养具有普通工业常识及技能，使其在工厂中成为有知识之职工，并授与独立生活之技能。初级商科的任务是培养普通商业机关之服务人员，并培养其独立经营简单商业之能力。高级农科是为养成有学识、有技能的高级农业人才，使其能实际生产，指导经营，促进农业，并予以向上研究的根底。高级工业科是为养成有学识、有技能的工业人才，及技师的助手使其能应用科学方法实际生产，协助促进工业的改良，并予以向上研究的

① 顾明运．中国教育大系（修订版）．武汉：湖北教育出版社，2002. 15

根底。高级商业科是为培养有学识、有技能的商业人才，使其能明了本国及国际商业大势，领悟商人发展的机会，并予以向上研究的根底。

1938 年 4 月订颁的《抗战建国纲领》中有关教育第一项为：“训练各种专门技术人才，予以适当的分配，以应抗战需要。”1938 年 7 月国民参政会第一期集会通过的《战时各级教育实施方案纲要》中规定：“职业教育，应为发展生产事业之教育，以注重公民道德与职业道德之陶冶，劳动习惯之养成，职业知识之增进，创造精神之启发，俾培养各种职业中的创业及技术人才为目的。”“故而初级职业学校应以一县或一地方现代职业之改良与创立之职业为施教计划之根据，故宜注重各县初级实用，以解决一县人民所需之衣食住行为主要目的；同时提倡各种短期职业训练班及各种职业补习学校，使无力升学及工厂商店之徒弟，农村青年均可利用余暇，入班入校，补习有关职业知识技能及公民常识。高级职业学校应视一省之职业需要为施行计划之根据，专招收各县初中毕业生不能升学者入之，以造就农工商之中级技术人才。”这里明确提出高级职业学校的目的是造就中等层次的技术人才，这在官方文件中是第一次出现。

抗战胜利后，教育部曾制订推进职业学校计划。其中对中等职业学校教育提出：“以培养经济建设人才，实行民生主义，发展地方生产，完成国民经济建设为目标。”

第四节　民国时期职业教育的课程结构

一、民国初期实业教育科类与课程

1912 年，民国临时政府颁行了壬子癸丑学制，在这个学制中关于实业学校的科类划分与晚清癸卯学制大体相同，但民国初期的乙种实业学校尚含工业类，分农、工、商、商船四类，各类又设若干科（商业不分科）。《实业学校规程》对实业学校各科的科目范围给予了规定，但是对课程的标准没有作统一的规定，《实业学校规程》第二条对实业学校的实习实验时间规定须占总授业时间的 2/5 以上，商业学校可酌量减少。其具体科目可见后文第三章所述。

1912 年颁行的壬子癸丑学制中，小学开设农业或商业课，小学女生为缝纫课，女子中学增加家事、园艺和缝纫课，在大学中附办农、工、商等实业科，还规定设立农、工、商、船等专门的实业学校，因此，实业教育的范围较晚清更为广泛了。在专业设置上，该学制规定，实业教育除农业、工业、商业外，还包括政法、音乐、美术、外国语等共九类，到1922年，职业教育几乎已经包括了社会上的所有门类。

1917年中华职业教育社建立后，宣布职业教育分为五类：农业教育、工业教育、商业教育、家事教育、专门职业教育。

1922年国民政府颁布了新的学制，学制中职业教育科类仍然沿用1912—1913年学制实业教育的科类划分，各类别下可分科。各地可根据实际需要设置科别，具有较大的灵活性。对以往不顾地方经济情况呆板划定科别的规定有所改变。

二、民国时期的职业教育课程

民国初期，中国民族资本主义工商业得到较快的发展，对专门人才的需求迫切，发展职业教育成为当时教育改革的重要议题。一批著名的实业家、教育家深感我国学校教育脱离生活实际，实业人才十分匮乏，主张对教育进行改革，以加强实业教育，提出“实业教育进行计划案”，并于1917年改为“职业教育进行计划案”。是年5月，黄炎培在上海联合蔡元培、梁启超、张謇、宋汉章等48人，发起成立中华职业教育社，极力宣传、推广、改进中国的职业教育。从此实业教育的提法逐渐被职业教育所取代。黄炎培在该社1918年召开的第一次年会上，阐明了推广职业教育的明确目的：得个性之发展；为个人谋生之准备；为个人服务社会之准备；为国家及世界增进生产力之准备；使“无业者有业，有业者乐业”。

1922年，国民政府颁布“壬戌学制”，以职业学校的名称取代过去的实业学校，从而确立了职业教育在学制中的地位。并规定职业教育的系统为初级职业学校，招收初小毕业生；中级职业学校，招收高小毕业生；高级职业学校，招收初中毕业生。改变了清末以来实业教育的体制，扩大了职业教育的范围。据1926年统计，全国各级各类职业学校由1916年的585所增加到1 518所。1927年蒋介石上台，国民党政府于1928—1938年先后颁布了《职业学校法》、《职业学校规程》、《职业补习学校规程》、《短期训练班实施办法》、《教育部补充公私优良职业学校办法》等法令条文，并采取措施限制普通中学，发展职业学校（1932

年教育部颁布《各省市中等学校设置及经费支配办法》规定职业学校经费比例不低于35%）。至此，中国职业教育从法规、制度上得到保证，趋向完备。中等教育的普通中学、职业学校与师范学校分立，以单科设置为原则的格局一直延续到新中国成立以后。

以1917年中华职业教育社为起点，中国近代职业教育从实业教育进入职业教育时期。中华职业教育社以改进实业教育、大力宣传与推广职业教育为根本宗旨。它自成立以来，一贯致力于推行职业教育事业、研究职业教育理论。在长期的实践过程中，形成了以职业学校教育、职业补习教育、职业理论研究、职业指导及农村改进为主要内容的业务体系，在全国各地创办职业学校。中华职业教育社的办学模式和理念是当时职业教育的一面旗帜，为全国所效仿。下面以上海中华职业学校的课程结构和比例为例来窥见一斑。

上海中华职业学校是一所全日制职业中学，主要是为工、商界培养中级技术人员与管理人才。该校在1918—1952年的35年间，共办过铁工科、商科、土木科等16科，其中铁工科（后改为机械科）办了34年，时间最长。该校的学制经过反复实验，最后定为初、高两级制和5年一贯制，且以5年一贯制为主。工、商各科均分初、高两级，毕业年限均以3年为期。高一专为招收普通中学毕业生补习职业课程而设。本校初中毕业生，可以直接升高二，实际上初、高两级共5年。学校各科所设置的课程均分为三类：①职业专门学科（直接课程）；②职业基本学科（间接课程）；③普通学科。该校规定，各科初中课程注重基本知识与技能；高中课程侧重学科基本理论、学习与实践。表2-4是该校1937年制定的“机械科课程表”。从课程表中，可以分析出以下几点：第一，初级开的课程绝大部分是普通学科，职业学科初一仅1门、初二2门、初三3门，普通学科占周学时的53%，职业学科则占47%。课程结构中工场实习的分量特别重，在前八个学期中每周安排19课时，占周学时的40%；在后四个学期中每周安排12课时，占周学时的26%～27%。中华职业学校对学生的工场实习抓得非常扎实，不仅表现在实习课时比重大，更体现在努力创造条件、切实加强管理上。学校设有钳工、锻工、铸工、木工与机械工五个工场，可供两百多名学生同时操作。各工场都有导师，负责管理工场事务、训练学生；还有经验丰富的导工，对学生作技术指导。学生必须在工场轮流实习，依次进行。导师不仅评阅学生所制造的成品，还就实习过程提出问题，让学生逐一回答，以增进学生的思考能力与动手能力。为了弥补工场设备的不足，高三学生还要到校外中华铁工厂进行见习。此外，学校还备有各种原动机及解剖模型，供学生观摩。

表 2－4　机械科课程表（1937 年 6 月制定）

课型	课程名称	周学时											
		初级						高级					
		第一学年		第二学年		第三学年		第一学年		第二学年		第三学年	
		上	下	上	下	上	下	上	下	上	下	上	下
普通学科	纪念周	1	1	1	1	1	1	1	1	1	1	1	1
	公民	1	1	1	1	1	1	1	1	1	1		
	体育	2	2	2	2	2	2						
	军训							2	2	2	2	2	2
	国文	5	5	5	5	6	6	4	4	5	5	5	5
	英语	5	5	5	5	5	5	4	4	5	5	4	4
	数学	6	6	6	6	6	6	4	4	6	6	4	3
	史地	2	2	2	2								
	物理	2	2	4	4	4	4	4	4				
	化学					3	3	2	2				
	音乐	1	1										
	小计	25	25	26	26	28	28	22	22	20	20	17	16
职业专门科	制图	4	4	4	4	4	4	7	7	6	6	7	7
	工作法			2	2	2	2	3	3				
	机械大意					2	2						
	应用力学									2	2		
	材料强弱学									2	2		
	机构学									2	2		
	工作机											2	2
职业基本科	原动机									2	2	2	2
	水力学											2	
	电度实验											5	5
	工厂管理法												2
	工场实习	19	19	16	16	12	12	16	16	12	12	12	12
	小计	23	23	22	22	20	20	26	26	26	26	30	30
合计	两小计相加	48	48	48	48	48	48	48	48	46	46	47	46

1922年公布的壬戌学制对课程并无正式规定。1923年10月，全国教育联合会议定新学制师范及职业科课程标准，组织委员会公布袁希涛、段育华、金曾澄、王希禺、黄炎培为委员，而职业教育课程属中华职业教育社，该社推举朱经农、周秉文、王舜成、黄异、赵师俊、杨鄂联为委员，组成职业课程标准委员会，分任起草拟定职业学校课程标准。委员会会议议定将职业教育分为三个阶段：以招收四年初小毕业而已届职业教育年龄者为第一阶段；以招收高小毕业者为第二阶段；以招收初级中学毕业者为第三阶段。草案在征询专家意见后，于1924年9月修正定稿，但未正式采用。

对职业学校各学科及分量，全国职业学校联合会曾决议如下：

查职业学校课程，其普遍原则，固在本业知能之养成，然其他与职业相关的知能及人生陶冶问题决不宜因职业学校而废置。故职业学校之教学科目，应有下列三种分配：

1. 职业学科，所以培养各该职业之知能，如农、工、商、家事、等之各专科是。

2. 职业基本学科，所以培养各该职业知识之基本，如农科之须习生物和化学，工科之须习数学、物理，商科之须习算学，家事之须习理科等是。惟国文、算学、为基本必须之学科。

3. 非职业学科，此为人生不可缺之修习，与职业有间接相关之影响者，各级各科性质情形互有不同，设置此等科目，当然不能一致。然至少有下列之三种：(1) 关于公民者；(2) 关于体育者；(3) 关于音乐与艺术者。其教学总课时至少应占百分之二十。

新学制是民国建国以来最大的一次改革方案，就将中等教育学段“四三四制”改为“六三三制”引发了激烈的讨论。职业教育和普通教育在中等教育阶段采取“分科制”统一进行，也是讨论的一大热点。广州的执信学校和天津的南开学校都是新学制的积极推进者。新学制实行后，南开学校前三年为初级中学，不分科。后三年为高级中学，分普通及职业二部。普通部分文、理、商三科，毕业后升入大学者入之。职业部分工、商、教育三科，工科及教育科中又分为两组，工科分为工业化学、测绘；教育科分为英语和数理。具体课程如表2-5：

表 2-5　初级中学课程表

第一年	每周时数	第二年	每周时数	第三年	每周时数
国文	8	国文	6	国文	6
英文	8	英文	8	英文	8
算学	6	算学	6	算学	6
中地	4	中史	4	西地	3
图画、手工	3	生理卫生	2	生物学	3
体操	2	图画手工	3	公民常识	1
修身	1	体操	2	体操	2
—	—	修身	1	修身	1
合计	32	合计	32	合计	30

表 2-6　高级中学课程表

普通部

Ⅰ文科

第一年	每周时数	第二年	每周时数	第三年	每周时数
国文	6	国文	6	国文	6
英文	8	英文	8	英文	6
西洋史	4	经济学概要	4	政治学	3
化学	5	伦理学大要	2	社会学	3
算学（上）	4	西洋近代史	3	哲学概要	3
中国近百年史（下）		第二外国语	6	第二外国语	6
体操	2	修身	1	修身	1
修身	1	—	—	—	—
合计	30	合计	30	合计	28

Ⅱ理科

第一年	每周时数	第二年	每周时数	第三年	每周时数
国文	3	国文	3	国文	3
英文	6	英文	6	英文	6
西洋史	4	西洋近代史	3	算学	5
算学	6	算学	5	高等化学	6
物理	8	化学	6	第二外国语	6
体操	2	第二外语	6	修身	1
修身	1	修身	1	—	—
合计	30	合计	30	合计	27

Ⅲ商科

第一年	每周时数	第二年	每周时数	第三年	每周时数
国文	6	国文	6	国文	6
英文	8	英文	6	英文	6
算学	3	西洋近代史	3	商业英文	3
西洋史	4	商业常识	3	簿记学	3
化学	5	经济学概要	4	打字	3
体操	2	第二外国语	6	第二外国语	6
修身	1	修身	1	修身	1
合计	29	合计	29	合计	28

职业部

Ⅰ工科甲

化学工业组

第一年	每周时数	第二年	每周时数	第三年	每周时数
国文	3	国文	3	国文	3
英文	6	英文	6	英文	6
西洋史	4	物理	5	分析化学	9
算学	6	有机化学	8	工业化学	6

（续上表）

第一年	每周时数	第二年	每周时数	第三年	每周时数
化学	8	分析化学	8	机器学	3
体操	2	修身	1	机器画	3
修身	1	—	—	修身	1
合计	30	合计	31	合计	31

Ⅱ工科乙

测绘组

<table>
<tr><th>第一年</th><th>每周时数</th><th>第二年</th><th>每周时数</th><th>第三年</th><th>每周时数</th></tr>
<tr><td>国文</td><td>3</td><td>国文</td><td>3</td><td>国文</td><td>3</td></tr>
<tr><td>英文</td><td>6</td><td>英文</td><td>3</td><td>英文</td><td>3</td></tr>
<tr><td>西洋史</td><td>4</td><td>化学</td><td>5</td><td>建筑材料学</td><td>3</td></tr>
<tr><td>算学</td><td>6</td><td>测量</td><td>3</td><td>测量</td><td>12</td></tr>
<tr><td>物理</td><td>8</td><td>弧三角（上）</td><td rowspan="2">3</td><td rowspan="4">木工
铁工
机器工
翻砂</td><td rowspan="4">12</td></tr>
<tr><td>体操</td><td>2</td><td>天文学（下）</td></tr>
<tr><td>修身</td><td>1</td><td>机器画</td><td>15</td></tr>
<tr><td>—</td><td>—</td><td>修身</td><td>1</td></tr>
<tr><td>—</td><td>—</td><td>—</td><td>—</td><td>修身</td><td>1</td></tr>
<tr><td>合计</td><td>30</td><td>合计</td><td>33</td><td>合计</td><td>34</td></tr>
</table>

Ⅲ商科

<table>
<tr><th>第一年</th><th>每周时数</th><th>第二年</th><th>每周时数</th><th>第三年</th><th>每周时数</th></tr>
<tr><td>国文</td><td>3</td><td>国文</td><td>3</td><td>国文</td><td>3</td></tr>
<tr><td>英文</td><td>6</td><td>英文</td><td>6</td><td>英文</td><td>3</td></tr>
<tr><td rowspan="2">商算（上）
珠算（下）</td><td rowspan="2">3</td><td>经济学</td><td>4</td><td>商业英文</td><td>3</td></tr>
<tr><td>会计学</td><td>3</td><td>货币银行</td><td>3</td></tr>
<tr><td>西洋史</td><td>4</td><td>商法</td><td>3</td><td rowspan="3">商业簿记及实践或商业组织及管理及制造会计学</td><td rowspan="3">6</td></tr>
<tr><td>簿记学</td><td>3</td><td>商业常识</td><td>3</td></tr>
<tr><td>化学</td><td>5</td><td>商业中文</td><td>2</td></tr>
</table>

（续上表）

第一年	每周时数	第二年	每周时数	第三年	每周时数
体操	2	商业地理（上）	3	打字	3
修身	1	打字（下）		实习	6
—	—	修身	1	修身	1
合计	27	合计	28	合计	28

Ⅳ教育科甲

英语组

第一年	每周时数	第二年	每周时数	第三年	每周时数
国文	6	国文	6	国文	3
英文	8	英文	9	英文	9
西洋史	4	经济学	4	政治学	3
化学	5	—	—	社会学	3
算学（上）	—	西洋近代史	3	—	—
中国近百年史（下）	3	教育心理	3	学校管理	3
体操	2	教育学	3	智力测验（上）	3
修身	1	修身	1	实习（下）	3
—	—	—	—	修身	1
合计	29	合计	29	合计	28

Ⅴ教育科乙

数理组

第一年	每周时数	第二年	每周时数	第三年	每周时数
国文	3	国文	3	国文	3
英文	6	英文	6	英文	6
西洋史	4	西洋近世史	3	算学	6
算学	6	算学	5	高等化学	8
物理	8	化学	6	学校管理	3
体操	2	教育心理	3	智力测验（上）	—
修身	1	教育学	3	实习（下）	3
—	—	修身	1	修身	1
合计	30	合计	30	合计	30

三、抗战时期及战后的职业教育课程

1937年抗日战争全面爆发，军工生产与后方建设物质开发十分紧迫，急需技术人才，战争使大批青年学生失学失业，急需将其收容安置，并进行培训。1938年4月，国民政府在《抗战建国纲领》中明确提出，要“训练各种专门技术人才，以应抗战需要”。7月，在国民参政会通过的《战时各级教育实施方案》中，对职业教育也作了专门规定，通过推广职业教育并充实职业学校有关的内容来训练、培养抗战所需的各类技术人员，提高社会生产效率，为抗战建国服务，这是战时职业教育的目标。在这一目标的指导下，抗日战争期间，职业教育的课程表现出两大特征。

（一）职业教育课程的实用性和基础性

1938年7月，教育部颁布了《创设县市初级实用职业学校实施办法》，1938年制订了川、康、陕、甘、宁、青、黔、滇、桂九省农工职业教育计划。以“谋养成实用技术人员，解决一县人民食、住、行、日常生活必需之供给”，鉴于川、滇、黔、桂、陕、甘等大后方各省为抗战提供资源，且以往教育基础异常薄弱，故令这些省份先会同建设厅、民政厅在调查各县市主要工农业经济及日用品产销供求实际情况的基础上，了解各地生活最急需又感到缺乏的职业，依照所需，指定一县或数县创办一种以生产机关为依托、合作办理的初级实用职业学校，培养实用技术人员，科日的设定与当地生产部门共同决定。先期选定了川、黔两省有关县试行，“俟战争平定后，再由其他各省分别先后普遍推行”。设置学校共二十余所，设有造纸、印刷、纺织（机器和手工）、印染、铁工、木工、土工、制糖、酿造、制茶、麻纺、农产制造、园艺等。在教学形式上，“学校除切实训练学生知识技能外，并应充分培养其自主经营能力，俾毕业后可在社会独立发展”，因此，应学理讲解与实习实训并重，且实习至少占50%；各科修业年限为1~3年。

这一时期的课程设置分为基础学科、职业学科及实习科目。三类课程在总学时中所占的比重分别为30%、20%和50%。所设的科目没有一个统一的标准，抗战期间邀集了各科专家起草并制定了“教学科目及每周教学时数表”、

“教材大纲”与“教学要点”等，计先后完成初、高级农业类11科、工业类19科、商业类7科、海事类2科、医事类5科。

（二）普通教育中实施职业教育课程

国民政府除了通过实用职业学校的课程设置外，还通过在普通教育系统中增设职业教育的科目来实施职业教育。1938年12月26日，教育部颁发了《国立中学增设职业科办法》，要求各国立中学均应设置“以不需多量及特殊设备而切合于地方或抗战建国之需要”的职业科。如学校附近有生产或国防建设机关的，就与之密切联络，设置相关职业学科，否则，也应就农、工、商生产经济方面斟酌设置有关职业科。如农业科目中的作物、养殖、蚕桑、酿造，工业科目中的手工艺、简易金工、棉织、竹木用具制造，商科中的簿记、会计、打字、文书等。1940年，教育部修正高中课程标准，规定初中选习职业科，高中自第三学年起酌设商业簿记、会计、统计、应用文书、打字、农艺等简易职业科。1941年12月，教育部又颁发了《大学各学院、独立学院及专科学校附设中小学或职业学校暂行办法大纲》，规定公私立大学农、工、医、商学院或各独立学院，经教育部核定后，设立职业学校；专科学校也要依据有关规定，附设高职部。1945年7月，教育部又制定了《短期职业训练班实施方法》，规定各高级职业学校及专科学校、各地方政府、各行政机关以及私人或私人团体均可举办短期职业训练班，以训练社会需要的某项业务技术人才，短期职业训练班招收学员为初、高级中学毕业生或具有同等学力者，训练期限为3个月到1年。

抗战胜利后，鉴于时局的暂时稳定，教育部先后公布了一些职业教育的法令，其中重要的有《实业机关或职业团体办理职业学校或职业训练班奖励办法》、《修正职业学校规程》、《私立职业学校办理立案备案补充办法》等，用来规范、指导、促进职业教育的发展，加快经济建设人才的培养。在教育部的重视和一些教育团体的努力下，抗战胜利后初期，职业教育仍获得平稳的发展。据统计，1945年，职业学校为576所，1946年则增至724所，学生数量也由102 030人增至137 040人。不过，需要指出的是，战后职业教育之所以短期内在数量上有较大增加，与沦陷区一些职业学校的恢复及东北三省、台湾回归后大批职业训练场所改设为职业学校有相当大的关系。

第三章　晚清民国时期职业教育课程内容研究

第一节　“西学”、“西艺”对实业教育课程内容的影响

一、“西学”、“西艺”与实业教育

西学泛指20世纪中叶开始由西方传入中国的自然科学与工艺技术、西方的资本主义政治体制、法律体系以及价值观念、伦理道德、宗教信仰等。这里主要指西学中新兴的自然科学与工艺技术。国人对西学的态度是“由夷学，而西学，而新学，而显学，而救世之灵丹妙药”的一种渐进的过程。西学的地位在中国不断上升，对教育的影响也越来越大，也催生了中国职业教育的产生。西学东渐的过程，从某种程度上可以说就是中国封建社会在西方社会冲击下逐渐解体、蜕变和转向现代化复杂而痛苦的过程。也是中国人中的先进分子向西方寻求真理、救亡图存的过程。

西学传入中国是从开办教会学校开始的。西方通过传教士在中国开办教会学校、编写出版发行教科书等形式，宣传宗教和科学。从开办学校的情况来看，接受教会学校教育的人数逐年增加，早在1818年，英国伦敦会教士马礼逊和米怜就在马六甲创办了“以交互教育中西文学及传播基督教理为宗旨”的英华书院[①]。1839年又在澳门成立了由马礼逊教育协会主办的马礼逊学堂。《南京条约》签订后，教会学校在香港及广州、厦门、福州、宁波、上海五个通商口岸纷纷成立。到1860年，在上述五个通商口岸开设的基督教新教小学就有50所

① 朱有瓛，高时良．马六甲筹组英华书院计划书．中国近代学制史料（第四辑）．上海：华东师范大学出版社，1993．7

左右，学生有1 000余人。1887年，教会学校的学生有5 975人，至1920年，学生发展到245 049人。教会学校初期开设的课程有语言、地理、历史、数学、自然科学和宗教。为了统一编写教科书，1887年，西方传教士在“益智会”的基础上成立了一个“学校教科书委员会”，专门组织编写和出版教科书。当时编成的自然科学方面的教科书主要有狄考文的《笔算数学》、《形学备旨》、《代数备旨》，傅兰雅的《三角数理》、《数学理》、《代数术》、《格致须知》，潘慎文的《八线备旨》，艾约瑟的《重学》等。1887年以后，传教士的出版机构“广学会”也出版了大量图书，当时“广学会”编印的历史、地理、科技、伦理等书多作为学堂的教材使用。这些教会学校所开设的课程对我国传统教育的内容产生了极大的冲击，客观上对我国新学堂的兴起起到了促进的作用，同时，随着近代科学技术的传入，我国的职业教育也逐渐发展起来。

西学传入中国，实际上就是近代科学技术在中国的兴起，尤其是现代科学技术。在晚清西学东渐的过程中，西方的传教士起了相当重要的作用，大部分时间是充当主要角色。宗教和科学在人们的印象中往往是矛盾的，尤其是对于一个长期处于封建统治的古老国家，必然会带来科学和宗教的冲突。那么传教士究竟是在传播科学，还是在传播宗教？说起宗教，人们自然会想起宗教统治下中世纪的黑暗，想起宗教对科学的排斥，教廷对科学家的迫害，日心说遭排斥，伽利略受审判，布鲁诺被烧死，进化论遭攻击。宗教与科学真是水火不容吗？其实，宗教和科学的关系，远比人们传统的印象要复杂得多，如果两者的关系确为水火，在近代科学出现以前，在宗教统治长达千年之久的中世纪，西方应该毫无科学可言，那么，近代科学又从何而来？西方许多大科学家，如开普勒、波义耳、牛顿为何同时也是虔诚的教徒。可见，宗教和科学不是水火不容的关系。晚清来华的传教士认为，科学与宗教是可以相辅相成、并行不悖的。对于西学的态度和研究，无论是将其视为奇技淫巧，还是将其看作西方对中国的文化侵略，西学客观上对中国的近代科学与民主启蒙，尤其是对中国的科学启蒙、实业教育的兴起起了不可替代的作用。

西学的传播内容刚开始主要是“西文”和“西艺”。鸦片战争前期，林则徐、魏源等明确提出了“师夷制夷”的主张，但并没有引起当朝统治者的注意。直到第二次鸦片战争，清王朝遭受到更加沉重的打击，才使得“师夷制夷”的主张付诸实施。形成了中央以恭亲王奕䜣，地方以李鸿章、张之洞、左宗棠等人为代表的洋务派，他们认为东西方的差别在于生产方式。因此一方面主张翻译科技书籍，引进科技知识，另一方面举办军用工业和民用工业。为了培养翻译人才，1862 年创办了京师同文馆。京师同文馆的诞生，标志着中国新教育的萌芽，以后又陆续建立了广州广方言馆、上海广方言馆、湖北自强学堂等语言学校。为了培养“西艺”人才，也开设了一些中国最早的技术学堂和军事学堂，如上海江南制造局及其附设的机械学校、福建马尾船局及其附设的船政学堂、天津水师学堂、天津电报学堂、天津武备学堂、广东陆师学堂、湖北铁政局附设的化学堂、矿学堂和工艺学堂等。这些学堂没有明确系统的学制和正规的教育规程。但洋务教育兴办的目的就是学习制造坚船利炮，课程内容的设置都是围绕学习西方的技术、工程一类近代科学技术，培养具有与传统知识完全不同的新式人才。

从总体上说，晚清输入的西学，所传科学知识多为零散的、基础性的启蒙知识，后来比较系统地对国人进行科学启蒙是从傅兰雅编辑的《格致汇编》、中外合办格致书院开始的，益智会所编大部分教材，也可以看作此时期的科学启蒙教材。而真正形成有规模的、影响深远的科学启蒙教育是 20 世纪初清政府实行的新政、推行新的学制以后，涵盖各种学科、包括不同层次、遍布城乡、沿海内地的新式教科书成为科学启蒙的主要途径和手段。

二、西学对早期洋务学堂课程内容的影响

从 1862 年恭亲王奕䜣等奏准设立北京同文馆，自然科学内容开始在中国学校里传播。后来在 19 世纪 70 ~ 90 年代，洋务派又创办了一批近代职业学校，尽管它们的数量不多，有些学堂存在的时间也非常短暂，在学校的管理、课程的设置等方面仍保留很多封建教育的特点，但是从培养人才的目的、教学实践的方式、课程的设置和内容、毕业学生的就业方向等方面看，这些学校跟中国传统的以科举为中心的学堂有着根本的不同，它们已经属于近代职业教育的范畴。在课程内容方面，从下面几所重要学堂的课程设置中可以看出，视西学为“器”和“艺”的洋务派已经给新式学堂增加了大量的自然科学内容。

（一）京师同文馆的课程设置

1862 年 7 月 29 日，恭亲王奕䜣等奏准在北京设立同文馆，附属于总理衙

门。创办初期为培养翻译人才，因此课程只限于外国语文字和中文。开办的头一年只有英文馆，次年又设了俄文馆和法文馆，1871 年添设德文馆。中文规定读经，改八股文为策论。1866 年，同文馆扩大规模添设天文算学馆，课程也扩展了许多自然科学的科目，如算学、化学、万国公法、医学、生理、天文、格致等，同文馆逐渐由一个译员学校转为学习实用科学的专门学校。1872 年拟订了八年课程计划：第一年认字、写字，讲解浅书；第二年练习句法，翻译条子；第三年讲读各国地理及史略，翻译选编；第四年讲求数理启蒙及代数学，翻译公文；第五年讲求格物、几何原本、平三角、弧三角，练习译书；第六年讲求机器、微分积分、航海测算，练习译书；第七年讲求化学、天文、验算、万国公法，练习译书；第八年讲求天文、测算、地理、金石、富国策，练习译书。1876 年以后，京师同文馆成为综合性的西学堂，有了统一的课程设置和管理章程，基本不学四书五经之类的传统科目，但是课程与学习年限没有硬性规定。按照八年课程计划扩充教学内容，规定除了外语之外还得学习数理化、航海、测量等科学技术和万国公法、政治学、世界历史和地理、翻译等。除习汉文和外文翻译外，又开设了算学（代数、几何、三角、微积分)、格物、化学、天文、中外史地、机器学、万国公法、富国策等。

（二）福建船政学堂的课程设置

创办于 1866 年福建福州马尾的福建船政学堂共分为造船科、驾驶科和管轮轮机科，每门分科课程不同，具体课程如下：

造船科目是培养学生“能够设计和仿照轮机的某一独立部件”，“能设计计算并在模制房勾描一条木船的船体”。基本课程包括法文、算术、代数、画法几何和解析几何、三角、微积分、物理以及机械学，并进行船体制造和船舶机器制造原理与操作的实践教育。最后几年，学生在船厂各工作部门实际参加工作一段时间，目的是熟悉每一部门的生产活动并学习怎样指挥组织工人生产，最后就每一学生在毕业后将担任的专责施行更专业化的训练，全部课程五年。

驾驶科基本课程包括英文、算术、几何、代数、平面三角和球面三角、航海天文学、航行理论、地理等（约三年)。然后上实习船进行实践教学与训练，学习“一个船长所必需的理论知识和实践知识”，包括航海技术、射击技术和指挥，实践学程约为两年。

管轮、轮机科基本课程则包括英文、算术、几何、制图、发动机绘制、海上操纵轮机规则，以及指示器、盐重计及其他仪表的用途，此外还有80匹、150匹马力发动机装配实习及在船上安装发动机的实习。

（三）天津电报学堂的课程设置

为了粉碎西方侵略者在中国领土架设电线的企图，19世纪70年代起，洋务派正式提出自行敷设电线。1879年，李鸿章首先主持架设了大沽至天津的电报线。1880年10月，又在天津设立电报总局，盛宣怀为总办，同时附设电报学堂。

为培养现代通讯技术人才。天津电报学堂开设的课程为：电报实习、基础电信问题、仪器规章、国际电讯规约、电磁学、电测试、各种电报制度与仪器、铁路电报设备、陆上电线和水下电线的建筑、电报线路测量、材料学、电报地理学、数学、制图、电力照明、英文和中文等。

（四）上海江南制造局附设工艺学堂（1898年后改为工业学堂）

设化学工艺、机器工艺两科。学制四年，招收工厂画图学生、匠童、广方言馆学生及聪慧子弟。《工艺学堂章程》（仿照日本工业学校章程）规定，化学工艺科开设国文、英文、算学、及分化物质诸理法的专门课程；机器工艺科设国文、英文、算学、绘图以及重力气热等专门课程。制造局所属各厂有为学生所学工艺的实习实验基地。

（五）杭州浙江蚕学馆的课程设置

1897年8月，杭州知府林启在西子湖畔金沙港关帝庙和怡贤王祠附近创办了蚕学馆。招收“家世业蚕”、“略具蚕桑知识”、“文理通顺，年在二十左右，明敏笃静”的举贡儿童，需面试“养蚕成法”以定取否。学校以“除微粒子病、制造佳种、精求饲育、传授学生、推广民间”为宗旨。学习期限为两年，分四个学期。

课程参照日本东京蚕业讲习所设置（含实习实验）：物理、化学、算术、植物、动物、气象法、土壤论、桑树栽培法、桑树除害法、蚕体生理、蚕体解剖、养蚕法、显微镜使用法、蚕茧及生丝检验法、器械法、肥料论和毒菌论等。

编译出版蚕书，介绍推广科学技术知识，提高养蚕科学水平。学校为农民检查土蚕种病毒，防病灭病。在蚕期，敞开学校大门，破除往昔“关蚕门”的陋习，为养蚕农民解答疑难问题，为社会服务。

第二节　唯实思想影响下的职业教育课程

一、唯实主义教育思想

唯实主义教育思想的形成在辛亥革命前后，经历了实利、实用、实业、职业教育等几个阶段，代表人物有蔡元培、陆费逵、庄俞、黄炎培等人。鸦片战争后，“经世致用”的教育思想重新兴起，和洋务运动中“西学”、“西艺”教育共同促进了唯实主义教育思想的形成。

辛亥革命前几年，张百熙、荣庆、张之洞拟定的《奏定学堂章程》中首次提出了唯实教育。1906 年 3 月，学部《奏请宣示教育宗旨折》中又提出“尚实”为教育宗旨之一。该奏折中对于如何切实贯彻唯实教育，从教材到教法均有具体规定：“凡中小学堂所用之教科书，宜取浅近之理与切实可行之事，以训谕生徒，修身、国文、算术等科，皆举其易知易从者，助之以实行，课之以实用，其他格致、图画、手工、皆当视为重要科目，以期待发达唯实科学派。”①

实利主义、实用主义教育思潮是民国初年比较盛行的两种互相联系的教育思潮，是在批判封建传统教育和反思清末“新教育”的种种弊端的基础上由当时一些知名的资产阶级教育家提出的新的教育思想。它们强调实际运用，学用一致，以适应社会生产发展的需要，并对当时的中小学教育产生了较大的影响。其后的职业教育思潮，就是在此基础上形成的。这两种教育思潮在近代中国教育发展史上有着重要的地位.

中国资产阶级革命派在领导资产阶级旧民主主义革命的过程中，提出了在中国发展资本主义的纲领。1912 年 1 月 1 日，中华民国宣告成立，孙中山在南京宣誓就任临时大总统，发布《临时大总统就职宣言书》。“宣言”提出：政府

① 高平叔．蔡元培教育文选．北京：人民教育出版社，1987．42

的职责是“尽扫专制之流毒，确定共和，普利民生，以达革命之宗旨，完民国之志愿”，并开始了政治、经济、文化教育等一系列改革工作，以消除封建主义的影响，发展资本主义。为了适应共和政体下社会重心的转移，满足发展资本主义经济对技术人才的要求，教育界的有识之士开始倡导实利主义。在改革过程中，人们对清末“新教育”日渐不满，认为清末改革是西洋工业化社会教育制度在中国的移植，在工业不甚发达、科学不太昌明且尚以农业经济为主的中国社会中并不适应。典型的是“新教育”体制与社会产业结构相脱离，书本教育不适应社会实际需要，学生的生计问题、生产能力问题十分突出。于是，由倡导实利主义进而提倡实用主义教育，形成民国初年又一种有影响的教育思潮。

二、晚清时期实利教育与实业学堂课程

实利主义教育思潮盛行时间较短，它是洋务派西艺教育在民国初新的历史条件下的发展，其直接源头是清末厘定的教育宗旨。1903 年，《奏定学堂章程》规定教育宗旨为：“无论何等学堂，均以忠孝为本，以中国经史之学为基，律学生心术壹归于纯正，而后以西学瀹其智识，练其艺能，务期他日成材，各适实用，以仰副国家造就通才，慎防流弊之意。”《学务纲要》又明确指出：“此次遵旨修改各学堂章程，以忠孝为敷教之本，以礼法为训俗之方，以练习艺能为致用治生之具。”[1] 清末的教育宗旨，是在 1906 年 3 月 25 日由学部奉上谕公布的五项标准，即“忠君、尊孔、尚公、尚武、尚实”，学部在《奏请宣示教育宗旨折》中阐释“尚实”条云：“所谓尚实者何也？夫学所以可贵者，惟其能见诸实用也。……方今环球各国，实利竞尚，尤以求实业为要政，必人人有可农可工可商之才，斯下益民生，上裨国计，此尤富强之要图，而教育中最有实益者也。”[2] 由此可以看出，实利或实用主义思潮在晚清时期的教育宗旨中已经出现。

在实利主义思潮的影响下，实业学堂的课程设置中增加了大量的实用学科。实业学堂分为农业、工业、商业、商船、实习教员讲习所五大类，各类又划分为若干科，科与课程均详载于各学堂的章程中。课程的设置既有统一要求，又

① 湖北学务处. 奏定学堂章程. 光绪二十九年（1903）

② 陈学恂. 中国近代教育史教学参考资料（上册）. 北京：人民教育出版社，1987. 568

具有一定的灵活性，并参照外国实业学校的课程，就国内实业应备的科目分门罗列，酌情予以变通，编订而成，各省可根据本地的实际情况酌量设置，不必全备。

《奏定学堂章程》颁布后，实业学堂的课程设置走上了正规化的道路，该章程的《奏定实业学堂通则》，对各级实业学堂的学习年限、培养目标和课程的开设，都有具体而明确的规定。

课程大体可分为普通学科、实习学科（即专门科目）、实习三类，其中实习科目占授课时数的多数，普通科目占辅助地位，课时数占少数。普通课中，修身（高等实业学堂为人伦道德）、中国文学、算术、体操四门为各类学堂共同必修课。中等以上学堂要求学习外国语。

预科的课程，主要是文化课。中等学堂为八门，各类学堂科目相同。高等学堂中不同类学堂的课程大同小异。农科专设动物学、植物学，商科专设簿记、法学通论、书法。

每周的课时数，中等学堂预科、本科一般为30小时以内，实习时数依学科的门类酌定，高等学堂为36小时。

（一）初等实业学堂与课程

初等实业学堂分为农业学堂、商业学堂和商船学堂三种。招收13岁以上初等小学堂的毕业生，程度与高等小学堂相当。农业学堂和商业学堂，修业年限为3年，商船学堂修业年限为2年。开设的课程根据各专业不同而各异。初等实业学堂的课程，内容较为浅近。课程门数比中等实业学堂也少些。

1. 初等农业学堂

初等农业学堂分为农业、蚕业、林业、兽医四科。普通课设修身、中国文理、算术、格致、体操等。另可酌加地理、历史、农业理财大意、图画等科目。实习科目以农业科为例，设土壤、肥料、作物、农产制造、家畜、虫害、气候及实习共八门，并可根据各地方情况酌择中等农业之各科目取舍分合以施其教。

2. 初等商业学堂

初等商业学堂不分科，设修身、中国文理、算术、地理、簿记、商品学、商事要项、商业实践、体操共九门科目。

3. 初等商船学堂

初等商船学堂分为航海、机轮两科。航海科设修身、中国文理、算术、地理、航海术、商船运用术大意、航海术大意、海上气象学大意、实习、体操共十门科目；机轮科设修身、中国文理、算术、物理、化学、机轮术大意、机器制图实习、体操共八门科目。

（二）中等实业学堂与课程

中等实业学堂可以分为四种：中等农业学堂、中等工业学堂、中等商业学堂、中等商船学堂。四种学堂均设预科和本科，知识层次相当于中学程度。本科3年毕业，招收15岁以上高等小学堂毕业生；预科2年，招收13岁以上初等小学堂毕业生。各学堂的教育目的和教学内容因专业不同而各异。

1. 中等农业学堂

预科课程有修身、中国文学、算术、地理、历史、格致、图画、体操，外国语作为加设课。

本科又分为农业科、蚕业科、林业科、兽医业科、水产业科五个科类。各科的课程又分为普通科目和实习科目。各科普通课程有修身、中国文学、算学、物理、博物、理财大意、体操等；农业科和水产科还有化学；水产业设有地理、图画、水产业法规及惯例、水产学大意等科目。各科除上述课程外可加地理、历史、外国语、各业法规或章程、簿记、图画等科目。但农业科历史为必修；兽医可缺算学、地理、博物、农业理财大意等科目；水产应分渔捞、制造、养殖及远洋渔业四类，除修身、中国文学外，可以酌情去减少数科目或合并教授。

农业科的实习科目有土壤、肥料、作物、园艺、农业制造、养蚕、虫害、气候、林学大意、兽医大意、水产学大意十一门。

2. 工业学堂

预科科目同农科；

本科分为：土木科、金工科、造船科、电气科、木工科、矿业科、染织科、窑业科、漆工科、图稿绘画十科。各科普通科目有：修身、中国文学、算学、物理、化学、图画、体操。

土木科实习科目有测量、河海工、道路铁路、桥梁、施工法、应用力学、制图及实习八门。

金工科实习科目有：工场用具及制作法、制造用诸机器大意、发动机大意、应用力学、制图及实习六门。

另外造船科五门，电气科七门，木工科八门，矿业科八门，染织科七门，窑业科六门，漆工科五门，图稿绘画科八门等。

3. 商业学堂

预科科目同农工科。

本科不另分类，所开设的普通科目有：修身、中国文学、算学、体操四门，实习科目有九门：商业地理、商业历史、外国语、商业理财大意、商业法规、商业簿记、商品学、商事要项、商业实践，还可以酌加其他有关商业的科目。

4. 商船学堂

商船学堂本科分为航海科和机轮科。航海科的实习科目有：商船法规、商船运用术、航海术、机轮术大意、海上气象学大意、造船术大意、实习；机轮科的实习科目有：机关术、机轮制图、力学、应用力学、电气学大意、实习等。

（三）高等实业学堂与课程

高等实业学堂分为：高等农业学堂、高等工业学堂、高等商船学堂、高等商业学堂等四种。与普通高等学堂相等，招收年龄在 18 岁以上 22 岁以下普通中学毕业生。各学堂因专业不同，修业年限也各不相同。高等农业学堂，预科 1 年，本科 3 年；高等工业学堂，不设预科，3 年毕业；高等商业学堂，预科 1 年，本科 3 年；高等商船学堂分航科和机轮科，前者 5 年毕业，后者 5 年半毕业。教育目的和教学内容因专业不同而各异。

1. 高等农业学堂

高等农业学堂分为预科和本科。本科又分为三科：农学科、森林学科、兽医学科。

预科科目有十门：人伦道德、中国文学、外国语（英语、愿入农学科者兼学德语）、算学（代数、几何、三角）、动物学、植物学、物理学、化学、图画、体操。

农学科科目四年中有二十一门：农学、园艺学、化学及农艺化学、植物病理学、昆虫学及养蚕学、畜产学、兽医学大意、水产学大意、地质学及岩石学、土壤学、肥料学、算学、测量学、农业工学、物理学、气象学、理财原论、农业理财学、农政学、殖民学、体操等。以上各学科外还有实习农业的科目二十五门：耕牛马使役法、农具使用法、家畜饲养法、肥料制造法、干草法、农用手工、农具构造、养蚕法、排水及开垦法、制麻法、制丝法、制茶法、榨乳法、牛酪制造法、养蜂法、各种制糖法、炼乳制造法、干酪制造法、粉乳制造法、蔬菜果实干燥法、罐藏法、制靛法、淀粉制造法、酱果制造法、酿造法。

森林学科的科目有三十门，兽医学科的有三十二门。

这些学科，并非限定一学堂内全设，可酌情视各地方情形，由各学科中选择合宜实施。

从农业学堂的本科二十五门科目可以看出，实业学堂的课程非常实用，虽然有些科目现在已经不实用，但是对我们现在的农业职业院校仍然有借鉴价值。

2. 高等工业学堂

高等工业学堂分为十三科：应用化学科、染色科、机织科、建筑科、窑业科、机器科、电器科、电气化学科、土木科、矿业科、造船科、漆工科、图稿绘画科。各科的普通科目十五门：人伦道德、算学、物理、化学、应用化学、应用机器学、图画、机器制图、物理化学实验、工业法规、工业卫生、工业簿记、工业建筑、英语、体操。其中除普通文化课外，工科的专业基础课程近九门。普通科目加实习科目共计二十一至二十三门。

3. 高等商业学堂

预科科目十门：商业道德、书法、作文、算学、簿记、应用物理学、应用化学、法学通论、外国语、体操。

本科不另分科。科目有十八门：商业道德、商业文、商业算术、商业地理、商业历史、簿记、机器工学、商品学、理财学、财政学、统计学、民法、商法、交涉法、外国语、商业学、商业实践、体操。

4. 高等商船学堂

高等商船学堂分设航海科和轮机科。航海科的科目有二十五门：人伦道德、中国文学、外国语（英语通学，俄、法、德、日本、朝鲜语兼习）、算学、物理学、化学、商船运用术、商业学、商业地理、法学通论、商法、航海术、海上气象学、水路测量术、造船学、机轮术大意、船内卫生法、救急医术、理财学、商船法规、海事法规、炮术学、兵式体操、炮术实习、航海实习。

轮机科科目有十四门：人伦道德、中国文学、外国语（英语通学，俄、法、德、日本、朝鲜语兼习）、算学、物理学、力学、化学、汽机学、汽炉学、制图、电气工学、救急医术、工术实习、机轮运转实习。

高等实业学堂的科目的名称，多用“学”字。用“学”时多加“应用”二字。中等实业学堂的科目名称，则多用某某学科的“大意”。这说明高等学堂科目的理论内容分量重。中等学堂则偏重于实际应用的内容，理论内容较低，有的科目甚至称为“法”，明显地表明它的内容是实用技术。

三、民国初期的实利教育与实业学校课程

（一）蔡元培、陆费逵等倡导的实利主义教育思想

晚清开始兴起的实利主义，由于缺乏广泛的社会基础和系统的理论，在实施的过程中遇到了很多问题。实利主义真正对教育实践发生重大影响是在民国初期，这就是后来演变成的近代实用主义教育思潮以及职业教育思潮。

民国初期人们开始从各种封建弊习陋俗中逐渐解脱出来。社会对实业教育也开始有了进一步的正确认识，不再将从事实业看成是“弃本逐末”；学生选择职业，首先考虑其实用价值以及利益所在。社会对职业观念和人们求学观念上发生的转变，反映了资产阶级民主制度建立后，资本主义经济发展的要求，体现了社会人士对实利主义教育的认可及赞同心态。

作为实利主义提出者之一的蔡元培把实利主义教育当作富国的手段。他说，当今世界的竞争，不仅在武力，尤其在财力。且武力之半，亦由财力而孳乳。而“我国地宝不发，实业界之组织尚幼稚，人民失业者至多，而国甚贫”，因此，要发展国民经济，提高社会生产力，富国强兵，“实利主义教育，固亦当务之急者也”。他阐述道：实利主义教育创于美洲，而近亦盛行于欧陆，它“以人民生计为普通教育之中坚”，主张“以普通学术，悉寓于树艺、烹饪、裁缝及金、木、土工之中”[①]，即普通教育各门学科理论知识的学习，应该与社会各种专门职业相联系，以取得实际利益、经济效益为趋向。这充分体现了他对科学技术、生产力发展及社会进步三者之间内在联系的深刻认识。

重视学校科技教育，强调发展学生智能，是蔡元培教育思想体系的又一特色。他希望通过科技知识的教授，使学生掌握近代社会生产所需要的知识技能，

---

① 高平叔．蔡元培教育论集．长沙：湖南教育出版社，1987

发展其认识能力与创造力，能直接为工农业生产服务。他设想的学校各门课程中，实利主义教育所占比例最高，为40%。

蔡元培任教育总长期间，在他的主持下，通过并颁布了改革教育法令、制定了新的教育宗旨、建立教育行政组织、制定壬子癸丑学制、设置各类学校课程，作为民国第一任教育总长，蔡元培十分重视实利主义教育。1912年7月召开的全国临时教育会议上，讨论并通过了新的教育宗旨，即“注重道德教育，以实利教育、军国民教育辅之，更以美感教育完成其道德”①。实利主义教育被列入教育宗旨，以法律条文的形式规定下来，在全国范围内推行。

民国期间充分阐述实利主义教育的必要性，大力倡导并就实施方法加以探讨的代表人物是陆费逵。陆费逵（1886—1914），近代出版家、教育家，字伯鸿。少时接受新式教育，1907年任文明书局编辑，兼文明小学堂校长。1909年任商务印书馆编辑，主编执当时教育界舆论之牛耳的《教育杂志》。辛亥革命后，创办中华书局，任局长、总经理，参与编写教科书。他大力主张教育改革，在所撰论文中观点鲜明，见解独到，如制定教育方针、缩短学制年限、减少授课时数，他还注重实利教育、厘定课程标准、编辑教科书等。

陆费逵认为蔡元培提出包括实利主义教育在内的“五育”并举、和谐发展的教育方针，侧重世界观教育和美感教育等观点是值得商榷的。

陆费逵主张，在当时的中国，实利主义为一切教育主义的基本，在教育宗旨中应处于突出的地位。他说：“吾民国之国是如何定之，吾不敢知，然万事根本实在乎财，吾国大患尤在夫贫。苟一旦民穷财尽，则国与民皆不免于破产。国家破产，外侮立乘；国民破产，盗贼愈甚，而皆不免于亡。”发展经济、国富民强才能抵御外侮，维护安定的社会环境，这是陆费逵实利主义教育观的出发点。

由于“重义轻利”、“学而优则仕”等传统观念的影响，人们的生计能力非常有限。陆费逵描述道：“吾国人之习性，下等社会虽能耐劳，而知识缺乏，生活之力遂以薄弱；上等社会文弱优柔，既无耐劳之筋力，又无谋生之能力。若长此以往，恐全国皆游民、皆饿莩矣。”为此，非实施实利主义教育不可。“今日教育方针，亟采用实利主义以为对症之药，效果如何尚难予必，安可更益优柔文弱之媒哉？”因此，陆费逵明确提出实利主义教育是其他各育的基础。实利

① 教育部公布教育宗旨令. 教育杂志. 1912，4（7）

主义非惟药贫，实足以增进国力，高尚人格，非此则其他诸育“亦将无所附丽”。他还具体解释它们之间的关系：“足食方能足兵，生计不裕侈言尚武，则大乱随之。古今中外断无无财而可以强兵之理。况今世战争恃力者三，而恃财者七，无财则任何勇武之国民必不足以取胜，此军国民主义之有恃乎实利主义者一也。”衣食足而后知礼义，饥寒不免则道心变为盗心矣。“此公民道德主义必恃乎实利主义者又一也。”出世间之观念，优美尊严之感情非不美也，然过于重视则不免流于优柔文弱，数千年来吾国教育即误于此，“孔孟之轻利重义，黄老之恬退无为，其成效既如彼矣，今日顾可继以世界观美感二主义益其误耶?”换言之，世界观、美感教育仍需以实利主义为基础。他概括道：“窃谓民国教育方针宜以实利主义为标帜，勤俭耐劳为学风，普通人们宜令具生活之知识技能，俊秀之士宜令备指挥监督之才，或注意于研究发明。人人有谋生之力，生活稍裕，则可以为军国民，可以为公民。其上焉者可以研究哲学，求出世间之知识，养美丽尊严之感情。”

陆费逵认为，实利主义并非完全等同于实业，也并非完全等同于手工图画，“其精神所在则勤俭、耐劳、自立、自营，则民智民德进而社会国家亦进步矣”[①]。陆费逵这里所指的这种精神，与一般意义上学校德育的内涵不同，主要指生活情操、劳动观念及劳动态度等方面，涉及职业道德的范畴。

在此之后，由于民初社会发展实业的要求十分迫切，使得人们首先考虑的是尽快有一定数量的实业人才，所以对实利主义持相同态度的人们逐渐将思考和焦点聚集在实利主义教育规模的扩大上。

有学者认为，实利主义教育包含实业和道德的内容。“凡有利于实际者，皆谓之实利。故利己利人，实利主义也；利国利民，实利主义也。约言之，勤劳俭朴储蓄等，对于己之实利主义；信义协济和平等，对于人之实利主义也；团结贸易经济等，对于社会之实利主义也；兴业纳税助响等，对于国家之实利主义也；交通竞争比较等，对于世界之实利主义也。”[②] 所以，倡导以实利主义为教育方针的人们心目中的实利主义，是特定的教育上的实利主义。因此，有人主张，通过多设实业学校增加普通学校的实业学科、实行实业补习教育等途径，实施实利主义教育。还有论者提出，工业是实业的核心，“而

---

① 陆费逵. 民国教育方针当采实利主义. 教育杂志，1912，3（11）

② 庄俞. 论教育方针. 教育杂志，1912，4（1）

优良适切之技术家相继出现。最为工业发达之主因”①。应该发展从初级到高级的各类工业学校，施行“工业教育”。事实上，在此期间各种类型的实业学校均得到了大力发展。

表 3－1　1912—1916 年实业学校数量统计表

	种类	内容	1912 年	1913 年	1914 年	1915 年	1916 年
甲种实业学校	农科	学校数	39	42	41	42	41
		学生数	4 512	4 698	4 698	4 659	4 982
	工科	学校数	22	20	22	30	21
		学生数	8 128	3 442	3 207	3 913	3 436
	商科	学校数	18	20	19	24	22
		学生数	1 899	2 116	1 695	1 969	2 106
	合计	学校数	79	82	82	96	84
		学生数	14 539	10 256	9 600	10 541	10 524
乙种实业学校	农科	学校数	219	244	270	288	282
		学生数	9 526	10 952	12 736	11 521	11 500
	工科	学校数	90	105	105	91	59
		学生数	5 192	5 455	5 699	4 706	3 238
	商科	学校数	32	50	68	110	100
		学生数	2 539	3 127	3 637	4 440	4 827
	合计	学校数	341	359	443	489	441
		学生数	17 257	19 534	22 072	20 667	19 565
共计		学校数	420	481	525	585	525
		学生数	31 796	29 790	31 664	31 208	30 089
一般教育共计		学校数	87 272	108 448	122 286	129 739	121 119
		学生数	2 933 387	3 643 206	4 075 338	4 924 251	3 974 454
甲、乙两种实业教育与一般教育的百分比（%）		学校数	0.48	0.46	0.42	0.45	0.43
		学生数	0.108	0.081	0.077	0.072	0.075

注：1916 年的数据没有包含四川、贵州、广西三省。

① 葆灵．工业教育之先决问题．教育杂志，1912，4（2）

（二）实利主义教育思想指导下的实业学校课程

民国初期学制中实业学校的科类划分与清末大体相同。但民国初期的乙种实业学校尚含工业类，分农、工、商、商船四类，各类又设若干科（商业不分科）。按照《专门学校规程》与《实业学校规程》规定，科类划分如表3－2：

表3－2　民国初期实业学校科类划分

	专门学校	甲种实业学校	乙种实业学校
农业类	1. 农学科 2. 林学科 3. 兽医学科 4. 蚕学科 5. 水产学科	1. 农学科 2. 林学科 3. 兽医学科 4. 蚕学科 5. 水产学科	1. 农学科 2. 蚕学科 3. 水产学科
工业类	1. 土木科 2. 机械科 3. 造船科 4. 电气机械科 5. 建筑科 6. 机织科 7. 应用化学科 8. 采矿机械科 9. 电器化学科 10. 染色科 11. 窑业科 12. 酿造科 13. 图案科	1. 土木工科 2. 金工科 3. 木工科 4. 电气科 5. 染织科 6. 漆工科 7. 应用化学科 8. 矿业科 9. 窑业科 10. 图案绘画科	1. 金工科 2. 木工科 3. 藤竹工科 4. 染织科 5. 窑业科 6. 漆工科
商类	商业科	商业科	商业科
商船类	1. 驾驶科 2. 机轮科	1. 航海科 2. 机关科	1. 航海科 2. 轮机科
医药类	1. 医学 2. 药学	—	—
美术、音乐类	美术、音乐	—	—
外语类	外语	—	—

各类实业学校科目或课程又分别明细如下：

1. 甲种实业学校各科科目

甲种农业学校预科科目：修身、国文、数学、理科、图画、体操，并得酌加地理、历史、外国语、唱歌等。本科通习科目：修身、国文、数学、物理、化学、博物、经济、体操、实习，并得酌加地理、历史、外国语、法制大意、簿记、图画等。专习科目与实业学校大同小异，都增设新科目。

农学科专习科目：土地学、肥料学、作物学、园艺学、农产制造学、畜产学、养蚕学、病虫害学、气象学、农业经济、农业法规、森林学大意、兽医学大意、水产学大意等。比较清朝实业学堂的科目，没有大变动，但增设了农业经济、农业法规等科目。

森林学科专习科目：造林学、森林保护学、森林利用学、森林测量学、森林工学、测树术及林价算法、林产制造学、林政学及森林法规、森林经济学、狩猎学、气象学、农学大意等。比实业学校增设了森林工学、林政学及森林法规、林产制造学等科目。

甲种工业学校各科科目：

甲种工业学校预科科目：修身、国文、数学、理科、图画、体操，并得酌加地理、历史、外国语、唱歌等。本科通习科目为修身、国文、数学、物理、化学、图画、体操。与清朝实业学堂比较增加了机械工学大意、工业卫生、工业经济、工业簿记、外国语、实习，加强了专业的基础理论课程。此外，并得酌加历史、地理等。但木工、漆工、图画绘画三科可缺机械工学大意。

各科的专习科目，与实业学校比变化不大。

金工科：应用力学、工场用具及制造法、制造用机械、发动机大意、制图等。

木工科：房屋构造学、建筑材料学、施工法、工场用具及制作法、建筑沿革、装饰法、制图等。

土木工科：应用力学、测量学、铁道学、河海工学、道路学、土木材料学、桥梁计划施工法、制图等。

电气科：应用力学、工场用具及制作法、发动机大意、电磁学、电气工学、制图等。

甲种商业学校科目：

甲种商业学校预科科目：修身、国文、数学、理科、图画、体操，并得酌加地理、历史、外国语、唱歌等。

甲种商业学校本科科目：修身、国文、数学、外国语、历史、地理、法制经济、簿记、商品商事要项、商业实践、体操，并得酌加其他科目。

2. 乙种实业学校各科科目

乙种农业学校各科科目：

比初等实业学堂的各种科目通习科都有增加：修身、国文、数学、博物、理化大意、体操、实习，并得酌加地理、历史、经济、图画等。比清朝初等学堂增加了博物、理化大意。

农学科：土壤学、肥料学、作物学、园艺学、养蚕学、病虫害学、气象学、家畜学、农产制造学、林学大意等。比清朝初等学堂增加了园艺学、养蚕学、农产制造、林学大意。

乙种工业学校各科科目：

通习科目：修身、国文、数学、理化大意、图画、体操、实习，并得酌加历史、地理、外国语等。

金工科：金工材料、工具体用法、金属工等。

木工科：木工材料、工具体用法、房屋构造法、家具制作法、制图等。但专授大工者，可缺家具制作法，专授细工者可缺房屋构造法。

乙种商业学校科目：修身、国文、数学、地理、簿记、商品商事要项、体操，并得酌加其他科目。与初等商业学堂科目大致相同。

乙种商船学校通习科目：修身、国文、数学、体操，并得酌加其他科目。

航海科：商船运用术大意、航海术大意、海上气象学大意等。

农工商实业补习学校科目与补习学堂科目大致相同。

四、实用主义教育与职业教育课程

（一）黄炎培、庄俞等的实用主义教育思想

继蔡元培、陆费逵之后，主张实利、实用教育的还有黄炎培、庄俞等。他们在提法上与前两者有一点区别，即将实利主义改为实用主义、实业主义。

1913年，黄炎培撰写了《学校教育采用实用主义之商榷》一文，他认为实用主义教育的目的是使人有自立之能力，德育也宜归于实践。为此，他提出“以实业为教育中心”的口号，把实用、实业教育的精义归结为“养成活用知识技能于实地之习性”。[①]后来黄炎培的职业教育思想即是其实用主义教育的发展。与黄炎培同时，在民初提倡实用主义教育的还有庄俞。庄俞（1876—1938），中国近代出版家、教育家，字百俞，又字我一，江苏武进人，早年与人创设体育会、演说会、天足会、私塾改良会、藏书阅报社等，开展社会教育活动。24岁受聘为武阳公学教习，后入商务印书馆，先后参加编写《最新教科书》、《简明教科书》、《共和国新教科书》、《单级教科书》、《实用教科书》、《新法教科书》、《新学制教科书》等多种课本。1913年后与黄炎培等提倡实用主义教育，在教育界引起较大反响。庄俞在同期《教育杂志》发表《采用实用主义》一文，赞成黄炎培“学校采用主义”的倡议，提出了实用主义教育观。他的观点与陆费逵、黄炎培很接近。他说：“在教育上正当之目的，须与物质的、精神的、关于生活上之准备，故正当学科宜从人生必要事项，而示以各种活动之顺序。第一使其能直接得生活上之实用。第二使其能间接得生活上之实用。……教育家当与人以最良之方法，使人人能自营生活，则人人斯德为人之价值。……一言以蔽之，教育儿童自当养其用之知识为主。”

在教育界人士的大力倡导和积极推动下，实利、实用、实业教育思潮受到社会的普遍重视，各书店出售的教科书上均标明“实用”二字，以表示崇尚唯实主义教育。1913年8月，教育部公布了《实业学校令》十一条，对唯实主义教育的发展起了推动的作用。同年8月，教育部还公布了《实业学校规程》六十条，规程包括通则、附则及对农业、工业、商业、商船、实业补习学校的具体规定，而且还增设了女子职业学校，专授妇女以职业技能，为她们将来自谋职业、自谋生活创造条件。

庄俞大量引证了西方近代教育家如夸美纽斯、洛克、卢梭、裴斯泰洛齐关于教育与社会、与生活及生产之联系的论述，并列举日本教育实施实际主义、生活主义所取得的社会效益，批评当时教育主持者“但知筹巨款，建大学校、专门学校，规模求其宏，仿效求其似”，而实际上“按之实用，相去不含霄

① 黄炎培．学校教育采用实用主义之商榷．教育杂志，1913，5（7）

壤”，“长此不变，事倍功半，而国已隐受其祸矣”。他主张：“在教育上正当之目的，须与以物质的精神的关于生活之准备，故正当学科，宜以人生必要事项，而示以各种活动之次序：第一使其能直接得生活上之实用，第二使其能间接得生活之实用。”使我国得一学校即得一学校之实用，得一学生即得一学生之实用，如此则“数十年后，无论何学校何学生皆为实用学校实用学生，其裨益于国家何如耶”！

庄俞认为，自清末实施“新教育”以来，学校教育迅猛发展。但其间暴露了大量弊端，而解决问题的良方秘药正是实用主义。“学制公布，学校议建，学生骤增，表面观察，今日教育岂不曰有进步？然而一则虚伪，二则剿袭，三则矜夸，四则敷衍。一言决之，如是现状，于国家鲜有实际，……欲救今日教育之弊，非励行实用主义不可。何则？虚伪、剿袭、矜夸、敷衍，无一不与实用主义有极端之反对，实用主义不得推行，则此种积弊，决难扫荡廓清。今日教育家，可不龄此三致意乎？”

实用主义思潮对中国教育的影响是非常重大的。自提出这一概念后的一年时间里，黄炎培四处考察宣讲实用主义教育思想。教育界人士对他的来访“一见倾心，莫不以实用主义为其谈话之资料。盖此四字印于一般教育者之脑海深矣”。如教育总长汤化龙与黄炎培晤谈时，“言中学教程，应注重科学，科学应注重实用”。黄炎培激情昂扬地说：“综而观之，此一年间之实用主义不可谓无突飞之进步。其始尚不免致疑于斯主义者，今则罕闻异议矣。鼓吹之声愈唱而愈高，响应之区渐推而渐广。而一部分之教育界盖已由研究进于施行。”① 黄炎培的自述并非自诩之词，后人在论及黄炎培《学校教育采用实用主义之商榷》一文的影响时说：“实用主义的提出不能不谓我国教育上的大革命。自黄、庄二氏大声一提倡，全国教育界观念为之一大变。”② 当时，中华书局、商务印书馆编辑出版的中、小学教科书，均冠以“实用主义”四字以广招徕。难怪近代教育史学家舒新城称实用主义“于民国二、三年间，蔚为一种思潮，流行全国”③。

---

① 黄炎培．实用主义产出之第一年．教育杂志，1915，7（1）

② 陈青之．中国教育史．转自毛礼锐，沈灌群．中国教育通史（第5卷）．济南：山东教育出版社，1988．542

③ 舒新城．近代中国教育思想史．上海：中华书局，1932．148

（二）实用主义的职业教育课程

无论是“实利”、“实用”，还是“实业”教育思想，都是针对封建教育脱离生活、远离社会的弊端，为适应中国生产力发展和商品经济发展的需要而提出的。主要内涵都是学校教育应与学生生活、与社会实际需要相联系。1919 年杜威来华讲学后，实用主义思想虽有了新的内容，但是其实质没有多大改变。实利、实用、实业主义教育思潮的兴起是为了促进发展资本主义经济，提高社会生产力，振兴实业的需要，在科类和课程设置上突出的是唯实的精神。在此期间及以后数年内，实业教育得到了社会各阶层的广泛认同，并得到了大力发展。由于中国小农社会根深蒂固的经济结构、宗法制度的深厚基础以及传统思想观念的影响，虽然从不同途径和以各种方式移植、模仿西方近代工业社会建立的教育体制，但推行近五十年的“新教育”革新收效甚微。首先，人们仍视学校教育为光宗耀祖的途径，科举的气息在一般民众中未曾淡弱；其次，学校教育与社会实际之间存在着很大的距离，甚至出现与现实生活及生产相背离的状况。学校毕业的学生不仅没有谋生的技能，反而丧失了谋生的能力，学校几乎成了新的士大夫阶层的培养基地。这种学校教育愈发展，失业游民就愈多。如何克服教育近代化过程中出现的新问题，将引进、学习西方先进的教育体制与中国社会实际结合起来，根据中国的社会特点，有选择地学习、消化和吸收西方有益的东西，建立具有中国特色的教育体制，解决教育与学生日常生活及生产需要之间的联系，教育与一般民众之实用知识、实用技术之间的联系，尤其是普通教育与社会产业结构的水平及特点间的联系等问题，成为当时社会亟待解决的问题。

在实利、实用、实业等概念提出后，教育界又提出了职业教育的概念，职业教育虽然和实业教育是有区别的两个概念，但是，在教育目的、教育内容、人才培养目标等方面都强调“实”，因此，职业教育也属于唯实主义的教育思想。职业教育是针对大多数中小学毕业生找不到工作，面临生计危机的情况，以及在当时国际上兴起的职业教育热潮的背景下提出来的。当时，以著名职业教育思想家黄炎培为代表的一批教育界人士认为，只有实施职业教育才有利于解决中小学毕业生的生计问题。

1913 年，黄炎培撰写《学校教育采用实用主义之商榷》一文，同年 10 月发表于《教育杂志》第5卷第7号。这是一篇最早而又较全面地反映黄炎培职业教育思想的重要论文。在该文中，黄炎培从理论上论证了教育与生活、学校与社会相联系的必要性与可能性；结合我国普通教育、实业教育的实际情况，具体地提出了改革各科教学内容和教学方法，以及实用主义教育的方案。

黄炎培认识到当时仅通过多设实业学校，在普通学科中加设实业科，提倡实业补习教育等途径实施实业教育，并不能从根本上解决教育中存在的弊端及有效地促进实业教育的发展。新式教育、包括实业教育得不到发展是由于脱离实际、脱离生活、专重文字的封建传统教育遗风的影响，同时新式教育、实业教育在实践中出现了因脱离中国社会实际而诱发的新的问题等两方面的原因造成的。黄炎培尖锐地批评了当时教育存在的弊端和造成的恶果：师范学校的学生，“则伦理学名词难记；心理学概念观念不能区别，意志二字不能解释；教育理论但知外国人名，而学说之取义未明；理化方程式，但识外国文记号，氧气性质如何、居室通气法如何，均未能明；代数算术习题，均待教师板演而抄之”[①]。普通学校学生，“习农则畏勤动之多劳，习商则感起居之不适。而自实际应用上观之，其所学固一无所得也”[②]。他感慨万千地说：“循是不变，学校普而百业废，社会生计绝矣。[③]”他大声呼吁必须“打破平面的教育，而为立体的教育”；“渐改文字的教育而为实物的教育”。具体来说，就是要“从事于普通学科之改良”[④]，使普通学校设置的诸学科能“活用于实地之业务”[⑤]，管理训练亦能“适于实际之生活”[⑥]，真正实现“以教育为实业之先导”[⑦]，“以实业为教育之中心”[⑧]的理想。黄炎培对小学各科如何以实用为目的进行改良提出了具体办法：例如，国文科目所选用的材料应全部是实用的；作文体裁应多以应用文体为主；历史科目除讲授近代历史大事外，主要介绍职业界的名人轶事；地理科目要求多用画图、少用文字的方式讲授，画图由学生自己完成；算术科目则学习各种度量衡器、土地丈量、珠算簿记；体育科目则结合学校具体情况教会学生生活所需的一两种运动，如游泳、骑马等。总的来说，小学课程的内容应以日常生活与生产的实际需要为中心；不拘泥于学科内容的系统化，重在具体运用，因地制宜地安排教学内容；应使各门课程的学习有互相促进的作用。

1916年以后，职业教育思潮兴起，提倡加强教育与职业的联系，1922年11

---

①、②、③、④、⑤、⑥、⑦、⑧　陈元晖．中国近代教育史资料汇编（教育思想）．上海：上海教育出版社，2007．788～793

月北京政府颁布壬戌学制，职业教育制度正式取代了实业教育制度，从而确立了职业教育在学制中的地位。

1922年国民政府公布的学校系统改革案，其中所定学制标准为七项："（一）适应社会进化之需要。（二）发挥平民教育精神。（三）谋个性之发展。（四）注意国民经济力。（五）注意生活教育。（六）使教育易于普及。（七）多留各地方伸缩余地。"从中我们可以看出，学制改革令所体现的平民教育思想和职业教育思想。

这个时期，教育部对职业教育没有正式颁布统一的法规和具体的宗旨。职业教育实施的原则与办法的制定主要是中华职业教育社及其发起组织的全国职业学校联合会起重要作用。职业教育在新学制的影响下有两大改变：一是将过去沿用的实业学堂、实业学校一律改为职业学校。原在高等教育等级上的实业教育仍为专门学校。二是学制的转变。在此之前，清末与民初的学制在初等小学以后即分为普通教育与实业教育，而1922年的新学制则由小、中、大学一线相承，将职业学校、师范学校与普通中学混合成一种综合中学。教育部之所以这样做，是为了适于发展个性，因而采取选科以适应学生兴趣及照顾升学与就业两种准备的所谓"纵横活动"制。同时，也可使职业学校与普通中学立于同一基础线上，以此提高社会对职业教育的评价，消除轻视职业学校的心理。

新学制公布后，职业教育科类仍然沿用1912—1913年学制实业教育的科类划分，但各地可根据地方的实际需要设置，具有较大的灵活性。

1917年中华职业教育社建立后，宣布职业教育分为五类：农业教育、工业教育、商业教育、家事教育、专门职业教育。各类别下可分科，对过去不顾地方经济情况呆板划定科别的规定有所改变。

黄炎培在《我对新学制的希望》一文提及"闻某省甲种工校，以当地产兽毛设毛织科，教育厅批斥之，谓部规程只有机织科，无毛织科，此等奇语，立法者所不料"。

新学制对课程并无正式规定。1923年10月，全国教育联合会议定新学制师范及职业科课程标准，组织委员会公布袁希涛、段育华、金曾澄、王希禹、黄炎培为委员，而职业课程属中华职业教育社，该社推举朱经农、周秉文、王舜成、黄异、赵师俊、杨鄂联为委员，组成职业课程标准委员会，分任起草拟定职业学校课程标准。委员会会议议定分职业教育为三个阶段：以招收四年初小毕业而已届职业教育年龄者为第一阶段；以招收高小毕业者为第二阶段；以招收初级中学毕业者为第三阶段。草案经征询专家意见后，1924 年 9 月修正定稿，但未正式采用。

对职业学校各学科及分量，全国职业学校联合会曾决议如下：

查职业学校课程，其普遍原则，固在本业知能之养成，然其他与职业相关的知能及人生陶冶问题决不宜因职业学校而废置。故职业学校之教学科目，应有下列三种分配：

1. 职业学科，所以培养各该职业之知能，如农、工、商、家事等各专科是。

2. 职业基本学科，所以培养各该职业知识之基本，如农科之须习生物和化学，工科之须习数学、物理，商科之须习算学，家事之须习理科等是。惟国文、算学为基本必须之学科。

3. 非职业学科，此为人生不可缺之修习，与职业有间接相关之影响者，各级各科性质情形互有不同，设置此等科目，当然不能一致。然至少有下列之三种：（1）关于公民者；（2）关于体育者；（3）关于音乐与艺术者。其教学总课时至少应占百分之二十。

第三节　普通中学中职业课程的内容考察

一、普实分合的历史考察

1922 年新学制颁布，规定职业教育和普通教育合并为统一的综合中学，在普通中学中进行职业教育。

普通教育和职业教育分分合合的历史过程，最早可以追溯到清末 1909 年，当时学部借鉴德国中等教育发展的经验，奏准中学学堂实行文实分科，规定文科以经学、国文、外国语、历史、地理为主科，以修身、博物、理化、法制、理财、图画、体操为通习；实科以外国语、数学、博物、物理、化学为主科，以修身、经学、国文、历史、地理、图画、手工、法制、理财、体操为通习。实行文实分科的目的是希望通过实科的设置，以增加实用科目的学习，但更主要的则是意欲纠正普通中学僵化单一的课程及培养模式，以实科教育来发展学生个性。然而，从实施的效果来看，结果并不是十分理想，主要是因为实科师资缺乏，设备简陋，使各科内容有其名而无其实；加之“分科过早，学生每因年幼而志趣难定，且文实科之科目悬殊过甚，中途转学，困难尤多”①，以致实施未及一年，学部不得不将中学修业时间、修业程度及开设科目重新改订。也正因为中学文实分科存在着以上实施中的困难与弊端，1912 年民国成立后，教育部即下令正式取消文实分科，并在新制定的壬子癸丑学制中规定中学以“完成普通教育，造成健全国民为宗旨”，在普通基础教育的方针指导下，中学课程重新统一起来。

“养成健全人格”的教育目标，本无可非议，然而取消文实分科又使得中学课程过分集中与统一，没有丝毫的伸缩余地，从表面上看似乎避免了由分科造成的种种困难与弊端，实际上，由于中学课程仅以“完成普通教育”为目的，不考虑学生兴趣、爱好等个性差异，且学科的设置太笼统，使学生毕业后升学与就业均感不易，与民初国民经济和社会发展极不适应。因此，当壬子癸丑学制实施后，中学教育阶段问题尤多，除少数学生升学外，大批学生毕业后升学无理论知识，就业无一技之长，而且整日游手好闲。这些现象成为新学制的一大顽疾。所以，随着 1915 年“新文化运动”的兴起，西方教育思潮的迅速涌入，第一次世界大战期间中国迅速发展的民族工商业对大批技术工人的需求，以及接受了美国教育的洗礼和熏陶的一些留学生相继回国后对美国教育的颂扬和宣传，借鉴美国教育制度对原有学制进行改革的呼声甚高，而其中要求改革中学教育，在普通中学设置职业科则更是成为一致的要求。

1916 年 1 月，全国教育会联合会召开的第二届年会认为，中学教育不仅宗旨有误，而且训练不当，建议将普通中学办学宗旨由完成普通教育，造成健全国民改为以完成普通教育为主而以职业教育、预备教育为辅。为此，大会提出，普通中学应“自第三年起，就地方情形，酌授职业教科”，“断不宜以极少数人之升学，牺牲多数人之生计”。翌年 3 月，根据全国教育会联合会所呈建议书，教育部特酌定中学增设第二部，办法五条，以草案形式通行各省区征求意见，其中规定：“中学校自第二学年起，得设第二部”；“中学校第二学年修业生志

① 谢长发. 中国近代普通中学职业科施设的历史考察. 教育与职业，2000（10）

愿于中学毕业后从事职业者，得入第二部”；“第二部应节减普通学科，视地方情形，加习农业或工业、商业。”教育部中学设第二部的计划发布后，大部分中学在观察和研究此项制度的得失，只有少数中学新设了职业科，如天津的直隶第一中学和南开学校分别设了商业科和商科，而位于常州的江苏省立第五中学则设置了陶业科。此后为了从理论上探讨在普通中学实施职业科的可行性，1918 年 10 月，教育部特在北京召开全国中学校长会议，会议的重要议题之一就是要探讨教学如何兼顾学生升学和就业的需要。通过讨论，会议通过了“分设职业科议案”：建议普通中学的目的以预备升学为主，以预备职业为辅；实行文实分科制；女子中学应设简易职业科（如技艺科、园艺科、商业科等），以扩充女子职业。教育部认真考虑了该议案的有关条文，于翌年 4 月下令对现行中学科目进行变通，规定“嗣后各省区办理中学校，得因地方特别情形”对原定科目“酌量增减，并得增减部定各科目之时数”。5 月，又令“各女子中学校自可酌量地方情形，附设女子简易职业科，以资实用”。随之，全国一些主要中学如成都高师附中，江苏二中、三中、四中、六中和八中，浙江二中，安徽二中、四中，奉天庄河县中学等纷纷在第一或第二年设一种或数种职业科，以供学生选择。有些中学虽未明确设立职业科，也多设了有关职业的课程，如南高师附中、江苏一中、江苏一女师附中、上海中国公学中学部、上海浦东中学、河南二中等均如是。这些中学对职业科或职业课程的筹设，为接下来进行的学制改革提供了实践基础。

此后经过反复的论证，1922 年 10 月，在全国教育会联合会第八届年会上，集思广益，制定了“学制修正案”，于 11 月 1 日公布，即壬戌学制，也称“新学制”。该学制明确规定：“初级中学施行普通教育，但得视地方需要，兼设各种职业科”；“高级中学分普通、农、工、商、师范、家事等科”。此后，在新学制的指导和规范下，全国普通中学职业科的施设进入了一个快速发展时期。据中华职业教育社的调查，1925 年 12 月，全国设有职业科的普通中学有 42 所，至 1926 年 5 月，达到 75 所。

二、普通教育中实施职业教育的教科书分析

教科书作为一种教育工具和教育资料，是课程的重要组成部分，也是课程

实施的载体，在整个教育体系中意义重大。近年来对中国近代中小学教科书研究成为一个新的研究领域，人们从历史学、出版学、教育学、社会学等不同的视角对中国近代中小学教科书的发展脉络、编审制度、学科分类、编辑特征、出版机构、作用功能等问题展开了大量的研究，取得了丰硕成果，但也有一些领域仍然存在很大的研究空间，有待学界进一步深入挖掘。如从学科类型来看，对近代教科书的研究成果集中在历史、语文等人文学科类的较多，而对科学等自然科学类及实用技术类的教科书研究较少。自然科学类和实用技术类的教科书直接催生了中国近代工业的兴起与发展，启蒙了人们的现代科学理性。另外，在20世纪初出现了大量的实用技术类学科教科书，如商业教科书、农业教科书、手工教科书等，这些教科书的出现对实业教育和职业教育的发展起到了不可忽视的作用。

（一）彪蒙书室的白话文教科书与实学之兴

1903年，钱塘人施崇恩于杭州创办彪蒙书室，1905年前后彪蒙书室迁往上海，总发行所设在上海四马路望平街。这家书室规模并不大，但其亮点是率先编印了大量的白话文教科书，其中各种初级蒙学语文系列用书，包括识字课本、造句课本和作文课本等，在晚清教育界白话文教育运动中产生了重大影响。

从表面上看，白话文只是一种语言形式，与教育内容的新旧无必然关系，更与当时实学的兴起没有必然联系。但推行白话文不仅仅是一种语言形式变革，更重要的是，这种话语系统的历史性转换引发了人们思维方式的改变，也改变了人们对世界的认识。白话文是传播新文化、新思想的有效载体，推广新教育的有效途径。早在1887年，黄遵宪就提出了语言和文字合一的主张，认为言文合一能够增加读书识字的人数，使农、工、商、妇女、儿童都能够通习文字。“语言与文字离则通文者少，语言与文字合则通文者多。”① 从此，“言文合一”就成了开启民智、普及教育的主导思想，并随着政治变革、社会改造、文化革命等不断深入发展。1898年，裘廷梁发表《论白话为维新之本》，提出“崇白话而废文言”的口号，明确宣称：“愚天下之具，莫如文言；智天下之具，莫如白话。一言以蔽之曰，文言兴而后实学废，白话行而后实学兴。实学不兴，

① 黄遵宪．日本国志（卷33）．广州：羊城富文斋，1895

是谓无民。”因而建议：“便幼学，一切学堂功课书，皆用白话编辑。”“便贫民，农书、商书、工艺书，用白话辑译，乡僻童子各就其业，受读一二年，终身受用不尽。”① 当时“开民智、兴实学”的首要任务是要进行工具的变革——兴白话文。此时，彪蒙书室迅速推出白话教科书，不仅在教科书发展史上留下了重要的足迹，也对各种新式学堂，尤其是各种实业学堂的兴起起到了不可替代的作用。我们很难想象用没有白话文的教科书在近代中国传播科学和技术的景象。

1906年，彪蒙书室出版的《蒙学论说实在易》虽然是一本蒙学作文读本，但其中引入了大量的科学、民主以及强国富民的内容。如《空气有各种能力论》、《万物始于质点论》、《静重学动重学论》、《恒星行星彗星流星论》等是关于自然科学的；《植国之要在法律论》、《欧西政治多博爱主义论》、《泰西国民有议政权论》、《权利与责任相连论》、《国政无一定程式论》、《日本刑罚论》、《大资本家有益于贫户论》等是关于民主与政治科学的；《师范传习所论》、《普通学论》、《专门学论》、《脑筋为主动力论》等是有关教育科学的；《始皇焚书坑儒论》、《大彼得战败以耗兵费比之学生论》、《日耳曼宗教改革论》等是有关历史科学的；《柔软体操兵式体操论》、《衣服宜勤涤论》等是有关体育卫生的；《中国交通新法电报最为发达论》、《推广邮政论》、《铁路矿产赎回自办论》、《名为租借实为割地论》、《南洋群岛属列强管辖论》等是有关经济发展和国家主权的。

（二）尚实的南洋公学《新订蒙学课本》

1896年12月，中国近代实业巨子盛宣怀在上海创办南洋公学。盛宣怀曾亲自担任南洋公学的督办，聘请学术精湛却不求闻达的何嗣焜担任校长，著名的美国传教士福开森博士担任公学的监院兼西文总教习，上海教育界名流张焕纶为中文总教习，颇负盛名的翻译家伍光建、李维格以及薛来西、乐提摩等外籍教师为中西教习。如此规模的师资队伍，充分体现了盛宣怀培养中西贯通新式人才的急切之心。

《新订南洋公学读本》的最大特征就是重视知识的基础性，强调社会的实

① 裘廷梁．论白话为维新之本．中国官音白话报，1898（19、20）

用性。如《新订蒙学课本》的编辑称“小学者，学士农工商，尽人当知之学；非学为政事家文学家义理家也”[①]；在内容上，南洋公学《新订蒙学课本》总的内容虽然有一些儒家“孝悌、忠信、笃敬”等伦理道德的内容，但课文的主要内容是包含教育、文化、政治、法律等的实用的知识，诸如钱币、税捐，乃至制盐、种麦、养蚕、养蜂、制蜜，温度计、望远镜等，无所不有。

南洋公学的《新订蒙学课本》是我国自编的第一本现代教科书，它产生于新旧两种教育体制更替时期，借鉴了西方教科书的成功经验，同时体现了中国的当时的时代特色，反映了中国文化和社会背景。学生通过教科书的学习接触到了科学，获得了有关生活、生计的基础知识。自南洋公学推出自编小学教科书蒙学课本后，其他学堂纷纷效仿，其中最有影响的有无锡三等公学堂、上海澄衷蒙学堂、京师大学堂等。开始了我国自编新式教科书的历史。新式教科书的推广，一改过去教科书内容“空疏无用”的局面，有力推动了唯实主义思潮下的职业教育发展。

（三）第一套国家统编教科书中的科技教育

清末，癸卯学制的颁布（1903）以及科举制的废除（1905），促进了新式学堂大量涌现，在新式学堂以前，各级官学所采用的教材，如四书五经，都由封建统治者亲自选定或亲自组织编纂，以“钦定”的形式颁布使用。清末，随着新式教育的推广，旧教材显然已经不能适应新需求，南洋公学、无锡三等公学堂等校开始自编教科书，并在社会上广泛流传。许多民间机构竞相编辑出版教科书，以获得政治和经济上的利益。晚清政府为了控制岌岌可危的意识形态领域的统治地位，试图通过教科书这一传播最广的途径来达到这一目的。在1906年，由学部编译图书局编辑的《初小国文教科书》出版，至1909年，初等小学各科课本已全部出版发行。1910年，高等小学教科书全部出版发行。虽然学部编译图书局所编教材质量不高，“书目分配荒谬，程度参差，大为教育界所诟病”[②]，但它毕竟是我国正式出版的第一套官方编制的教科书。从此，教科书私家出版与官编出版并行，而私家出版也由完全自由出版变为私家出版学部审定。

---

① 新订蒙学课本（南洋公学第一次印）. 上海：商务印书馆，光绪二十七年（1901）. 2

② 江梦梅. 前清学部编书状况. 中国出版史料初编. 210

《国文教科书》中有大量关于西学类的新知识以及文明生活方式的内容，如《初等小学国文教科书》之第四册有《雹》、《戒酒》、《避雷针》、《戒烟》、《盲哑学校》、《航路》、《地球五带》等，在第一百课《预贺新年》后附有邮政明信片样稿；第六册有《卫生》、《微菌》、《路政》、《公同卫生》、《科仑布》、《显微镜》、《望远镜》、《工业》、《银行》等。这些科学知识和应用技术的传入成为晚清中国经济发展的重要因素。

（四）“最新教科书”系列中的实业教育读本

1903 年，清政府颁布并实施《奏定学堂章程》，这是中国实施的第一个近代学制，标志着中国现代教育的开始。新学制颁布和 1905 年科举废止后，新式学校大量出现，各学堂开始自编教科书，除此之外，一些书局也开始编译出版新式教科书，其中尤以文明书局、商务书局为最著。商务书局是中国近代出版教科书最多、最权威的一家出版机构。1898 年，商务出版了谢洪赉译的《华英初阶》（此书是商务的发家书），1904 年又开始编辑出版《最新初小教科书》16 种 54 册、《最新高小教科书》19 种 41 册、《最新中学教科书》40 种 54 册，总称“最新教科书”。其中伍光建编的包括《光学》、《力学》等九种一套理科教科书，是当时我国仅有的一部比较完整的理科教材。“最新教科书”是第一套按课程门类，分学年、学期、年级，分册编写的教科书，初小教科书除国文外，还有格致、算术、修身、笔算、珠算入门、地理等科目；高小教科书有国文、历史、地理、理科、算术、珠算、修身、农业和商业等科目；中学教科书包括动物学、植物学、矿物学、物理学、化学、生理学、代数、平面几何、立体几何、三角、用器透视画、投影画等科目。

新教科书在内容上突出综合实用性。“凡关于立身、居家、处世，以至事物浅近之理由与治生之所不可缺者，皆萃于此书。”如《最新初等小学国文教科书》“各册 60 课中，理科、历史类约占 15 课，地理类占 9 课，修身实业类各占 7 课，家事、卫生、政治、杂事类共 7 课”。《最新高等小学理科教科书》“取自然科学（天文、地理、物理、化学、生理卫生、动物、植物、矿物诸科）全体之要理”，“第一、二册以动植矿物、地文为主，第三、四册，以物理、化学、生理卫生为主，读此，则一切小学博物理化教科书，均已包孕无疑，足为中学之基础”。同时教科书的内容还注意农业、工业、商业等实用知识和尺牍等日常应用知识，如《最新初等小学国文教科书》第五册（光绪三十二年四月七版）第二十六课为《账簿》，用两个版面清楚地呈现"账簿"样式，在此书的最后还附有"信函"的书写式样等。足见"最新教科书"内容之丰富、广泛以及与现实生活的联系。特别值得一提的是，该教科书各册把大量的新知识及新事物呈现在学生面前，如与现代科技相关的有电报、电话、望远镜、五带之生物等，充实了国人的头脑、开拓了国人的视野，改变了国人的观念。

（五）民国初期的教科书中的实业教育

1911 年，辛亥革命推翻了中国两千年封建帝制，中国从封建专制时代步入民主共和时代。随着国体的变更，前清封建旧教育从制度上完全崩塌，中国教育开始了新纪元。为了迅速革新以忠君尊孔为核心的封建教育，民国教育部在 1912 年 1 月 9 日成立之后立即颁布了一系列政令，9 月公布《教育宗旨》，实行壬子癸丑学制，废除旧教育，实施新教育。《普通教育暂行办法》、《普通教育暂行课程标准》规定"各种教科书，务合于共和民国宗旨，清学部颁行的教科书一律禁用，其中有尊崇满清朝廷，及旧时官制、军制等课，并避讳抬头字样，应由各该书局自行修改"[①]。这两个文件体现了民国政府清除封建教育的原则立场，反映了建立新式教育的要求，成为民国初年改革封建教育的最早的纲领性文件。根据新的教育纲领、新的教育体制的要求，各大书局迅速开始了新教科书的编写，其中最具代表性的是中华书局出版的《中华教科书》、《新制中华教科书》和商务印书馆出版的《共和国教科书》。

1912 年 2 月，新成立的中华书局迅速推出了"中华新教科书"。该套教科书包括小学、中学、师范学校各年级的各科课本，整套书从 1912 年正月开始出版，1913 年出齐。该套教科书是"中华民国"成立后反应最快、出版最早的基本符合新政体、新思想的教科书，又由于赶上春季开学，一经出版立即受到社会的欢迎，并为各学校广泛采用。这套教科书的即时推出打破了商务印书馆的垄断地位，使中华书局一夜成名。但该套教科书是在民国政府新学制和新宗旨颁布以前出版发行的，难免有重要缺陷。如在学制方面该套教科书是按照一学年两个学期，春季始业编写，新学制于 1912 年 9 月公布，改春季始业为秋季始

① 陈元晖．中国近代教育史资料汇编（普通教育）．上海：上海教育出版社，2007. 473

业，一学年分为三学期。再比如，由于出于商业的考虑，中华书局第一套“中华国文教科书”在编撰时是秘密进行的，当时新学制和新教育方针都没有颁布，而且为了抢占民初的教科书市场，出版也较匆忙，所以与共和政体相关的民主政治内容以及符合时代精神的内容体现不够。

中华书局针对新学制要求迅速编制了一套新的教科书，名为“新制中华教科书”。“新制中华国文教科书”出版于1912年12月，包括初等小学（国民学校）国文教科书、教授书各12册，高等小学国文教科书、教授书各9册（1学年3期3册），[①] 后又陆续出版了中学校用《新制国文教本》4册、《新制国文教本评注》4册，国民学校用《新制国文教案》12册。

与“中华教科书”相比，“新制中华教科书”比较全面地贯彻了南京临时政府的教育宗旨和新教育方针，刻意从新教育这个角度去体现教科书的时代特色。如《新制中华国文教科书》（初小）的编纂旨趣为“甲、遵守教育部所定教育宗旨，注重道德教育，以实利教育军国民教育辅之，更以美感教育完成其道德。乙、阐发共和及自由平等之真义，以端儿童之趋向。丙、提倡国粹以启发国民之爱国心。丁、兼采欧化以灌输国民之世界知识。戊、注重国民常识以立国民参政之基础。己、表彰汉满蒙回藏之特色，以示五族平等。”[②] 由此可以看出，《新制中华教科书》在编制过程中，克服了《中华教科书》的不足，在内容上已经大大不同于清末时期的教科书，甚至是自己编写的《中华教科书》。在内容的选择上尽量选取新知识，尤其是小学用书，如初等小学用书就从修身、历史、地理、理科、实业、人事、游戏、国民知识、世界知识多个方面进行选材，力求“不独授文字，并授儿童以普通知识”。理科方面，以天然物及自然现象直接关于人之生活者为主；实业方面，从农业、商业、工业选材，“务养成儿童始业知识，以立谋生之基础”。

“共和国教科书”是民国成立之初最早的教科书之一，这套教科书由商务印书馆编辑出版，是商务印书馆在民国成立后的第一套教科书。这套教科书包括了初小、高小和中学的教科书，除了有适用初小、高小的农业和商业教科书外，在其他教科书中也选取了大量的实业方面的材料，如初小第六册的《汽机》、《汽船》、《汽车》，第七册的《投报》、《日报》、《日记》，第八册的《邮

① 新制中华国文教科书（初等小学用第五册）．上海：中华书局，1911
② 中华教育界（第2卷第9期）．上海：中华书局，1913

政》、《电报》、《电话》、《租税》等。

在以后各书局陆续发行的一些教科书里面或多或少都包含了实用的农业和商业常识与技术。如中华书局出版的《新式农业教科书》，内容包括家禽养殖、养蜂、养蚕、水产养殖、水产制造、林业、果树栽培等。

通过对以上几套教科书的简要分析，可以看出，晚清民国时期，随着中国社会近代化的进程，民族资本主义经济的发展，人们对掌握科学技术和实用性知识的需求越来越高，教育顺应潮流承担起了这一社会责任。从晚清时期的“实业救国”思潮，民国成立之初的“养成国民智识技能，完足普通教育”的教育宗旨，到后期“以完足普通教育为主而以职业教育、预备教育为辅”的教育方针，普通中学的课程和教科书中增加了大量的自然科学和应用技术的内容。

第四章　晚清民国时期职业教育课程实施

课程实施是指把课程目标或者某项课程计划付诸实践的过程。课程实施是课程目标是否得以成功实现的关键环节，同时也是检验课程方案的一个不可缺少的环节，只有经过课程实施，才能验证课程目标的优劣，并在付诸实践的过程中及时调整、修订方案，使之不断臻于完善，走向常规化或制度化。课程实施既不等于简单的课程目标的重复，也不是课程目标的机械照搬，也不是在教学中自然而然地线性展开，课程实施是一个复杂的、动态的过程，是课程环节中最复杂、最难于控制的阶段，它受制于多种因素的影响与制约，不可能完全事先预定，许多问题必须在实施中才能实现，也只有在实施中才能找到解决问题的办法。影响和制约课程顺利实施的因素有很多，笼统地划分，主要取决于两类因素：一类是人的因素，即政府和社会的重视以及参与的程度、教师的素质、学生对课程的响应；另一类是物的因素，即实施新的课程目标所需的设备、场地等。

第一节　晚清民国时期职业教育课程实施中人的因素分析

一、以政府行政力量为主体的晚清实业教育课程实施

从洋务实业教育兴起开始，到民国时期的职业教育，应该说政府都是课程实施的有力推动者。经过漫长的历史积累后，职业教育的课程实施逐渐形成了以政府行政力量为主体、社会各界积极参与的特点。

晚清时期，两次鸦片战争极大地震撼了清朝统治者，他们见识到西方炮利船坚的威力，深感“技”不如人，在镇压太平天国的过程中，由于清政府使用了大量的洋枪洋炮，对其威力深有体会，因此在清朝统治者内部形成了主张学

习西方先进技术，尤其是军事技术的洋务派，代表人物有奕䜣、曾国藩、李鸿章等人。洋务派希望通过引进西方的先进技术，来抵御外敌，镇压国内人民的反抗，达到维护其统治的目的。

1861 年，曾国藩建立了安庆内军械所，这是洋务派创办的第一所军事企业。随后，洋务派相继在各地建立了一批近代军工企业，主要有李鸿章在上海建立的江南制造总局（1865 年）和在南京建立的金陵机器制造局（1865 年）、左宗棠在福州建立的福州船政局（1866 年）、崇厚在天津创建的天津机器制造局（1867 年）等。

为了解决军事工业所需要的运输、原料、燃料和资金问题，在 19 世纪七八十年代，洋务派又以"求富"为口号兴办了一批民用工业，其中包括采矿、冶炼、纺织等工矿企业以及航运、铁路等交通运输企业和通讯企业。主要有轮船招商局（1872 年）、开平矿务局（1878 年）、电报总局（1880 年）、上海机器织布局（1880 年）等。

与此同时，国内一部分官僚、地主、商人也受近代企业利润的驱使，开始投资实业。由于他们的资本有限，主要投资于需要资金少、见效快的轻纺工业。其中比较重要的企业有铁匠作坊主方举赞在上海创办的发昌机器厂（1869 年）、华侨商人陈启源在广东南海县设立的继昌隆机器丝厂（1872 年）、轮船招商局会办朱其昂在天津设立的贻来牟机器磨坊（1878 年）等。

作为洋务派振兴实业的产物，为培养洋务事业所需的科学技术人才，以学习"西艺"为主要内容的实业学堂开始出现。实业学堂分为外语学堂、军事学堂和技术学堂三类，从 1866 年左宗棠奏请创办的福州船政学堂开始，以后陆续创办的还有上海机器学堂、福州电报学堂、天津电报学堂、广东实学馆、上海电报学堂、山海关铁路学堂、天津医学堂、南京陆军学堂附设铁路学堂、京师农务中学堂等 25 所。具体开办情况如表 4 – 1：

表 4 – 1　1866—1899 年设立的洋务实业学堂

学堂名称	建立年份	创建地	创建者	专业设置
福州船政学堂	1866	福州	左宗棠	制造、驾驶、管轮、绘事、艺圃
上海机器学堂	1867	上海	江南制造局	机器制造

（续上表）

学堂名称	建立年份	创建地	创建者	专业设置
福州电报学堂	1876	福州	丁日昌	电讯
天津电报学堂	1880	天津	李鸿章	电讯
广东实学馆	1880	广州	张树声	制造、驾驶、管轮
上海电报学堂	1882	上海	上海电报局	电讯
金陵同文电学馆	1883	南京	左宗棠	电讯
吉林表正书院	1883	吉林	吴　大	机器
两广电报学堂	1887	广州	张之洞	电讯
北洋武备学堂附设铁道班	1888	天津	李鸿章	铁路
台湾电报学堂	1890	台北	刘铭传	电讯
湖北方言商务学堂	1891	武昌	张之洞	方言、格致、算学、商务
湖北采矿工程学堂	1892	武昌	张之洞	矿务
北洋医学堂	1893	天津	李鸿章	医学
山海关铁路学堂	1895	山海关	盛宣怀	桥梁、铁路工程
南京陆军学堂附设铁路学堂	1896	南京	张之洞	铁路
江西高安蚕桑学堂	1896	高安	蔡金台	蚕桑
江南制造局附设工艺学堂	1896	上海	林志道	化学、机器
江南储材学堂	1896	南京	张之洞	交涉、农政、工艺、商务
京师农务中学堂	1898	北京	端　方	农业

这些学堂都服从于“自强”、“求富”的宗旨，主要目的是为了培养洋务运动急需的外语、外交、军事、科学技术人才。在“中体西用”思想的主导下，“西文”、“西艺”等“西学”被列入课程，成为洋务教育的重要内容。这些实业学堂的兴办和课程的实施都是以政府的行政力量为主体，带动社会各界的参与进行的。清政府无论是对实业教育的实施还是对实业教育课程的实施都起了很大的积极作用。洋务实业学堂的创办，从表面上虽说是曾国藩、左宗棠、李鸿章、张之洞、刘坤一等洋务派的个体行为，但是实业教育作为一种新式教育，

它是得到了清政府的认可和各方面的支持的。没有政府的大力推行和倡导，实业教育就不可能在晚清出现。

首先，创办实业教育机构以及实业教育课程的实施需要大量的资金来建设场地，购进设备，高薪聘请外籍教师，采取一系列的优惠政策吸引学生等，没有政府的投入几乎是不可能的。民间资本很难克服办学经费、设备、运营、师资等各方面的困难。其次，洋务时期的实业学堂，绝大多数是应军事、国防建设和近代工业发展的需要而产生的。这一办学目标，使得政府不会主动下放办学权，民间力量无法参与其中。另外，近代工业化进程发展缓慢且水平不高，民众缺乏对实业教育给他们带来利益的切身感受，没有市场需求，民间也就没有办新式教育的热情。

甲午战争后，国家和民族处于岌岌可危的境地，朝野上下普遍认为改革势在必行，而振弱图强的途径就是普兴学校，广育人才。晚清政府在内外交困的情形下，革新教育，命张百熙为管学大臣，颁布并实施了第一个近代学制，实业教育正式成为国民教育的组成部分。此时实业教育的实施宗旨有别于早期的洋务学堂，各级各类实业学堂的办学宗旨在学堂章程中被规定，体现了教育宗旨中的“尚实”的旨意。政府明确了举办实业学堂以振兴农工商业使国家富强的目标，要求各地分等级普遍设立，并使全国人民懂得求学得以谋生，欲谋生必先求学，以自振其业。在政府的大力推广下，1907—1909 年，全国实业学堂总数由 137 所增加到 254 所，增长幅度为 85% 以上，且实业学堂学生增长速度也高于普通教育。实施实业教育的主体虽然由附属于政府的洋务机构单一主体转变为政府各部门共同实施，如农工商部立京师高等实业学堂、邮传部立上海高等实业学堂，但是由政府主办的格局依然没有改变。

二、以社会民办力量为主体的职业教育课程实施

与晚清时期以政府行政力量实施实业教育课程不同的是，民国时期实施职业教育的主体由政府转变成了由政府主导、社会办学的形式。

民国成立后，在国家颁布的教育宗旨中明确提出了“实利教育”。1913 年公布的《实业学校令》规定：“实业学校以教授农工商业必须之知识技能为目的。”实业教育由甲种和乙种实业学校实施。甲种实业学校进行完全的普通实业教育，

乙种实业学校进行简易的普通实业教育。职业教育在社会各界人士的倡导、实践中迅速发展，并形成了灵活多样的办学形式，其形式可以概括为以私人办学为主体，私人办学（私立学校）和国家办学（公立学校）两种方式并存。

民国时期职业教育思潮发端于清末的实业教育思想，其倡导者多以民间实业家、教育人士为主，他们纷纷认识到职业教育与民族资本主义发展的密切联系，在极力宣传职业教育的同时，也都着手于实践职业教育，并在黄炎培发起成立中华职业教育社的时候，积极地响应并给予了大力支持，同时各界人士开始设立各种职业学校。据统计，1917—1919 年有 39 家企业和个人向中华职教社捐款 69 730 元，1921 年有 13 家企业、商店及个人捐款 25 466 元，南洋华侨捐款 14 750 元。1922 年中华职教社得到上海金融界领袖宋汉章的署名支持，发行校债券 10 万元。南洋华侨领袖陈嘉庚，从 1917 年起，每年定额捐钱给中华职教社，当时军界、政界的一些有识之士也对职业教育给予了支持，有的本身就积极创办职业教育，如 1919 年冯玉祥将军在北洋陆军任职时，就积极倡导对士兵进行职业培训工作，阎锡山、杨森等也都是职业教育的积极支持者。此时，民族资本家也认识到了职业教育的重要性，便顺应这种潮流，投入到创办职业学校的行列中来。因此，职业教育在 20 世纪二三十年代获得了较大发展，沿海和经济发达地区甚至内陆的部分地区，都出现了一批职业学校，而这些学校以私立学校占绝对优势，详情见表 4 – 2。

表 4 – 2　20 世纪二三十年代公立、私立职业学校对比表

时间（年）	区域	公、私立职业学校总数（所）	私立职业学校总数（所）	私立职业学校所占百分比（%）
1923	北平市	21	18	85.7
1929	上海市	25	24（立案 5）	96.0
1931	上海市	11	8（立案 5）	72.7
1932	广东省	21	15	71.4
1935	上海市	39	37（立案 8）	94.8

在民国时期职业学校中占有主要地位的私立学校，其办学方主要有大力倡导职业教育的人士及团体、民族资本家及其公司企业以及各行各业的商人等，

如黄炎培及中华职业教育社、张謇等，他们办学多是培养社会所需要的技术人员及针对本公司需要来设立学校，如会计学校、商业学校等，而这类学校由于其开销较小，效益良好，在整个民办、私立学校中占有较高的比例。与民办、私立学校相比，当时公立职业学校比重较小，且发展速度也较为缓慢。但在职业教育发展的过程中，不论是公立职业学校，还是私立职业学校，都不能离开政府的大力支持和鼓励。从职业教育思潮的兴起到职业教育制度的逐步确立，民国各发展时期，政府都对职业教育的发展给予了不同程度的重视和鼓励，以此来保证、促进职业教育的发展，正是在民间各界人士及政府的共同努力下，民国时期职业教育的发展才可能取得如此的成绩。民国时期由职业教育的倡导者及诸多民间团体、人士创办的民办、私立职业学校受当时资本主义工商业发展水平的制约和战争的影响，在发展规模和范围上都受到了极大限制，有的民办、私立职业学校在日本入侵后，职业教育发生中断，甚至整个学校销声匿迹。但是总的来说，这种民办、私立为主体的社会办学的优良风气的开创，一方面被越来越多的社会阶层所认识和接受，对职业教育地位的宣传、提高起到了良好的促进作用；另一方面，也为我国在当今社会职业教育发展中探索、寻求多元化的办学模式积累了宝贵的经验。

抗战的最初十年，职业教育的实施可以说是处于一个低谷时期，不仅在质上没有较大提高，而且在量的方面也没有得到持续发展，相反还出现了下降的现象。根据教育部公布的统计数据，1930 年职业学校总数为 149 所，低于 1914 年的 525 所，甚至低于 1909 年的 274 所。政府为谋求职业教育的发展，修订了学制和立法来肯定职业教育制度，将职业学校和普通学校重新独立分设，相继颁布了《职业学校法》、《职业学校规程》、《职业补习学校规程》等职业教育法规。规定了职业学校以地方设置为主，分省市立、县市立、几县联立及私立四种。采取多设职业学校、推行建教合作、增设国立职业学校等措施来大力推进职业教育的实施。到 1936 年职业学校总数达到 494 所（国立 6 所、省市立 162 所、县市立 134 所、私立 192 所），职业教育课程的实施呈现出多元化的特征。

从 1937 年抗日战争开始，由于军工生产与后方建设物质开发的需要，急需技术人才，加上战争使大批青年学生失学、失业，实施职业教育就显得更加紧迫。民国政府于 1938 年 4 月制定并颁布了《抗日建国纲领》与《战时各级教育实施方案纲要》，采取具有战时色彩的措施与方法来实施职业教育。其措施与方法有开展技术教育、扩大建校合作、继续在国内设立职业学校等内容。抗战期间设立的学校有：国立四川造纸印刷职业学校、江西造纸印刷职业学校、四川水产职业学校与国立歌剧学校、国立西南中山高级职业学校、国立商业职业学校、国立边疆职业学校等职业学校。

抗战胜利后职业教育有了发展，主要是通过恢复、接受、增设学校三种途径来实施职业教育。教育部拟订了战后推进职业学校的计划，要求今后大量增设职业学校，为各区培养技术人才，并先后增设了北平高级工业职业学校、上海高级机械学校、湖州高级蚕丝、海事（武昌）职业学校等职业学校。从1946年开始推进培养护士助产职业学校计划，充实职业学校的实习设备，除教育部拨款补助外，还将战后日本赔偿的第一批分配到教育系统的549部机器中的356部配给了专科以上学校，138部配给了职业学校。交通部与海军接受的船只也配拨一部分给商船海事学校，以供实习使用。到1946年全国共有职业学校724所（国立32所、省市立256所、县市立172所、私立260所），在数量上达到了民国以来的最高数，实施水平也有所提高。

民国时期职业教育课程实施从实施的主体因素来看，主要是政府大力扶持，社会各界的广泛关注与倾力投入，这是民国时期职业教育实施获得初步成果的关键原因之一。

三、职业教育课程实施的关键因素——教师

教师是影响职业教育课程实施的一个关键因素。师资数量短缺、素质不高历来是我国实施职业教育课程的一大瓶颈。

洋务实业教育兴办之初，中国并没有合格的师资，经过一定正规培训、适合于实业教育的国内合格的教师可谓凤毛麟角，且多数国人对科技仍持鄙视的态度。真正能胜任高层次实业教育的教师还是洋教员，招募外籍教师成为当时实业教育师资来源的重要途径。

当时洋务派创办的实业学堂在早期几乎全是聘请外国人。李鸿章为了提高实业学堂的教学质量，使学生“技艺精进”、“以求深造”，除了聘请有专长的中国教员外，各学堂还聘请了大量“学问通贯”的外国教员，这些教员主要来自英、法、德、美、丹麦等国。他认为“由臣设立电报学堂，雇用洋人教习中

国学生，自行经理，庶几权自我操，持久不敝”①。实践也证明，这些洋教习绝大多数“能尽心课导，劳瘁不辞”，使学生“渐通西法”。当然，洋教习也是良莠不齐，其中也有品行恶劣、学识低下者。为了更好地调动洋教员的积极性，李鸿章曾多次上奏朝廷，对于“能尽心课导”，使学生“均通新法”、“成效昭然”者，都请朝廷“照章给予奖叙，俾资鼓舞”②。

聘请外国教习在一定程度上缓解了实业学堂教师奇缺的压力，但在实施实业教育课程的过程中也存在很多的问题，如国外教习不能很好理解实业教育课程中“自强”、“求富”的宗旨，对国内实业发展的现实缺乏了解，教学的针对性不强；聘请外国教师费用很高，甚至占部分学堂常年经费支出的大半，影响了课程实施的其他条件；语言基础较差的学生难以适应外语教学，使师生间交流困难，等等，这些都影响了课程实施的效果。

癸卯学制实施后，各学堂教习，均列为职官，定名为教员。实施实业教育课程最大的困难就是教师的问题，尤其是专业技术与实习教员尤为缺乏。这个时期实业学堂的教师主要来源于四个渠道：①设立实习教员讲习所。②聘用外国教习。这个时期因为学制是以日本为蓝本的，所以所聘外籍教习中日本教习居多。据统计，1897—1909 年中等以上 42 所各类实业学堂聘请的日籍教习多达 145 人。③留学生回国充任实业学堂教员。④实业学堂毕业生任教。对各级实业学堂的教员的资格虽然都有在《任用教员章程》中规定，但是实业教育发展初期，教师缺口很大，只能降低要求录用。例如，实业教员讲习所开办的时候，连文化程度合格的学生也难找，不得不降低入学要求，加上学制短，理论和实际技艺均难以掌握，可想而知毕业生的质量。洋教习由于语言的问题，翻译人员不懂实业技术，在翻译的过程中难免误传。这种教师的状况，直接影响了实业教育课程的实施。

民国时期职业学校的教师来源仍然是阻碍职业教育实施的几大问题之一。1913 年教育部公布的《实业学校规程》中规定了甲种实业学校和乙种实业学校以及实业补习学校教员的资格。此外，为扩大实业学校教员的来源，教育部还沿袭了清末设立实业教员讲习所的办法，于 1915 年 9 月在《实业教员养成所规程》中规定由各省拨款在专门学校附设实业教员养成所，以培养甲种实业学校

① 朱有瓛，高时良. 中国近代学制史料（第一辑上册）. 上海：华东师范大学出版社，1983. 485

② 吴汝纶. 李鸿章全集. 海口：海南出版社，1997

的教员。但是由于教育经费紧缺，教师的工资不能按时发放，欠薪现象十分严重，教师的基本生活无法得到保障，导致其无心教学或者离开学校。在此期间，教师索薪、请愿的风潮不断，先是北京8所专门学校的罢课索薪风潮，并力争教育基金独立，然后是武昌、江西、安徽、陕西、四川、河南等全国大范围的索薪风潮。

南京国民政府期间，为了大力发展职业教育，加大了对职业教育师资的培养力度。1933年10月3日政府颁布了《各省市职业学校职业学科师资登记检定及训练办法大纲》，确定了职业教育师资的资格及培训。规定职业学科师资为甲、乙两种，甲种为高级职业学校职业学科师资，其资格为："凡国内外专科以上学校毕业后其有二年以上之职业经验者，或职业界高级技术人员，继续任职四年以上者，得请求登记，充当甲种职业学科师资。"[①] 乙种为初级职业学校及职业补习学校职业学科师资，其资格为："凡高级职业学校，甲种实业学校或高级中学农工商科毕业后具有二年以上之职业经验者，或职业界中级技术人员继续任职四年以上者，得请求登记充当乙种职业学科师资。"[②] 从其对职业教育师资的资格要求上可看出，政府很注重所担任职业学科的种类及其经验，同时也对其师资训练招收人员的资格、训练科目、待遇都有所规定，如职业学科师资训练科目规定，普通学科占10%，职业理论学科占30%，职业技术学科占50%，教育学科（教育、教育心理、职业教育、职业教学法、教育实习）占10%，这些能对职业师资的资格认定及培训起到指导作用。另外，为了稳定从事职业教育的教员不另有他图，也颁布了一些奖励政策，如教育部曾通令，除普通科目教员照中学教员规定执行外，职业学科教员薪俸相应地比普通高、初中教员待遇高30%~40%，以利于聘请和稳定职业学校的专职教师。尽管南京国民政府采取了一系列措施，师资难觅在当时仍是职业教育一个严重的问题。如钟道赞指出"至职业学校之师资问题，甚为严重，一般省市教育当局及主办职业学校者，均感优良师资之缺乏，即幸而获得一、二良善教员，亦每因待遇之低微，不能久于其任，或被薪水较高之机关所争聘，无法挽留"[③]。

抗战时期和战后，教育部等机构颁布了一系列有关奖励措施。如抗战爆发

---

① 国民政府教育部．职业教育法令汇编．上海：中华书局，1935．132

② 国民政府教育部．职业教育法令汇编．上海：中华书局，1935．132

③ 钟道赞．一九三六年中国职业教育之检讨．教育杂志，1937（27）：12

后，各种行业的发展导致对各种专业人才的需求激增，一些职业学校的教师纷纷改行，或进工厂，或入机关，或开商店，以获得优裕的生活，由此导致各地职业学校师资不足，优良师资严重缺乏，这是当时阻碍职业教育的发展最为突出的问题。为了稳定职业学校师资，保证职业教育的正常发展，1940 年 5 月，教育部特制定并颁发了《奖励职业学校职业科教员进修暂行办法》，规定每年设甲、乙两种进修奖学金，名额计 40 名，由教育部资助派送有关教员至学校研究机关或事业机关进行为期半年或一年的进修；进修期满后，这些教员必须回原校服务至少两年时间，若无故中途停止进修或不回原校服务者，须退还奖学金。同时教育部还颁布了《津贴职业学校专科教员及导工薪给暂行办法》，规定自 1940 年和 1941 年起，分别给予工、农科职业学校专科教员及导工和商科、家事科职业学校专科教员一定名额和数额的津贴。稍后，在《国立职业学校职业科目教职员补助金办法》中又明确规定，职业学校教员薪俸较普通初、高中教员提高了 30% ~40%。1941 年 6 月，为推进职业教育发展，教育部又公布了《奖励农工商业团体办理职业学校、职业训练班及职业补习学校办法》七条，对农工商团体设立的职业学校、职业训练班或职业补习学校中成绩优良者给予补助或奖励，以作充实设备、奖励教员之用。1943 年，教育部再次规定：给予各职业学校和国立中学职业部校长、各主任技术人员、教职员及各学科教员工资数的20% ~50% 作为补助金。

国民政府通过一系列职业学校教师资格认定制度和培训制度，以及对职业学校教师的奖励政策，使职业学校的教师队伍的水平不断提高，有效地推进了职业教育课程的实施。这些制度对我国当今职业教育的发展都有非常大的借鉴意义。

四、实业教育实施过程中的学生响应

学生的响应是影响课程实施的人为因素之一。洋务实业教育兴起之初，不仅有师资困扰，优质生源也同样难得。当时社会上弥漫着陈腐守旧的观念，科举入仕作为一般读书人的晋身之阶，仍具有巨大的吸引力。洋务学堂学生一般称为“官学生”或“官生”，官学生被排在进士、举人、贡生、荫生、监生、生员之后，为第七等。为鼓励良家优秀子弟入学，洋务实业学堂采取了“优给

廪食”、“量子升途”等措施。洋务学堂膏火银或赡养银起点一般为三两或四两，优厚的膏火，对清贫人家无疑具有一定的吸引力。膏火银支出占洋务实业学堂经费的很大一部分，然而这种优厚的招生政策并未给职业学校带来大批生源，优厚待遇只能吸引贫民子弟。人们视洋务为异途，进洋教堂、出国留学，往往被嗤之以鼻。学堂招生，应者寥寥。加上风气未开，人多保守，招生的困难是可想而知的。“世俗骛于科名，凡子弟聪颖者必使攻时文、习帖括，其肯送入机器局者第中下顽劣之资耳。”① 直至鲁迅先生1898年赴江南水师学堂读书时尚说：“那时读书应试是正格，所谓学洋务，社会上便以为是一种走投无路的人，只得将灵魂卖给鬼子，要加倍的奚落而且排斥的”。② 传统知识精英集团不肯入新式学堂，使得生源问题成为摆在洋务派面前的严重障碍，从而阻碍了洋务实业教育的发展。

传统的科举晋身的观念导致洋务实业教育的学生素质先天不足。然而，实业学堂毕业升等、奖励出身的做法成为学生谋求官职的阶梯，与原定发展实业，为经济发展培养人才的课程目标相悖，实业学堂的教学仍然拘泥于往日重文学之习惯。获取功名，取得出身，甚至步入仕途谋取一官半职，是实业学堂学生的出路之一。洋务实业教育期间，毕业生一般都由政府录用或授以官职。癸卯学制颁布后，实业教育的实施有了明显的效果，但是除了传统的思想观念阻碍了实业教育的实施外，由于清末经济不振，发展实业步履维艰，实业学堂培养出来的学生也难有用武之地。毕业生除去一些国外留学与任教员的人外，少有能从事实业者，绝大多数学生毕业即失业，实业学堂也被人称为“失业学堂”。这种境况也影响了学生学习实业课程的积极性。

民国建立之初，壬子癸丑学制仍然效仿日本学制。实业教育是一种终结性的教育，学生毕业后直接就业，不以升学为目的。但在传统教育“学而优则仕”的影响下，入读实业学校的学生并不都为毕业后谋一个职业，而是有其他目的。民初虽然废除了“奖给出身”作为升官晋爵阶梯的制度，但在实业学校毕业生的就业问题没有很好地解决的前提下，人们选择职业教育的热情越来越低，接受实业教育的学生无心向学，如果说实业教育“奖给出身”制度作为一种实施实业教育的激励制度，对维系实业教育起到了一定作用的话，那么，取

① 舒新城. 中国近代教育史资料（上册）. 北京：人民教育出版社，1981. 29

② 鲁迅. 鲁迅全集（卷1）. 北京：人民文学出版社，1981

消了这种制度后，人们长期希冀的目标也就不复存在，而就业又成为很严重的问题。至此，实业教育实施在学生这一关键因素上受到冷遇。

随着壬戌学制系统的改革，整个学制仿造美国的学制，实行了一种综合中学的中等教育制度。职业教育和普通教育融合在一起共同实施，这种实施的方法出现了两种情形：一是学校往往把职业教育办成普通教育，学生大都以升学为目的，职业教育不能彻底实施，不符合社会需求；另外一种是相反的情形，同时期的上海中华职业学校的毕业生却颇受社会各界欢迎，以致有的科出现供不应求的趋势。但这种情形是极为个别的现象，总体情况不宜乐观。据教育部官员的实地考察剖析："新学制实行后，取消了甲、乙种名称，统一改为职业学校，或独立或附设于初、高中。专门学校则合并或缩小，改称大学，名义上似剧烈变更，实际无可改造，即年限亦多沿旧制，学科内容、设备、实习时间分配无一不仍循旧习，因循塞责，以图学校之存在。……年来战局频仍，社会元气大衰，原有学校已觉维持之不易，新添建设更无力可言。'办学中'主事者，不计即中等职业学校之原则，注意普通学科与不切实用的职业学理上研究，……造成一种非驴非马之特殊教育。"①

抗战前由于长期军阀混战，加之连年天灾，使得在国民政府成立之初，农村经济严重破产，疮痍满地，民不聊生，当时即便是中产之家也难以供给子女接受大学教育，接受中等教育在一定程度上成了众多学子们追求的终极目标。但鉴于职业学校不仅办理不善，且数量不多（据统计，1930 年全国职业学校仅有 272 所，而其中有 85 所还属于附设于中学或师范之内；该年度全国公、私立中等教育机构中，共计有学生 514 619 人，而其中职业学校仅有 39 647 人，占 7.70%），因此，普通中学门庭若市（1930 年，普通中学学生数为 371 422 人，占接受中等教育总人数的 74.12%），中学的数量远远不敷需要，所以，"省市则竞办高中，县市则竞办初中，甚至县以下各区亦有创办中学之举，而私人之办学者，几若舍中学外无学校可办"（《教育界消息：教部注重职业教育之通令》）。这种在当时不少人看来"教育发达"的现象，不仅导致了原本就举步维艰的职业学校的发展雪上加霜，而且仓促间创立起来的为数众多的公、私立中学由于多存在经费匮乏、校舍狭隘、设备简陋、师资不合格等实际问题，所以，

① 钟道赞. 职业教育之最近现状. 教育杂志. 1935，25（11）

不可避免地存在着营养不良，有其名而无其实。结果，大批中学生毕业后，“以无生产技能之训练无由从事于各种职业，而又自视过高，不能如小学毕业生尚可择就一业，进退彷徨，莫知所适，普通中学遂为世所诟病”（《教育界消息：教部注重职业教育之通令》）。

抗战期间，所有职业学校的学生实行公费制度。1938 年 2 月公布《公立专科以上学校战区学生贷金暂行办法》，战区无经济来源的大专学生可以申请贷金，毕业后以服务所得缴还学校。1941 年教育部通令职业学校一律免收学费，并应设置公费名额至少 30%。所谓免费是指免学杂费，公费是指除免缴学杂费外，还给予最低限度的膳食、制服、书籍等的费用。私立职业学校征收学费，应依照规定，也酌设公费名额。1944 年又经行政院核准，提高职业学校各科学生享受公费的比例，农工医学生 80% 享受公费，商科学生 40% 享受公费。公费制度的推行，大大改善了职业学校的生源结构，使一批家庭经济困难而成绩优秀的学生能够入读职业学校，一改以往富家子弟不愿意读、穷人子弟读不起的局面，同时也为战时流落社会的失学青年提供了入学机会。这一制度，受到了学生的积极响应及社会各界的欢迎，促进了职业教育的实施。但由于 1947 年暑期后，免收学费制度被取消，改为奖学金的原因，使公费名额又减少到总人数的 20%。

第二节　晚清民国时期职业教育课程实施中物的因素分析

职业教育课程实施需要有一定的设备、场地作为保障。因此对职业教育的投入就成为影响职业教育课程实施的另外一大关键因素。

一、晚清政府对实业教育实施的投入

财政困境使本想有所作为的晚清政府处处感到“人穷志短”、力不从心。经费拮据是洋务实业学堂的普遍情况，也是困扰其发展的因素之一。实业学堂不但需要普通学堂所具备的教学场地和实验用具，更需要专门的仪器设备、材

料和实习场地，这决定了实业教育发展的速度、规模、质量尤其会受到社会为其提供的经费数量的制约。“教育经费不足严重影响了晚清时期教育近代化的进程，国家财政形势恶化是教育经费不足的根本原因。”① 离开相应经费作支撑，实业教育的发展将成为不可想象的事情，经费问题是反映实业教育发展的另一侧面，其来源渠道、数额大小和使用情况，折射着实业教育本身的管理和运作，刻画着其内部活动的细节，体现着社会对实业教育所持的姿态和反应，揭示出各投资主体在实业教育发展中担当的角色。② 洋务实业学堂并没有制定明确的财务制度，但各学堂对财务管理均是重视的，一方面是深感有限经费的来之不易，另一方面是管理者为避闲言猜忌，总是在表面上自我约束，故各学堂都有相应的财务管理制度。只是有些学堂提出的是原则性要求，有的则有规范的文本，如杭州蚕学馆兴办之初即提出“勿得以公家之钱，分毫虚掷，丧尽天良。除学堂中酌要必需之款，与关系有用之人，必不能节裁外，其余一切经费，须恳恳节啬，总其事者，当躬自稽核，不稍避劳避怨”③。

中国的传统教育是政教合一的，教育经费来源的主渠道是政府投资。当时，中央和地方之间在教育资金方面缺乏规范的责任划分。肇始于洋务运动时期的实业教育大多依附于由洋务官员主持的洋务机构，经费也经由他们筹措。在筹措实业教育经费上很费周折，渠道可谓五花八门，这显然和当时财源总体匮乏和资金管理制度化程度较低有关。1896 年，张之洞创设南京陆军学堂附设铁路学堂，两项常年经费共需六万余两白银，解决途径是“在江海关新认加解每年四万两，镇江关新认加解每年七千两”，加上各处商捐，基本可以维持。④ 1897 年，直隶总督王文韶奏设直隶矿务学堂，开办经费约需白银四五千两，常年经费每年需银六千两，“即在漠河金厂化尹利杂余项下分别提拨”。1898 年，张之洞筹建湖北农务工艺学堂，校舍是酌借会馆公所的，土地是官方给予的，种植五谷林木暨畜牧之所系租用民田，延募洋教习薪水所需是由善堂义捐款内济凑的。⑤ 真可谓东挪西借，五花八门。

晚清时期，中央政府实际控制能力和财政能力的减弱，不得已而转让其部

① 金林祥，赵会可. 晚清新式教育经费不足原因分析. 宁波大学学报（教育科学版），2002（4）
② 吴玉伦. 清末实业教育制度研究. 华中师范大学 2006 年博士学位论文
③ 朱有瓛，高时良. 中国近代学制史料（第一辑下册）. 上海：华东师范大学出版社，1986. 942
④ 陈学恂. 中国近代教育史教学参考资料（上册）. 上海：人民教育出版社，1986. 9
⑤ 陈学恂. 中国近代教育史教学参考资料（上册）. 上海：人民教育出版社，1986. 15

分职责于地方，地方大员势力相对提升，也为这种转移提供了可能。清政府开始加强对社会力量的重视、引导和奖励。各方呼吁和倡导官员士绅慷慨解囊，政府为实际响应者层层请奖，予以激励。在地方自治背景下，教育事业应由地方主持的观念成为普遍的认识，社会力量在实业教育的兴办中得到相当程度的调动，经费来源和投资主体方面呈现出明显的多元化趋势。下面以一些实业学堂为例。

南洋公学改为实业学堂时的开办经费为招商局和电报局拨付的白银 10 万两；江南格致书院改为实业学堂时开办费为借拨商务局所储官商合办通州大生纱厂息银；顺天府中等农业学堂开办经费由道员程源铨捐助，常年经费由南路各属税类加征学费；湖北中等蚕业学堂的常年经费为每月大洋 1 000 元，由公所拨付大洋 660 元，高等农业学堂拨付大洋 340 元，学费 108 千文（60 名学生的一学期学费）；湖北铁路学堂开办费为大洋 4 000 元，常年经费月支 1 400 元，分别由汉川铁路局、湖南善后局暨铁路总公司筹款提供。

二、民国期间政府对职业教育实施的投入

虽然民国政府对职业教育的实施是相当重视的，在所颁布的各种有关职业教育的法规文件中都对经费投入作出了明确规定，但是由于民国以来战事不断，国库枯竭，经费不足，学校通常只能得到基本的维持费。至民国九年、十年，经费奇缺，最后基本停止拨付教育经费，教育出现危机。国家所属学校往往只有预算没有经费，各省财政也尽充军需。抗战前每年教育经费占国家预算总额一般是 3%，抗战开始后，1937 年是 4.29%，1939 年降为 2.31%，1940 年为 2.4%，1941 年为 3%，1942 年为 1.64%，抗战胜利后为 1.67%。[①] 民国初期教育经费的来源主要有以下几个方面：①政府拨款，中央和地方财政分担；②税收；③公益捐款；④学款与学产，如学田、森林及私立捐助集资基金；⑤学生缴纳的学费。

鉴于当时本来就捉襟见肘的教育经费用于职业教育上更是杯水车薪，1933 年 9 月 21 日教育部特制定了《各省市中等学校设置及经费支配标准办法》，规

---

① 民国教育部. 第二次中国教育年鉴（第二编）. 上海：商务印书馆，1948. 24

定各省市于1937年前职业学校经费在中等教育经费中所占比例不得低于35%，师范学校约占25%，普通中学约占40%。为此，要求从1934年起，“各省市对于中等教育新增经费，应尽先充作职业及师范学校经费，其未能增加者，应就原有经费，逐年缩减中学经费之相当数额，以供扩充职业教育及师范教育之用”。又规定初、高级职业学校每年的经费应参照当地省立初、高级中学，各以增加50%为原则，每年经费中薪俸不得多于70%，设备费不得少于20%，办公费不得多于10%，每年扩充设备费至少应占经费的20%。紧接着，1933年10月3日教育部在颁布的《各省市推行职业教育程序》中再次重申各省市职业教育之经费至1937年至少应占中等教育经费35%的规定，要求各省市“须规定逐年递增办法，使如期达到此项标准”，但实际执行情况并不理想。至1935年，全国职业教育经费仍仅占中等教育经费总数的9.59%，除湖南（43.9%）、江西（36.6%）、安徽（31.8%）等少数省份外，绝大多数省距35%的要求相差甚远。

尽管距教育部的要求有一定的距离，但从绝对数字来看，还是呈逐年上升的趋势，其情况如表4-3：

表4-3 1928—1936年职业教育经费表

年代	1928	1929	1930	1931	1932	1933	1934	1935	1936
职教经费	2 217 480	4 131 919	4 961 991	5 182 191	5 602 899	6 542 968	6 989 936	8 254 001	8 730 591

资料来源：民国教育部. 第二次中国教育年鉴（第十四编）. 上海：商务印书馆，1948. 32

在教育部一系列有关法令文件指导下，不少省市采取缩减普通中学经费移充职业教育之用等办法，使得战前总体而言，职业教育取得了一定的发展。

除此之外，国民政府积极扶持和鼓励职业学校自行组织生产。1940年5月23日教育部颁发《教育部协助职业学校生产资金暂行办法》。该办法规定，对有一定实习设备基础、办理尚佳的职业学校予以生产资金的资助，所受资金协助数额根据科别和实习设备情形决定；受到教育部资助的学校，各省市应同时拨款协助，其协助数额不得低于教育部的款项。

这些政策法规成为民国时期职业教育实施的制度保障。

三、实业家对职业教育实施的投入——以张謇为例

晚清民国时期，在实施职业教育的过程中，实业家的参与是一支不可低估的中坚力量。从洋务派的左宗棠、张之洞、李鸿章、盛宣怀到民国时期的陈嘉庚、黄炎培等，他们都积极参与中国近代职业教育的实施。张謇也是一个典型的代表人物。

张謇（1853—1926），字季直，号音庵，江苏南通人。从幼年起，“以读书励取科名，守父母之命为职志”①，先后参加过乡试六次，会试五次，殿试一次，科场拼搏二十余年，至1894年，终于42岁时金榜题名，高中状元，被授予翰林院修撰。漫长的求取功名之路，使张謇看透了清廷的腐败和科举制度对人才的摧残。于是，张謇只做了一年的官，便“遂一意断仕进”②。在甲午战争战败后日益严重的民族危机下，张謇有针对性地提出了“实业救国”和“教育救国”的口号，在家乡开始了教育与实业实践。

1895年，他辞官回到南通后，开始全心致力于实业救国、教育救国的实践活动。1898年始创通州纱厂，次年开车纺纱，不久获得稳定盈利。张謇认为“人民以实业辛苦所得之资，间接而供教育之用，将以成其子弟也”③，毅然将自己的盈利全部拿出于1902年创办通州师范学校，是我国专设师范学校之始，通州纱厂后来逐渐发展成拥有几十家企业的大企业集团，到1921年大生纱厂历年纯利已累增至1 600多万两，为教育提供了大量资金。据张謇统计，26年来，“得于实业而用于教育、慈善及地方公益者，凡银二百五十七八万，仍负债六十万有奇，叔兄所出亦八九十万不与焉”④。强大的实业资本成为兴办教育的坚实后盾。张謇从国家富强需要发展实业，发展实业需要科学技术人才，科技人才的培养离不开教育这一逻辑出发点，提出“苟欲兴业，必先兴学”的教育口号，进而提出“教育为实业之父，实业为教育之母”⑤ 的重要思想。在实践中，张謇以教育改良实业，以实业辅助教育，用实际行动促进实业与教育事业的共

① 张孝若．南通张季直先生传记．北京：中华书局，1930．381

② 张謇．张季子九录（外录卷八自序）．上海：中华书局，1931

③ 张謇研究中心，南通市图书馆．张謇全集（第三卷）．南京：江苏古籍出版社，1994．192

④ 张謇研究中心，南通市图书馆．张謇全集（第一卷）．南京：江苏古籍出版社，1994．622

⑤ 张謇研究中心，南通市图书馆．张謇全集（第三卷）．南京：江苏古籍出版社，1994．622

同发展。

1905 年，张謇设立的艺徒预教学校成为他投身职业技术教育的开端。此后，他陆续策划并开办的有：1906 年，开设商船学校于吴淞，并议请官设工艺学校、农事实验场；同时在其举办的师范学校中附设土木科测绘班、农科班(后发展为南通农业专门学校)；同年在吴县设铁路学校。1907 年，设国文专修科于南通中学内。1909 年，合立法政学校为公共教育，筹设巡警教练所，设初等商业学校及银行专修科于南通中学。1910 年，筹设实业教育讲习所。1912 年，在南通设盐场警察长尉教练所，设医学专门学校。1913 年，建唐闸纺织学校。1914 年，设河海工科专校、河海工程测绘养成所、女工练习所。这些职业技术学校涵盖了农、工、商、医、警察、女子职业教育等方面，不仅促进了张謇所谋划的各项事业的发展，而且对整个地区社会政治、经济、文化等的发展，乃至全国社会、经济的变革都起到了很大的作用。

张謇一生都倾注在实业和职业教育上，对近代社会产生了很大的影响。作为一名传统科举制度培养出来的晚清状元，却走上了一条探索适合中国近代社会发展的职业教育之路。对此，胡适曾这样评价张謇："张季直先生在近代中国史上是一个很伟大的英雄，这是谁都不能否认的；他独立开辟了无数新路，做了三十年的开路先锋……而影响及于全国。"他认为实业教育是"国之富强之大本"，他倡导"实业与教育迭相为用"，"以实业辅教育，以教育改良实业"，"教育为实业之父，实业为教育之母"的办学观，深刻揭示了教育与实业的关系。

张謇认为："教育者，耗财之事也；资其耗者，必有所。"① 教育经费从何而来，按当时"各国之通例"，应当是"官立之校用国家税，公立之校用地方税，私立之校而力不足者，政府以国家税、地方税补助之"②。但清政府有限的财政收入不可能广泛用于新式教育。如果自己没有稳定的财源，学校根本办不起来，许多近代职业学堂就是因为经费问题而停办的。他在后来追述选择用实业养教育的过程时说："欲兴教育，赤手空拳，不先兴实业，则上阻旁挠，下复塞之，更无凭借……办学须经费，鄙人一寒士，安所得钱？此时虽已通仕，然自念居官安有致富之理？……其可以惶惶然谋财利者，唯有实业而已，此又鄙

① 张謇研究中心，南通市图书馆．张謇全集（第四卷）．南京：江苏古籍出版社，1994．31

② 张謇研究中心，南通市图书馆．张謇全集（第四卷）．南京：江苏古籍出版社，1994．31

人兴办实业之念所由起也。”① 正是基于这种认识，张謇在兴办实业方面倾注了大量心血，在致力发展实业的同时举办了各级各类实业学堂。在张謇的倡导和带领下，仅南通一县就创立了从学前教育的幼稚园开始到中小学直至高等教育的一系列教学场所；从普通国民教育到职业教育、特种教育、社会教育等的各类学校，形成了一个门类齐全的完整的现代教育体系，造就了一个以职业教育为主体的中国早期职业教育的“南通模式”。张謇的办学理念、管理模式、敬业精神，尤其是其职业教育思想，至今仍有很多值得我们学习和继承的地方。

四、建校合作：民国时期职业教育课程实施的企业参与

建校合作是民国时期国民政府推广的一种由建设机关和职业学校共同实施职业教育课程的一种模式。这种模式类似德国技术工人教育培训的“二元制”模式，也类似我国古代科技教育的艺徒制。建校合作最普遍的一种形式就是技工教育。这种形式始于19世纪洋务运动中建立的实业学堂。实业学堂是中国在创办最早近代实业的同时，附设的为工厂培养技术员和工人的机构，如福建船政学堂等。在北京民国政府时期，部分规模较大的企业都建立了一些职工子弟学校、夜校、补习学校等教育机构对工人进行教育、培训，如铁路职工子弟学校、商务印书馆的职工励志夜校、三友实业社的童工补习学校等。南京国民政府建立以后，1928年全国教育联合会通过了“实施劳工教育”方案，工商部颁布了“工人教育计划”。1929年颁布的“工厂法”明确规定工厂须使劳工接受补习教育。1931年公布了“劳工教育设计委员会章程”。1932年公布的“劳工教育实施办法大纲”24条，督促各省市举办劳工教育。通过上述措施，许多工厂、公司分设劳工学校或劳工班，工人的教育和培训得到了一定的发展。

抗日战争爆发后，国防工业和重要的国营及民营企业大部分迁移到内地，使当时后方的工业迅速发展，以至于机器和原料的供应非常困难，但最为缺乏的还是技术员工。由于技术员工十分匮乏，使得技术员工成为炙手可热的人才，技术员工流动性很强，严重影响生产。针对此种情形，根据国防最高委员会的要求，1940年，教育部呈送了“训练机械、机电机师及工程师计划大纲”一

① 张謇研究中心，南通市图书馆．张謇全集（第四卷）．南京：江苏古籍出版社，1994．80

案，国防工业委员会呈送了“技工人员训练大纲”一案，经时任国防最高委员会秘书长张岳军、国防工业委员会主任翁文灏及教育部部长陈立夫协商，由国防工业委员会会同财政部、交通部、教育部与航空委员会、兵工署、资源委员会等有关机关将两案并一案，拟就《训练技术人员计划大纲》，计划在五年内训练技术员工10 000人，其中，技工7 000人、中等技术人员2 000人、工程师1 000人。规定工程师和中等技术人员部分，由教育部负责指定大学及高级学校训练；技工部分，在国防工业委员会之下设立技工训练处主持指导，实际训练，由指定的国有工厂、国立大学附设实习工厂及民营工厂设立技工训练班进行训练。根据当时工业发展的需求，训练技工种类分别为特别技工、普通技工和速成技工，训练时间分别为三年、两年和一年。从1940年起，先后有33个单位经技工训练处核准开设技工训练班，到1944年12月份，共招收特别、普通、速成技工5 800余名，毕业者3 000余人，在训者2 000余人。自从技工训练处统筹全国技工训练后，其他未列入训练计划的各工厂也纷纷设立技工训练班训练技术工人，其采取的训练办法和内容与计划内技工训练班的训练办法和内容无大差异，所用教材基本上采用技工训练处编撰的内容，当时的技工教育已得到初步发展，并已有逐渐走向统一的趋势。

这种实施途径加强了学校和企业间的结合，促进了教学理论和实践的结合，为企业培养了大量的技术工人。由于企业自己办学校，自己受益，积极性高，所以这种办学体制在中华人民共和国建国后一直沿用，直到20世纪90年代开始逐步淡出。

(一) 民国时期技工训练班的技术工人教育活动

1940年，国民政府制定《训练技术人员计划大纲》后，技工训练处统筹管理全国的技术工人教育。技工训练处所属技工训练班的技术工人的教育活动是民国时期主要的以培养技术工人为目标的职业教育实施活动。现代的学校职业教育包含了职业培训指导的内容，因此研究昌盛一时的技工教育，对我国目前职业教育的课程实施仍然具有十分重大的意义，其具体实施方法仍然具有较大的借鉴价值。

1. 国民政府技工训练班的行政管理

国民政府于1940年10月成立技工训练处，隶属国防最高委员会下属的国防工业委员会，统筹管理全国的技工训练，负责筹划、统一训练方法、招考、指导、监督等工作。1942年1月，原国防工业委员会改组为国防工业设计委员会，隶属于中央设计局，技工训练处也随国防工业设计委员会隶属于中央设计局。1944年1月，又改隶属于经济部。技工训练处虽隶属关系多有变化，但其职能和工作中心没有大的变化。技工训练处下设教务组、总务组和会计室，分别负责教学管理和教学研究、行政管理和技工训练经费管理。

技工训练的日常工作由技工训练处主持指导，重大问题由技工教育联席会议决定。技工教育联席会议由国防工业委员会、教育部、兵工署、交通部、资源委员会、工矿调整处及重庆各技工训练单位的代表组成。技工训练处根据各技工训练班所处的地域关系，把技工训练班分为渝蓉区、昆明区及湘桂区。渝蓉区直接参加技工训练处组织的技工教育联席会议，昆明区及湘桂区的技工训练班也各自组成本区的技工教育联席会议，研讨和决定本区技工训练中出现的问题，其中的重要问题要向技工训练处请示，由重庆的技工教育联席会议议决。

技工训练处经上级机关和技工教育联席会议批准，制定发布了一系列的关于技工训练的规章制度，用于规范、约束各技工训练班的办学行为，提高办学质量和水平。技工训练处还经常派出专员到各区进行视察，监督检查各地的办学情况。

2. 技工训练班的教学管理

技工训练班的教学工作是技工训练的中心工作，也是能否培养出合格技工的关键。

（1）技工训练的实施目标。

技工训练处明确规定了技工训练实施的目标。针对以往工厂训练艺徒过于注重技艺的养成，忽视基础知识的学习，结果使艺徒的知识过于浅薄，有的目不识丁，无异于文盲等现状，根据当时科学技术的发展和技工训练的实际情况，技工训练处制定了以下实施目标，希望达到知行合一的效果：①要有熟练的手艺；②要有浅显而必要的工业知识；③要有写作通顺的语体国文的程度。

（2）技工训练班的设施。

技工训练班的设施是实施技工训练的基本条件，也是进行技工训练的关键。为此，技工训练处制定了“技工训练班规程草案”，对技工训练班的设施提出了基本要求。要求技工训练班需有教室、实习工厂、标本室、图书室、宿舍、食堂、办公室、厕所、操场等。同时，还制定了“单级技工训练班机械工具最低限度之设备表”，对技工训练实习教学所需的设备、工具等提出了要求，以保证实习教学的质量。

（3）技工训练课程内容大纲、课程实施表和考核。

根据技工训练实施目标，确定了各类技工的教学内容，制定了特别技工、普通技工及速成技工的课程实施表，规定每周理论课 10～12 小时，实习 38 小时。后又拟定了技工训练班课程内容大纲，对课程实施表中的各门课程作了具体的要求，如标准、教学时数、教材内容、教授法、指示等皆有相当详细的规定。课程内容大纲既是各技工训练班教学的规范，又是技工训练处编写教科书的准则。

艺徒的考核分为体格、操行、军训和学业（实习与学科）四项。艺徒成绩合格后，准予毕业。艺徒毕业之后，如果在原受训机关有服务年限的规定，服务年限期满后，发给毕业证书；不满服务年限中途离开的不发给毕业证书。

（4）技工训练教材编写。

职业教育实施最大的困难之一就是教材的问题。技工训练班建立之初，技工训练所需教材极为匮乏和混乱。为统一各地区训练的艺徒程度，技工训练处制定了详细的课程内容大纲，颁发各技工训练班统一实施。后又成立技工教材编审委员会，聘请专门学者及对技工教育富有经验的人员为委员，收集、引进大批德国技工训练用书，编辑实习教材、技工教科书与工艺挂图等，供各技工训练班使用。同时，在所属技工训练班一律采用万国制（C. G. S 制）为基本单位，并统一机械工程的名词、工具名称、工作术语等。在第八次技工教育联席会议上，讨论了湘桂区技工教育联席会议提出的举办技训刊物的请示，1943 年议定刊印《技工季刊》，每三个月刊印一次，以增加技工训练的效果。

（5）技工训练班的师资。

根据《技工训练班规程草案》规定，技工训练班主任应为国内外工科大学毕业，且有丰富的职业经验。教务人员应为专科学校以上毕业，有教育行政管理经验。技术学科导师须专科以上工科学校或高级职业学校毕业。实习导师可由厂内的机师兼任。普通学科导师之资格与初级中学教员资格相同。

3. 技工训练班招生办法

根据当时全国的教育水平，技工训练处所属技工训练班招生暂行办法规定，技工训练班的招收对象是体格健康，16~20岁（1943后改为14~18岁）的男性高小毕业生。考核科目是体格检验和学科考试，学科考试科目为：国文、算术、常识。1943年秋季又增加了工业心理测验（适性心理测验）。招考试题由技工训练处统一拟定，从第二届开始分区统一考试。在技工训练班招生中，对考生进行适性心理测验可以说是一个创举。为使选拔的艺徒适应所从事的职业，提高训练教育效率，1941年冬，技工训练处制订了技工适性心理测验研究计划，同时委托中央大学心理学系的萧孝嵘、程法泌等心理学专家对适性心理测验进行研究。萧孝嵘教授等结合当时的实际情形，制定了测验报考艺徒的普通智能、机械能力与工作兴趣的各种测验方法，并设计制造了部分测验仪器。技工训练处还委托国立中央大学心理学系先后两次举办测验主试人员训练班，以期提高测验人员的测验水平和测验质量。1943年7月起，技工训练处设置专员，积极在各技工训练班进行适性心理测验。同时，技工训练处还颁布了部分文件，用于规范、指导适性心理测验，1944年的技工训练班招生正式开始实施适性心理测验。

4. 技工训练班的经费管理

由技工训练处批准设立的技工训练班的技工训练经费由政府支出。艺徒在训练学习期间，除衣食住由各训练班供给外，每月还酌情发放津贴。技工训练经费支出渠道为：技工训练处根据《训练技术人员计划大纲》编制技工及机师训练概算书呈报国防工业设计委员会（后为经济部），核准后转国民政府主计处并行政院，概算审批后由财政部下拨给各技工训练班主管机关，再由各主管机关转拨给技工训练班。

根据《训练技术人员计划大纲》规定，1940年，艺徒每人每年的训练经费为800元，1941年增加为每人每年1 200元，1942年则按照各地物价指数分区增加，渝蓉区每人每年1 800元，昆明区每人每年1 600元，湘桂区每人每年1 400元。但是，由于受战争的影响，所拨经费往往不足。在第四次技工教育联席会议上，会议主席报告，1941年度的中央总预算教育支出中仅列电机训练人员经费500万元，与国防最高委员会核定的《训练技术人员计划大纲》当年经费总数887万元相差甚远。承办技工训练的国营工厂和民营工厂在经费分配上待遇有所不同，民营工厂每位艺徒的训练经费仅是国营工厂的一半。直到第十三次技工教育联席会议上，才议决国营工厂和民营工厂经费待遇相同。

我国目前对民办职业教育的经费投入明显有别于公办职业学校。现行的许多教育政策和法规中明显存在一些对民办职业教育不公正的规定，挫伤了社会机构投资职业教育的积极性。这也是我国实施职业教育主体结构失衡的原因之一。

（二）技工训练班实施模式的评析

1. “双元制”特征的教学模式

技工训练班的培养目标是培养具有熟练技能又具有一定知识和素养的技术工人，以达到知行合一的目的。教学模式是在工厂设立训练场地，进行理论和实习教学，以实习教学为主。教学内容和教材基本上是从德国引进的。艺徒毕业后以留厂工作为主。所以，从培养目标、教学内容、教学模式看，当时技工训练班的技术工人教育是学习德国的技术工人教育模式，具有“双元制”技术工人教育的特征。

2. 有别于职业学校的技工训练班模式

技工训练班的技术工人教育和当时的职业学校教育具有显著差别。其主要差别是教育模式不同，当时的职业学校教育以理论教学为主，实践教学环节较少；而技工训练班的技术工人教育以技能教学为主，在其每周50个课时中，实习课时为38学时，理论课时仅12学时，可见技工训练班的技能教学的重要性。从学历层次上看，技工训练班的特殊、普通、速成技工分别相当于初级工业职业学校的三年级、二年级和一年级水平。根据当时教育部规定，技工训练班毕业艺徒颁发第三种毕业证书。另外，他们所属的管理部门不同，职业学校由教育部管理，技工训练班由专设的技工训练处统一管理，技工训练处一直隶属工业和经济部门。

3. 技工训练班与新中国成立后的技工学校比较

技工训练班和建国后建立的技工学校具有许多相同之处。两者的培养目标相同，均是要培养具有熟练技能又具有一定知识和素养的技术工人。在教学中，两者均重视技能培养、重视实习教学，实习教学在整个教学中占较大比重。在行政管理上，两者具有惊人的相似。技工训练班由专设的技工训练处统筹管理，技工训练处一直隶属工业和经济部门，独立于教育系统之外，新中国成立后的技工学校由劳动行政管理部门综合管理，同样不属于教育系统。在技工训练班和技工学校的管理上，技工训练处和劳动行政管理部门均是宏观管理，具体管理由技工训练班和技工学校所属机关或行业管理。

民国时期的技工训练班在培养模式上，具有明显的德国“双元制”模式特征，而新中国成立后的技工学校是以苏联技术工人学校培养模式为主。

在招生制度上，我们不得不说国民政府在某些方面比现在要更为严谨和科学。尤其是从1943年7月起，技工训练处设置专员，在各技工训练班招考时进行适性心理测验，这是一个很重要的创举。适性心理测验是通过科学的方法，检验考生在未来的职业中能否发挥潜在能力，达到人的能力与职业最佳匹配的一个重要环节。它对提高技工训练质量具有重要意义。建国后，直到1992年，在技工学校新生考试中，才出现与适性心理测验类似的职业能力测试。技工学校改为职业院校后，各学校出于学校之间的竞争压力，纷纷各出奇招争夺生源，这种考试已经形同虚设，就连入学考试都已经退化为一种形式。

第五章　晚清民国时期职业教育课程的评价

第一节　晚清时期实业教育课程的评价

一、实业教育课程与晚清社会的变革

晚清至民国初期，是中国由一个封建保守落后的国家向近代社会过渡的重要阶段，晚清的历史可以说就是一部中国从封建社会向近代社会演变的历史。一个封建落后国家的近代化进程首先取决于教育的近代化程度。社会的近代化需要教育的近代化，同时，教育的近代化也催生了社会的近代化。教育的近代化首先是教育思想的近代化，而教育思想的近代化尤以课程思想最能体现。中国的近代教育始于职业教育，作为职业教育核心之一的晚清实业教育，它早于普通教育和高等教育，因此，从中国教育发展史来看，中国的实业教育整体上来说要早于中国的普通基础教育和高等教育，这是中国教育发展的特色。这种发展历史虽然导致了中国近代职业教育缺乏基础教育和高等教育的支持，遂在诞生之初步履维艰的状况，但同时也折射出中国近代职业教育在整个中国教育近代化过程中的重要地位。从某种程度上说这为中国新的教育制度的产生起到了奠基的作用，具有很大的历史意义。晚清实业教育的课程思想和课程设置对晚清社会的变革产生了巨大影响。

（一）中国传统文化的学习维系了社会价值观的延续

中国的近代职业教育，尤其是洋务运动时期的职业教育，虽然其重点是放在对西方的科技和技术的学习上，但是却始终强调不能放弃中国文化的学习。不论是在中央制定的学制还是各个实业学堂自己所制定的章程或开设的课程中，

都规定了中国文化的学习，修身、经学等课程始终占有不可动摇的地位，它维系了中国忠孝礼仪的传统道德价值观。1903 年张之洞在《奏定学堂章程折》中就明确表示："至于立学宗旨，无论何等学堂，均以忠孝为本，以中国经史之学为基。稗学生心术一归于纯正，而后以西学论其智识，练其艺能，务使他日成才，各适实用，以仰付国家造就通才，慎防流弊之意。"在 1906 年学部所制定的"忠君、尊孔、尚公、尚武、尚实"五项教育宗旨中，排在第一位的就是"忠君、尊孔"。实业学堂作为新学制的一个组成部分，自然也要遵循这个宗旨。[①] 传统文化在职业教育中能够占有如此重要的地位，使得中国的近代职业教育带有很浓厚的传统中国色彩。这种对中华文化学习的强调是晚清职业教育以"中体西用"为指导思想的最好体现，始终坚持中华传统文化学习的中国近代职业教育课程，主观上是出于政治上维护统一思想的需要，客观上也维系了社会价值观的传承。

（二）近代西学的课程内容促进了中国近代工业的产生与发展

学习西方的近代科学与技术，是晚清实业教育兴起的初衷和主要内容，是在中国近代所遭受到西方侵略而产生的严重民族危机和政治危机的时刻，是中国人反思中国和西方差距的结果。晚清实业教育中大量科学和技术的内容推动了中国近代经济产生和发展的进程。

实业教育的课程内容对于中国近代经济发展的支持是多方面的。第一，逐步改变着人们传统的教育价值观念。中国的传统教育价值观是"重义理轻艺事"的价值取向，能"代圣贤立言"的人才标准和士子以争取仕宦为择业取向。作为与此深度叛离的实业教育大兴"实学"，"实利、生利、实用"的课程内容使大众受益，不断提升了人们对职业教育的认识，实业教育的发展，使一向为世人所不屑的农、工、商等行业地位有了一定的提高，从而使农、工、商业在人们心目中成为一门职业。第二，实业教育的课程提高了中国社会近代工商业在整个中国经济结构，乃至其在整个中国社会中的地位。中国是一个有着"重农业轻工商"传统的国家。实业教育的发展中，虽然农业教育占有绝对的优势，以湖北的实业学堂为例，1910 年，在全省 69 所实业学堂中，农业学堂

---

① 李蔺田．中国职业技术教育史．北京：高等教育出版社，1994．19

有45所，商业学堂有13所，工业学堂有11所，但是，工商业教育仍然是实业教育最重要和最主要的领域，职业教育的发展实质上就是在不断提升人们对于工商业在近代经济中的作用和地位的认识。通过职业教育对劳动者尤其是青年的熏陶，实际上也就是在整个社会中普及了工商业的基本知识，使社会进一步认识到工商业在发展近代经济中的巨大能量，从而推动工商业的建设和发展，逐渐改变整个社会的经济结构。提高资本主义的工商业在整个社会经济体系中的份额和地位，最终成为国家经济的支柱。

（三）实业教育课程为近代企业提供人力储备

中国发展近代经济的需要是中国近代职业教育产生的原动力。随着中国近代经济的发展，人才的缺乏开始对近代经济产生越来越大的制约。不论是洋务企业，还是民族资本主义企业，甚至是亟待改进的传统农业，都需要大批人才。这种人才既要求懂得西方的先进科技，也需要具有近代科学技术基础知识并有一定的熟练技能。

中国的近代企业解决这个问题的办法是聘用大批外国技师和熟练工人。他们一方面作为生产管理的主力和骨干，另一方面也担负起教导中国工人的职责。但是这种方法被历史证明不是根本的解决办法，它在带来短期经济效益的同时，也暴露了许多其无法解决的问题。例如外聘成本高昂，这对于起步中的中国近代企业是一个不小的经济负担。再如管理困难，外聘的技术人员由于管理理念、文化传统方面的不同，经常同中国企业的旧式管理模式发生冲突，甚至有些技术人员本身就存在素质和职业道德上的问题。同时，由于当时中国半殖民地半封建社会的环境，人员的招聘、管理、解雇还不时受到外国政治势力的影响，这方面福建船政就是一个很好的例子。还有一个问题就是外聘技术人员由于存在语言文化上的差异，加之中国工人的近代科学素养基础薄弱，使得外聘人员在技术指导上的作用在一定程度上被弱化，影响了中国近代企业技术和管理的真正提升。

实业教育中大量实业课程的开设有效地解决了这一问题。晚清时期全国范围内普遍设立实业学堂，培养了从技师、职员到高级研究人员的一批实业人才，许多人毕业后服务于农工商各项实业，为近代经济的发展作出了贡献。例如：汉阳铁厂自办钢铁学堂，培养本厂所需的技工和熟练工人，毕业后为厂效力。

杭州蚕学馆培养的第一届毕业生，分赴嘉兴、湖州、宁波、绍兴四府劝设养蚕公所，推广饲养新法。以后各届毕业生被各省争相聘请，为全国蚕业的进步作出了重要贡献。张謇设立的农业学堂为他的农垦企业培养了大批人才，基本上满足了农垦事业的需要。1906年张謇在南通师范学堂附设测绘特班，是中国最早的水利人才培养机构，第一届毕业生共40人。民国后张謇出任全国水利局总裁，帮助他规划全国水利工作的几乎都是这批学生。1914年，张謇亲赴淮河勘察，除聘一荷兰人外，"所赖以为助者，仅南通养成江淮水利测量局旧有之测员三四十人，胼手胼足，勉以集事"①。

另外学堂自身的实验和实习也直接推动了当地经济的发展。主要表现在以改良农业技术、提高农业产量为目标的农业教育方面。由于农业教育贴近社会实际，试验场的实验结果直观性强，易于为社会普通民众所接受，因此设备比较齐全的农业学堂都设有实验场，专门进行农业技术研究和推广。山东各地农业学堂在试验场种植美国棉花，效果颇佳，学堂特地邀请本地农民来场参观，借以推广农业技术。"海丰县种植棉花，因雨水少，收成大为逊色，但当地试验场种植之美国棉花，枝叶茂盛，花果繁密，洁泽可爱，远胜本地所产，又适宜盐碱地。各地农民前来参观，无不称羡。从此风气大开，多有农户领美国棉子回乡种植者。"② 张謇开办的南通农业学堂也积极引进美国棉花，在试验场内试种成功后，开始在南通地区大力推广。农校师生携带各种作物图画和良种标本，开棉作展览会，向农民宣传良种的好处，吸引了众多农民参观。1903年，学堂又派人去日本考察，带回鸡脚棉良种，在农场实验后，效果良好，经过长期的推广工作，该棉种在南通地区得到了广泛种植，棉花亩产大幅度提高。③

（四）实业教育的课程体系为近代职业教育奠定了基础

晚清时期实业教育的课程从癸卯学制开始逐步形成体系，为近代职业教育

① 沈云龙．近代中国史料丛刊续编（第97辑，张季子九录）．台湾：台湾文海出版社，1982．606～608

② 内阁、学部、鲁抚等为山东设立高等农业学堂、兖州初等农业学堂之章程、给奖办法、试种美棉成绩及议决实业教育分认学科案事与农工商部的来往文书．中国第一历史档案馆藏．农工商部档案全宗第195卷

③ 张兰馨．张謇教育思想研究．沈阳：辽宁教育出版社，1995．155～159

的课程建设奠定了一个坚实的基础。后期历次实业教育政策的修订都是在清末学制规范的基础上进行的。如1913年8月，民国教育部公布了《实业教育令》与《实业学校规程》。《实业教育令》中关于实业教育教育宗旨、种类设定等，《实业学校规程》中关于各类实业学校的课程设置、修业年限、授课时数等。实业教育的目标是教授农工商业必需之知识技能。实业学校分为甲、乙两种，甲种相当于中等实业学堂，由各省设立，乙种相当于初等实业学堂，由各县及城镇乡或农工商会设立。学堂分为农业、工业、商业、商船学校和实业补习学校等，甲种工业学堂分十科，为金工科、木工科、土木工科、电气科、染织科、应用化学科、窑业科、矿业科、漆工科、图案绘画科，除应用化学科之外，其余九科与清末的中等工业学堂科目完全相同。

清末设立的部分实业学堂在民国后继续发展。民国初年统计的实业学堂基本上是清末实业学堂的延续，一些实力较强的学堂保持了良好的发展态势，成为民国实业学堂中的佼佼者，许多学堂还是后来一些高等院校的前身。

（五）实业课程对国人现代性思想的启蒙

中国的实业教育萌芽于晚清的洋务运动，最早的近代职业学校——洋务学堂就是诞生在洋务企业，如上海江南制造局附设的机械学校、福建马尾船政局附设的船政学堂、湖北铁政局附设的化学堂等。这些新式学堂都以学习西学、西艺为主。洋务运动时期，各学堂普设外语课，学堂大多聘请外籍人员用外语授课，外语被作为重要的科目列入教学计划之中，对外语教育的重视直接影响了近代中国教育的课程设置，按壬寅癸卯学制规定，中学堂以上各学堂均要开设外语课，在《学务纲要》中明确指出："中学堂以上各学堂，必全勤习洋文，而大学堂经学、理学、中国文学、中学各科尤必深通洋文而后其用乃最大，斯实通中外，消乱贼、息邪说，距波行窥之要也。"在中学里规定外语教学前3年每周8学时，后2年每周6学时，仅次于读经时数，外语作为探求自强求富的契机，一直被重视。从奏定学堂章程开始，外文就成为实业教育课程体系中"修身、算学、西文"的三大主要课程之一。西学、西艺的学习及外国语的开设在不同的时期表现出不同的主题，但都起到了科学和思想启蒙的作用。

鸦片战争时期，中西方以一种激烈的冲突形式会面，西人面对的是闭塞的中国，中国人面对的是陌生的西方。让中国人了解西方，是一批西方人的愿望，也是中国一些志士的共识。这一时期先后翻译出版了裨治文的《美理哥合省国志略》，郭实腊的《大英国统志》、《贸易通志》，林则徐组织翻译的《四洲志》，梁廷楠的《海国四说》，魏源的《海国图志》，徐继畲的《流寰志略》，丁韪良译的《万国公法》，傅兰雅译的《公法总论》、《各国交涉公法论》，还有介绍英、法、美、俄、德、日等国的各种新志、通史。这些著作介绍了世界各国的地理环境、历史沿革、政治制度、经济状况、文化风貌、宗教信仰、风俗习惯、著名人物，介绍了国际交往的惯例通则，使中国对外部世界有了比较切实的了解，也为中国适应新的世界环境提供了具体而有价值的知识。

鸦片战争后，西学的传入主要以翻译介绍西方兵工文化，科学技术为主，如《行军指要》、《水师操练》、《克虏伯炮说》、《制火药法》、《防海新论》、《宝藏兴焉》、《工程致富》、《探矿取金》、《西艺知新》、《农学初级》、《农务全书》等。与此同时，大量有关西方自然科学的基础知识；数、理、化、地、生等各门学科的基础知识，被广泛地介绍进来，都有专门译作，而且一般都有普及读本与学术专著两个层次。形式有分门别类的须知、入门、启蒙、图说、纲要、揭要、浅释等，在大多数实业学堂使用。

实业学堂课程中外语的开设和主修课程地位的确立，不仅给中国人带来了近代自然科学的启蒙，而且也给中国人带来了近代民主思想的启蒙。这种启蒙运动开始于晚清时期“西学东渐”的过程中，也直接反映在各类实业学堂的课程中。从甲午战争开始到辛亥革命期间，西学中关于社会科学的比重逐渐加大。以1902—1904年为例，3年期间共译文学、历史、哲学、经济、法学等社会科学书籍327种，占总数的61%。同期翻译自然科学112种，应用科学56种，分别占总数的21%和11%。译书从多到少的顺序为社会科学—自然科学—应用科学，与此前几十年的译书顺序正好相反。这表明中国输入西学，已从以器物技艺等物质文化为主转为以思想、学术等精神文化为主。大批西学的涌入，特别是各种不同层次的新式教科书，在各级各类学堂的使用，使西学影响空前深入，新学科、新名词令人耳目一新。今天许多名词、术语，诸如社会、政党、政府、民族、阶级、民主、主义、思想、观念、真理、知识、唯物、唯心、主体、客体、主观、客观、具体、抽象等，都是那时确立的，这为后期的新文化运动奠定了思想基础，没有清末西学的大批涌入，就没有近代新思想的启蒙。

二、晚清时期实业教育课程的历史地位

晚清时期的实业教育经历了洋务运动时期的萌芽阶段、戊戌维新时期的初步发展阶段、清末新政时期的长足发展阶段。每一个阶段的课程内容都体现出不同的特色，对每一个历史时期都产生了深远的影响。

（一）洋务派的海防技术教育的地位

洋务派兴起的实业教育以军事技术教育为主。课程的主要内容是西方近代科学技术知识。每一所洋务学堂的教学内容虽各有侧重，但都设有一定的科技课程。外语学堂在学习西文的同时，开设算学、天文、地理、物理、化学、地质、机器制造等自然科学课程。科学技术学堂根据不同的专业开设不同的专业课程，普遍开设外语。这些课程的开设所产生的影响主要有以下两个方面。

一是一些西学科目的开设冲击了科举制度，对近代学制产生了影响。洋务教育是独立于传统教育体制之外而自成的一个系统，但在科举成为唯一正当、足以光宗耀祖成为晋身阶梯的社会，在“功名”意识与“富贵”观念根深蒂固的时代，在传统的取仕标准没有根本改变、新的标准尚未确立之前，创办洋务教育受到传统教育体制、“科甲正途”的功名价值观以及由此积淀而成的社会文化心理的强有力的牵制和局束，洋务学堂所传授的内容是不被认可的。洋务时期为了解决学堂和科举的矛盾，不断提出了变通科举的主张。1870 年闽浙总督英桂、总理船政大臣沈葆桢等奏开算学科，“以格于成例中止”[①]。1874 年李鸿章重提旧议，在《筹议海防折》中就对科举考试提出异议，并提出两条建议：①稍加变通考试功令，“另开洋务进取一格”。②在有海防的省份设立“洋务局”，择通晓时务大员主持其事，分为格致、测算、舆图、火轮、机器、兵法、炮法、化学、电气学数门，一并着力讲求，所学如有成效者，则分别文武，奏奖升级，“与正途出身无异”[②]。1887 年，江南监察御史陈莹上奏，建议将数学科列为科举考试科目，明习算学人员可以量予科举出身，清政府采纳了这一

---

① 中国史学会．洋务运动（二）．上海：上海人民出版社，1961．210

② 李鸿章．筹办夷务折．李鸿章全集・奏稿（卷24）．上海：上海人民出版社，1961

建议，第一次将“西学”和“中学”同考。戊戌变法前夕，总理衙门采纳贵州学政严修之议，开设经济特科，分内政、外交、理财、经武、格致、考工六项，附乡会试。增设算学科和经济特科，在科举考试内容上是一大革新，算学科虽在唐代已开办过，当时称为明算科，但以后即在科举考试中停止举办，到洋务运动时期正式列为科目，至于经济科中理财、考工、外交等科，则是前所未有的。这种改革是冲破专以经义、八股取士的科举网罗的初步尝试，开戊戌变法时期科举改革的先河，洋务教育已涉及科举制度的兴废。洋务学堂的教学内容也逐步被人们所接受。

二是洋务学堂实业教育课程的传授导致了近代第一批知识分子群的出现。洋务学堂在讲授西学，吸取“声光化电”等西洋长技的过程中，催化了近代中国第一代知识者，为中国近代军事、外交、经济、教育、文化诸方面输送了不少有用的专门人才。依靠他们，各项新式洋务事业才可能逐渐改变依靠洋人的局面，达到自立。如上海，“广方言馆开馆前后42年，就曾培养出500~600名这样新型的人才，他们或任职于外交部门，或充任海关翻译，或投身于实业，或任教于学堂，在中国近代外交、教育、文化界都产生了深刻的影响。其中陆征祥、胡惟德代理过国务总理，担任过外交总长，还有9人担任过驻外公使，至于担任过各种学校校长、教习或充任翻译的人则更多。严复、詹天佑、魏翰、郑清濂和叶祖、林泰曾、刘步蟾、萨镇冰等杰出人才都是洋务教育的结果，他们对中国的现代事业作出了巨大的贡献。和传统的士大夫相比，他们在知识结构和人生价值取向上已有了明显的变化，他们不仅或多或少地具备了一定的近代科学技术知识，而且对中国外部的世界也有了相当的了解。虽然这批新型的知识者的人数极其有限，个人的具体情况也千差万别，但对于长期闭关锁国的中国社会来说，他们是一种新生的异质力量。

（二）维新派的民用实业教育的作用

戊戌维新时期，实业教育得到了初步的发展。甲午战争前，一批具有资产阶级维新思想的早期改良派，如冯桂芬、王韬、郑观应等人，根据我国当时资本主义工商业发展的客观要求，主张学习西方，广设农、工、商等实业学堂，广开实业课程，传授技能实学。其中尤以郑观应的思想最具代表性，他认为中国传统教育是“只知教学举业”，不屑讲求商贾农工之学，而西方教育“士有格致之学，工有制造之学，农有种植之学，商有商务之学。无事不学，无人不学”①。他提倡设立农、工、商实业学堂，甚至建立实业教育制度。这是创设实业学堂的最初呼声，成为近代资产阶级实业教育思想的源头，为甲午战争后实业教育更深层次的引入和实业学堂的兴办打下了初步的基础。1895 年，《马关条约》签订，“数千年未有之变局”急转而为“世变之亟”，整个中国处于风雨飘摇之中，国人开始寻求新的救亡之道，以康有为、梁启超为代表的维新派认为，泰西各国之富强，不在于“军兵炮械之末”，而在于“农、商、矿、林、机器、工程、驾驶，凡人间一学一艺者，皆有学”，提出学习西方的广设专门之学，培养农、工、商、矿、林等实用人才。甲午战争以后，清政府允许民间设厂，官办企业和民办企业的数量均有大幅度增长，规模和技术含量都有提高，对实业人才的需求进一步扩大。于是，1896 年后，南京储才学堂、江西高安蚕桑学堂、杭州蚕学馆先后创办，不过这些实业学堂带有明显的自发性质。百日维新期间，清廷下诏要求各地筹设农务、茶务、蚕桑，乃至铁路、矿务等实业学堂，这样兴办实业教育有了政策依据，成为自上而下的政府行为，一些官办实业学堂相继得以创办。例如，1898 年 6 月 20 日，江南道监察御史曾宗彦奏请并经总理衙门议准设立矿务学堂②；9 月 4 日，农工商总局大臣端方于京师专设农务中学堂；10 月，直隶总督荣禄奏请在直隶设立农工务学堂；14 日，两江总督刘坤一设江宁农务学堂；是月，湖广总督张之洞酝酿已久的湖北农务学堂和湖北工艺学堂也相继开学；另外，8 月 24 日正式诞生的京师大学堂也将农、工、商等列为重要的专门学科。尽管一些计划因政变而流产，但清政府并没有将实业教育措施尽数废除，规定“业经议行及现在交议各事，如通商、惠工、重农、育才以及修武备、浚利源，实系有关国计民生者，即当切实次第举行”③。因此，部分实业学堂仍得以兴办，实业教育得到初步发展。

戊戌维新时期实业学堂数量极少，且规制很不完备，但实业教育的课程所起的历史作用是不可忽视的。其主要作用是农工实业学堂的兴办，大量农工商的实用课程的开设和传授，顺应和推动了早期资本主义工商业和近代农业的发展。甲午战争的结局使朝野上下空前震动，痛定思痛之后，国人开始寻求新的

① 孙培青．中国教育史．上海：华东师范大学出版社，2000．327

② 朱有瓛，高时良．中国近代学制史料（第一辑下册）．上海：华东师范大学出版社，1986．916

③ 陈学恂．中国近代教育史教学参考资料（上册）．北京：人民教育出版社，1986．473

救亡之策，早在19世纪60年代，早期资产阶级维新派的代表郑观应就提出了兵战不如商战，商战不如学战的理念，努力提倡实业教育，尤其认识到创办农、工、商、矿学堂，大力发展农、工、商业，是振衰起微的重要手段。因此，这时期设立的工矿技术和农业学堂以及这些学堂的课程设置和内容主要是与国计民生密切相关的，有力推动了资本主义工商业和近代农业的发展。另外，以农业、蚕桑为主的实业学堂课程内容对推动近代农业的发展，普及农业技能知识都有着不可替代的作用。中国历来有重视农业的传统，农业为生计之根本，从"农工商"的排列顺序就可以看出这种传统的取向。随着洋务运动的破产，人们把目光转向农业，认识到农业是发展工业和商业的基础。1898年康有为奏请清政府兴办农业教育，他在奏折中说："窃万宝之源皆出于土，故富国之策咸出于农。……伏乞皇上饬下各府州县皆立农学堂，酌拨公地，令绅民讲求。"① 梁启超主办的《时务报》也经常发表提倡农学的文章。由于维新派的鼓吹呼吁，1898年光绪皇帝颁布"明定国是"诏书，明确规定："设立农务学堂"，兴办农业教育；"在通商口岸及出丝茶省份设立茶务学堂及蚕桑公院"，用近代农业科技振兴丝茶生产②。在直隶、湖北、广东、广西、福建、江苏等省都兴办了农务、蚕桑学堂，朝野一致把它作为富国裕民的要政之一，在这些实业学堂中广开与农务、茶、蚕桑等相关的课程，具体课程已经在前面章节中分析过，在此不再赘述。这些课程对推动中国近代农业的发展，普及农业技能知识都起到了很大的作用。

（三）新政时期实业教育课程评说

清末新政时期的实业教育得到迅猛的发展。1901年，清政府颁布变法上谕，要求各地督抚大员上折陈述变法方案，各地督抚纷纷响应，其中，湖广总督张之洞和两江总督刘坤一在著名的"江楚会奏变法三折"中力倡多设农、工、商、矿等专门实业学堂，引起了清政府的高度重视。1902年2月14日，清政府令各省设立农务、工艺学堂，直隶、山西、湖北、江苏、湖南、广东、四川等省实业学堂相继创办。1904年，商部鉴于农、工、商乃本部专职，"而尤以

① 吴祖鲲，刘小新．中国近代农业教育的兴起及其特点．长白学刊，2003（6）

② 朱寿明．光绪朝东华录．北京：中华书局，1958

制造实业为切要之图”，在京师设立高等实业学堂①，还接管了盛宣怀在上海设立的实业学堂，商部的兴学为各地树立了榜样，带动了各地实业学堂的发展。1905 年科举制度废除，年底为规范各级各类新式学堂的学部正式成立，又颁布了“崇实”宗旨，确立了大力发展实业教育的方针。1906 年 7 月 12 日，学部通行各省举办实业学堂，限 6 个月内将筹办情况咨部门立案，实业学堂开始在全国范围内迅速发展起来，实业学堂和学生数目逐年稳步增长，尤以直隶、江苏、湖北、湖南最为突出。据不完全统计，1907 年全国共有实业学堂 140 所，学生 8 835 人，1908 年 165 所，学生 13 805 人，1909 年达 256 所，学生 16 823 人②。1910 年和 1911 年学部没有具体统计，而 1910 年又是实业学堂创办的高峰，因此，清末最后两年实业学堂数量应大于 1909 年的 256 所。1912 年全国共有实业学堂 425 所，学生 31 736 人③。1901—1909 年，实业学堂净增 116 所，增幅达 83%，学生数净增 79 880 人，增幅达 90%④，其发展速度可见一斑。

这一时期实业教育之所以能获得长足的发展，主要原因有：第一，清末实业的发展对实业人才的需求增加。清末新政中政府采取各项措施奖励实业的发展，农业、工矿业、商业等都得到较快发展。如 1904—1910 年七年间，民族资本企业迅速增多，设厂达 6 000 余家，相当于 1904 年以前四十多年间设厂总数的一半，其中特别是 1909、1910 年两年就设厂 2 800 余家⑤，是中国民族工业初级发展阶段设厂数目的最高峰。快速发展的实业需要大量的通晓近代科技知识的技术人才。第二，实业教育制度的确立。20 世纪初，随着实业学堂的大力兴办和发展，客观上需要一个统一的学制来协调管理。1902 年，清政府颁布了在管学大臣张百熙主持下拟定的《钦定学堂章程》，第一次将实业教育纳入国民教育体系。1903 年，在《钦定学堂章程》基础上，由张百熙、荣庆、张之洞等重新拟定了一个《奏定学堂章程》，即癸卯学制，将实业教育放在与普通教育、师范教育平等的地位上，详细规定了兴办实业学堂的具体措施，并在师资培养和毕业奖励方面给予相应的政策倾斜。至此，实业教育不仅正式确立了在整个学制体系中独立、完整的地位，而且建立了从初等到高等上下衔接的实业教

① 李惠玉．清末实业教育述论．济南：山东师范大学，2003．22

② 陈学恂．中国近代教育史教学参考资料（上册）．北京：人民教育出版社，1986．180

③ 民国教育部．第一次中国教育年鉴（丙编）．上海：开明书店，1934．375

④ 陈学恂．中国近代教育史教学参考资料（上册）．北京：人民教育出版社，1986．180

⑤ 孙毓堂．中国近代工业史资料（第一辑）．北京：科学出版社，1957．10

育体系，这极大地促进了实业教育的发展。第三，教育和实业管理机构的设立。1905年12月，中央教育行政管理机构学部正式成立，下设五司一厅，其中实业司专门负责全国实业教育的管理。1906年，在省一级的教育行政管理机构提学使司中设立实业课，主管全省的实业学堂。这样，形成了从中央到地方的实业教育管理体系，有力地保障了实业教育的发展。另外，清末新政时期，实业管理机构商部及后来设立的农工商部为适应形势的发展，也大力兴办农工商业学堂以培养本部门所需的专门人才，农工商部还在地方设置了劝业道，职掌各省农林、水产、兽医、美术等专门学堂，促进了各地实业学堂的兴办。

新政时期实业教育课程的历史作用主要是：首先，规范、实用、丰富的实业教育课程推动了实业教育的发展。晚清新政时期以前，各实业学堂的课程设置差异较大，课程没有一个统一的规范。癸卯学制颁布后，明确规定了各级各类实业学堂的课程，实业学堂的课程逐渐规范，其中专业课程更加丰富和细化。而且，随着普通教育和实业预科教育的发展，许多实业学堂设置的专业课程比奏定章程中规定的还要详细。如1906年河南禹州蚕桑学堂的专业课程和实习课程包括：蚕体解剖、生理及病理、养蚕、缫丝、栽桑、气候、土壤、肥料、农学、蚕业、经济、显微镜。河南怀庆蚕桑学堂的课程更丰富，有蚕体解剖、蚕蛾生理、病理、蚕卵生理、蚕病消毒法、显微镜使用法、养蚕法、蚕种制造论、蚕种检查法、茧丝检查法、烘干法、制丝法、栽桑法、桑病法、土壤学大意、肥料学大意、农学大意、气象学。①

其次，蚕桑、手工、纺织等适合女子教育的实业教育课程促进了女子实业教育的兴起。在晚清，女子受教育的呼声日益高涨，兴办女学的目的已不仅仅是徒取“贤妻良母”之资格，而是要使女子“脱离依赖的性根，养成自立的人格”。于是，一些民间开明人士纷纷创办女子蚕桑、女子手工传习所等实业学堂，如1904年，张竹君在爱国女学中附设女子手工传习所，1905年，史家修开办上海女子蚕业学堂，1907年，楼文镳创设杭州蚕桑女子学堂，1909年，张謇设立通州女子实业学堂，等等，这些学堂的设立为女子谋取经济独立和社会地位作出了重要的贡献。

综上所述，晚清时期的实业教育课程在中国近代化的启蒙过程中发挥了重

---

① 李惠玉．清末实业教育述论．山东师范大学博士论文，2003．27～28

要的作用。通过实业教育课程的传授，这些实业学堂直接培养了一大批从事农工商的、具有近代科学技术技能的新型农民、工人和商人，造就了第一批近代科学家及技术人员。

实业教育的兴办和发展推动了中国近代化的进程。中国近代职业教育的兴起和发展，其政治色彩远远大于经济色彩。中国教育近代化的兴起，主要是由于中国近代遭受西方侵略而产生的严重的民族危机和政治危机。这种严重的危机促使中国人开始反思自己和西方的差距究竟在哪里。首先受到重视的是中外在军事科技上的差距，才有了林则徐和魏源“开眼看世界”的呼喊。在镇压太平天国的运动中，以曾国藩、李鸿章等为代表的一批早期近代军阀通过亲身体验，领会到了西方军事、科技、工业等方面的先进性，进而发动洋务运动，希望通过“中体西用”这条道路，发展中国的近代化经济和军事，这也成为当时大部分中国人公认的救亡图存之路。“实业救国”思想正是在这种大环境下产生的。然而，要发展实业，就必须培养出中国自己的，拥有西方近代科技知识和工业技术以及近代管理技术的实业人才。人才的短缺使得人们又开始将救亡的目光从实业转向了教育，于是有了兵战不如商战、商战不如学战的理念，首次将教育摆在了救亡图存的高度，由此可见，教育在晚清社会所受的重视和所占的历史地位之重。实业救国理论催生了教育救国理论，甚至可以说是催生了实业教育救国理论。因此，在中国，实业教育首先并不是以教育的形象引起国人注意，而是以救亡图存的政治形象引起国人注意的。1904 年颁布的《奏定实业学堂通则》第一句就是：“实业堂所以振兴农工商各项实业，为富国裕民之本计。”在实业教育后来的发展历程中，也时时可以看到，政治因素对实业教育发展的影响超过了经济因素对实业教育发展的实际需要和要求。而这一特点几乎从根本上决定了中国实业教育乃至整个近代教育都带有浓厚的政治色彩，使教育的作用受到空前的重视，同时由于脱离经济发展的实际需求，也决定它具有无法克服的种种缺陷和局限。

晚清时期的中国近代教育总体上来说是很成功的，它在很大程度上促进了中国近代经济、文化、社会等各个方面的发展，在中国近代化的进程中扮演了一个十分重要的角色。虽然在某些方面它还显得很不成熟、很不完善，甚至亟待改进，但是晚清时期中国近代教育仍不失为中国近代化的一个催化剂，在历史上占有它应有的历史地位。除了在晚清时期推动了社会的近代化之外，其自身的近代化主要表现在教育宗旨的近代化和教育内容的近代化两个方面。在教育宗旨和思想方面，晚清教育的近代化进程经历了一个从培养封建官吏为主，到培养科学技术人才为主的转化；经历了一个从培养效忠封建制度的旧式儒家知识分子，到培养致力于国家的富强振兴的实用人才的转化。在教育内容和方式方面，晚清教育的近代化进程经历了一个从单纯重视伦理道德，蔑视科技和技术，到以科技和技术为核心和重点的转化；经历了一个从重知识轻实践，到重视实践操作的转化。这些转化从根本上改变着中国教育的本质，改变着教育在清末的发展方向，也改变着整个晚清社会的历史进程。

晚清教育的近代化，实质上就是晚清近代职业教育的兴起。

首先，清末的职业教育是晚清新式教育的源头之一。清末的教育改革自然是源于对西方先进科技和技术的学习。但是这种学习本身又是源于生产的实际需要。洋务运动时期是清末职业教育发展的第一个黄金期，在这个时期内洋务派主持开办了大批的洋务企业，为了支持洋务企业的运作和发展，洋务派需要大量通晓西方近代科技知识的人才，尤其是中国培养的人才，为此洋务派开办了大批的实业学堂。这些实业学堂基本上已经可以被看作初级形态的职业教育学校。它的学生除了学习近代西方科技的基础知识以外，更为重要的就是学习真正在工厂和企业生产中所必须具备的专门的职业技能。他们中的大多数人毕业后直接进入洋务派的企业，并立刻投入生产的第一线，操作机器，指挥生产，甚至还要担负起培养工厂和企业的初级技术工人的任务。同时，为了弥补初级技术工人的不足，还有为数不少的洋务派企业在企业内部开办补习班和培训班性质的临时教育，通过这种补救措施，力求在短期内使工人的技术水平达到近代企业生产经营的基本要求。生产和经营的实际需求催生了中国近代第一批的实业学堂和职业补习班，他们最终成为注入清末原本已经腐朽僵化的旧式教育体系的新鲜血液，开始一点点地改变着晚清教育的肌体。其后，在实业学堂的进一步发展过程中，人们开始面对诸如生源质量低下、师资来源匮乏、教材和资料缺乏、技术理论水平难以保持同世界同步等方面的问题。为了解决这些困扰晚清职业教育的问题，人们又将教育变革的目光转向了解决这些问题的其他方面，诸如发展普通教育以提供合格生源，发展师范教育以提供充足的师资，发展语言学校和翻译教育以提供教材和资料，发展留学教育以保持同世界先进水平的同步。由此，晚清的旧式教育体系开始了一系列的质变。从这个意义上来说，晚清的职业教育应该可以看作中国教育近代化的一个源头和先行者。它为晚清的教育改革，乃至后世中国的教育改革提供了动力和经验。

其次，清末职业教育是晚清新式教育体系的一个重要的和独立的组成部分。正如前文所述，在清末的教育改革迈出第一步的时候，以实业教育为核心的晚清职业教育，几乎就是当时所谓“新式教育”的主要，甚至是全部内容。随着实业教育的进一步发展，晚清的新式教育也逐渐产生更多的分支和更丰富的内容，普通教育、高等教育、师范教育等教育体系开始建立。到了1902年张百熙主持制定壬寅学制的时候，中国的新式教育体系已经初具规模，内容渐趋完备，结构渐趋合理。但遗憾的是张百熙似乎对于职业教育的重要性并没有很深刻的认识，在他制定的壬寅学制中，职业教育被作为普通教育和高等教育的附属品，融合在二者之内，并没有成为独立的体系。当然，壬寅学制本身就是一个短命的学制，次年就被癸卯学制所替代。作为癸卯学制的实际制定者，曾经身处洋务运动第一线的张之洞显然对于职业教育对中国近代化的意义比文士出身的张百熙更有体会。因此，在他所制定的癸卯学制中，坚定地把职业教育从普通教育和高等教育中划分出来，使之形成一个与前二者并列的教育体系，并参照西方的学制，对职业教育体系进行了比较合理、严谨又不是灵活性的整合。同时在教育机构的设置上也充分考虑了职业教育发展的需要，设置了一套完整的从中央到地方的管理机构，从行政上实现了职业教育的独立管理。这些措施都真正使职业教育成为一个科学的独立的教育体系。

再次，清末职业教育在中国职业教育发展的整个历史中占有重要的历史地位，它既是真正意义上的中国职业教育的开端，又对后世中国职业教育的发展产生了深远的影响。不论是培养实用人才的教育理念，还是重视理论与实践相结合的教学观，抑或是学科设置、学制安排，晚清的职业教育都已经为中国职业教育留下了一个比较完整的范本。此后中国的职业教育发展虽然起起落落，但大都没有跳出清末职业教育的大体框架。晚清的职业教育同时还为后世中国职业教育的发展留下了宝贵的经验和深刻的教训。后世的中国职业教育，尤其是黄炎培等人提倡的“大职业教育”和“职业教育救国”理论，无不是针对晚清中国职业教育中所存在的种种弊端和不足，进行了与时俱进的改革以后的产物，这些对后世产生重大影响的教育理论和实践，都是对晚清职业教育思想的一种继承和发扬。

第二节 民国时期职业教育课程的评价

一、不断规范制度化的职业教育课程

民国时期职业教育课程的发展是一个伴随职业教育不断制度化的过程。1911 年，辛亥革命胜利，建立了资产阶级民主共和国，相对稳定的政治统治为经济发展提供了良好的社会环境，经济发展的需要以及欧美职业教育的发展刺激了中国职业教育的产生。此后，中国职业教育开始了其艰难曲折的发展历程。这一过程中，在考察与思考中国社会现实需求、学习和借鉴国外职业教育制度的基础上，中国酝酿、建立了“壬戌”职业教育制度，将之推广到实践中。国民政府成立后，修正了这一制度，并相继颁布了一系列相关的法规，充实了职业教育制度，这其实是一个职业教育制度化的过程。

到 1937 年抗战前，民国时期职业教育制度化基本完成。总括这一曲折的历史进程，是一个参与主体不断扩大、民众观念逐渐更新、国家对职业教育的作用和地位的认识日益提高的过程，也是一个在学习西方的同时力求融合本国实际需要、使职业教育制度逐步中国化的过程。同时，为了适应经济发展、产业结构变化的需要，职业教育不断调整。这一方面说明了职业教育与经济产业结构的互动关系，另一方面说明了职业教育也要适应本国需要，逐渐本土化。作为教育制度化过程中的一个分支，民国时期职业教育制度化丰富了教育制度内容，使教育结构得到了相对平衡的发展。而且，它作为整个职业教育制度化的一个开创性阶段，为以后的职业教育制度发展打下了坚实的基础。

应当指出，囿于当时的历史条件、人们的观念和认识水平等因素的限制，民国时期的职业教育制度化难免存在着种种局限性，这主要表现在：国民政府对职业教育的重视程度还很不够；职业教育与经济发展、产业结构有一定程度的脱节；职业教育制度的中国化还有待进一步加强；职业教育制度本身还不完善，各地的推行与实践也不平衡。客观地说，这既是整个职业教育制度化历程中不可逾越的阶段，也是当前职业教育发展及改革的深刻教训和有益启迪。

二、唯实主义职业教育课程评价

鸦片战争后，“经世致用”教育思想的重新崛起使传统教育从象牙塔中伸出头来探望现实世界。西方资本主义以其先进的科学技术占领了中国的经济市场，并用其先进的武器打开了中国紧锁的大门。中国的社会政治、经济形势发生了空前变革。随着资本主义势力的入侵，中国近代民族工业的产生，社会向迂阔腐朽的封建教育提出了挑战。富国强兵需要先进的科学技术，抵御侵略需要先进的新式武器，注重实际效用的唯实主义教育思想应时代的需要勃然萌生。洋务运动中提倡的西艺、西技教育乃唯实主义教育的先声，辛亥革命前后，唯实主义教育思潮更为兴盛。下面，我们对唯实主义教育思想的演进、作用及其影响进行一些探讨。

唯实主义教育思想是应社会实际需要而产生的一种教育思想，它的发展在辛亥革命前后经历了实利、实用、实业、职业教育四个渐进阶段。实利、实用、实业、职业教育思想虽措词不同，其培养人才的目标及教育内容却基本一致，即都以培养各种于社会生产切实有用的专业人才为目的，以科学技术的发展为目的，而不像封建教育主要培养空谈“心性”的腐儒和道学家。实利、实用主义都是在批判封建传统教育空疏、无实等弊端的基础上，反思“新教育”运动中出现的学校教育与社会实际相脱离、书本知识与学生生活及生产要求相违背的弊端，试图寻求解决的方法而提出的新的教育思想。两者都强调实际运用、学用一致，学校的教学与学生毕业后的生活及生产需要相联系是其共同的一面，但是两者又各有侧重，实利主义侧重从宏观上说明教育与资本主义经济发展的关系，强调教育对生产力提高的巨大作用，偏重于学校科技教育；实用主义则主张教育以日常生活、生产的实际运用为中心，适应当时社会对学校毕业生在生产及生活能力上的要求，学校的发展与社会产业结构相协调，着眼于教育的教学内容、教学方法如何围绕着社会生活的实际需要作有效的改革。

实利主义、实用主义教育思潮的兴起，实质在于要使实业的需求真正成为整个教育的中心，以谋求整个中国教育从宏观到微观的以“实”为标尺的改造，来适应现实社会发展的需要。实用主义教育与实利主义教育相较，前者不仅理论上更丰富，涉及面更大，而且由于具有方法论的意义，很快被人们用于实践，如上海县各小学、江苏第二师范附小就曾施行，又如1913年12月，江苏省武进市教育会召开经常大会，通过庄俞会长提出的《实施实用主义教授法案》，拟于各学校中先就修身、国文、算术三科实施实用主义。修身注重做法；国文以应用文字为主，如便条、明信片、书函、请帖、电报、汇票、借据、合同等，分配于数学年内，一一示以写法、用法、作法。可以说，实利主义、实用主义教育思潮从理论到实践对封建的“空疏”教育展开了彻底叛离，对教育实践产生了深刻影响。实用主义是1912—1916年教育界影响最为广泛的教育思潮，正是在此基础上，有了职业教育思潮的产生与发展。

辛亥革命前几年，张百熙、荣庆、张之洞拟定的《奏定学堂章程》中就较明确地提出了唯实教育，奏曰：“国计民生，莫要于农工商实业，兴办实业学堂，有百益而无一弊，最宜注重。”1906年3月，学部《奏请宣示教育宗旨折》中又提出“尚实”教育的重要性。奏折中说明了当今注重“尚实”教育的重要性：“方今环球各国，实利竞尚，尤以求实业为要政，必人人有可农可工可商之才，斯下益民生，上裨国计，此尤富强之要图，而教育中最有实益者也。故学所以可贵者，惟其能见诸实用也”①。该奏折中对于如何切实贯彻唯实教育，从教材到教法均有具体规定：“凡中小学堂所用之教科书，宜取浅近之理与切实可行之事，以训谕生徒，修身、国文、算术等科，皆举其易知易从者，助之以实行，课之以实用，其他格致、画图、手工，皆当视为重要科目，以期发达唯实科学派。教员于讲授之际，凡有事实之可指者，必示以实物标本，使学生知闻并进；且时导学生于近地游行，以为实地研究之助。”② 教材、教法都强调从实用出发，学生培养也求以实用为目标，这些都是唯实主义教育的目的所在。从19世纪90年代中期起，唯实教育思想初步萌生。

辛亥革命后，唯实主义教育思想有很大发展。教育界对唯实主义教育的目的、作用、内容、实施方法等方面提出了各种不同的看法和建议。唯实的概念也由实利、实用、实业教育演进到职业教育。当时，最有力的提倡者有蔡元培、陆费逵、庄俞、黄炎培等人，他们的命题稍有差别，对唯实主义教育的作用和实施方法的认识也稍有不同，但他们对唯实主义教育目的、性质的认识皆趋于一致。经过蔡元培等人的提倡，唯实主义教育思潮蓬勃兴起。

---

① 大清教育新法令（第一册第二编）. 上海：商务印书馆，1906

② 高平叔. 蔡元培教育文选. 北京：人民教育出版社，1987. 42～47

蔡元培1912年任教育总长时，将教育宗旨定为军国民、实利、公民道德、世界观、美感教育五端。其中将实利教育作为与世界各国竞争的手段。他说："今之世界所持以竞争者，不仅在武力，而尤在财力。且武力之半，亦由财力而孳乳。"而现在，"我国地宝不发，实世界之组织尚幼稚，人民失业者至多，而国甚贫"，为了增加财力，"实利主义之教育，固亦当务之急者也。"对实利主义教育的作用，他认为是"以人民生计为普通教育之中坚"[①] 的教育。实利主义教育的内容他认为是智力教育，他说："军国民主义为体育；实利主义为智育；公民道德及美育皆毗于德育"。智育所包括的内容有数学、物理、化学、手工、博物、历史、地理等，智育教育对培养人才的作用是可以养成"完全之人格"。他认为，只有利用科学知识武装受教育者，受教育者才具备形成完全人格的条件，而养成了完全人格的国民，才能建立一个富强的国家。

与蔡元培同时大力提倡实利主义教育的人还有商务印书馆《教育杂志》编辑陆费逵。1912年，他的《民国教育方针当采实利主义》一文，对实利主义教育的地位、目的、作用作了详细论述。首先，他认为实利主义教育在蔡元培提倡的五项教育中应占最重要地位。他认为军国民、公民道德，世界观、美感四项教育最终都要依附于实利教育。他说："实利主义非惟药贫，实足以增进国力，高尚人格，非此则他四主义将无所附丽。"他的理由是："无财则任何勇武之国民必不足以取胜。此军国民主义之有恃乎实利主义者一也。衣食足而后知礼义，饥寒不免则道心变为盗心矣。此公民道德主义必恃乎实利主义者又一也。出世间之观念，优美尊严之感情非不美也，然过于重视则不免流于优柔文弱。"[②] 因此，实利主义教育是其他四种主义的依托。他对实利主义教育的地位与蔡元培理解有所不同。他说蔡元培于"军国民、实利、公民道德、世界观、美感五端而侧重于后二者"，说蔡君意见并非兼采五端，而"实以世界观及美感二者为教育方针也"。[③] 其次，陆费逵认为实利教育对人的生存竞争有极重要的作用。他认为一个人要在社会上立足，首先就应具备谋生之技能，而这种技能是通过实利教育得来的。他说我国现在是"下等社会虽能耐劳，而知识缺乏，生活之力遂以薄弱；上等社会文弱优柔，既无耐劳之筋力，又无谋生之能力"，

---

① 高平叔．蔡元培教育文选．北京：人民教育出版社，1987．47

② 陆费逵．民国教育方针当采实利主义．教育杂志，1912，3（11）

③ 陆费逵．民国教育方针当采实利主义．教育杂志，1912，3（11）

如果长此以往，只‘恐全国皆游民皆饿莩矣。’他还分析道：“教育宗旨，以养成人为第一义，而人之能为人否，实以能否自立为断。所谓自立者无他，有生活之智识，谋生之技能，而能自食其力不仰给于人是也。”还说：“人之维持生活，既为人生第一要事，教育人人使能维持其生活，或更从而进步之，斯教育之目的达矣。”① 他批评清代，说那时“愈兴教育而人民愈贫，道德愈下者”，就是因为“不注重实际教育，不能裨益于人生生活”，使得“子弟谋生之能力愈薄弱”。他认为“世界观、美感二者”，对于“养成文学家”是有道理的，可以定为“文科大学之宗旨”，但对于普通国民教育来说，最要紧的还是实利主义教育。他还以欧美等国为例：“今世界各文明国，若英、若美、若法、若德、若日本，其教育皆有注重实利主义之倾向。”中国“若不急施实利主义之教育，而欲与英、德、法、美诸国竞”是不可能的。他以充分的道理说明重视实利教育的重要，为此，他断言“非采实利主义为方针不可”②。陆费逵对实利主义教育作用的认识为许多教育界同仁认同，后来黄炎培提倡职业教育，其教育目的与他颇为一致。再次，陆费逵还认为实利主义教育能培养人们勤俭、耐劳、自立、自营的优良品德。他说实利教育给人以谋生技能只是其表现形式，而更重要的是“其精神所在则勤俭也、耐劳也、自主自营也”，甚至“举凡一切为人之德义，实利主义之教育无不含之”。而且，由此推之，“人人能勤俭、耐劳、自主、自营，则民智民德进，而社会国家亦进步矣”。他的这一观点与清初著名教育家颜元以劳动来训练人的道德有共同之处。陆费逵的观点在当时产生了很大影响。总观他的观点，其实亦可很简单地作个概括，即经济基础是一切事物的依托，物质是第一性的，物质文明是精神文明的基础。

继蔡元培、陆费逵之后，黄炎培、庄俞等也提出了教育应注重实利、实用教育的观点。他们在提法上与前二者有一点区别，即将实利主义改为实用主义、实业主义。其实，实利主义是实用主义的译名，经蔡元培等提出后，为教育界接受，“实利”一词逐渐为“实用”、“实业”取代。1913 年，黄炎培著《学校教育采用实用主义之商榷》一文，其观点与陆费逵很接近。他认为实用主义教育目的是使人有自立之能力，德育也宜归于实践。黄炎培说：“教育者，教之育之使备人生处世不可少之件而已。人不能舍此家庭绝此社会也，则亦教之育之，

① 陆费逵．民国教育方针当采实利主义．教育杂志，1912，3（11）
② 陆费逵．民国教育方针当采实利主义．教育杂志，1912，3（11）

惮处家庭、社会间，于已具有自立之能力，于人能为适宜之应付而已。析言之：即所谓德育者宜归于实践；所谓体育者求便于运用；而所谓智育，其初步遵《小学校令》之规定，授以生活所必需之普遍知识技能而已。”为此，他提出“以实业为教育中心”的口号，他把实用、实业教育的精义归结为：“养成活学活用所得事项于实地精神”，“养成活用知识技能于实地之习性”[①]。后来黄炎培的职业教育思想即是其实用主义教育思想的发展。与黄炎培同时，庄俞写了《采用实用主义》一文。他的观点与陆费逵、黄炎培很接近。他说：“在教育上正当之目的，须与物质的、精神的关于生活上之准备，故正当学科宜从人生必要事项，而示以各种活动之顺序。第一使其能直接得生活上之实用。第二使其能间接得生活上之实用。……教育家当与人以最良之方法，使人人能自营生活，则人人斯得为人之价值。……一言以蔽之，教育儿童自当养其用之知识为主。”庄俞还沉痛地批判了学校教育不注重实用的弊端，以此唤起人们对实用教育的重视。

在教育界人士的大力倡导和积极推动下，实利、实用、实业教育思潮受到社会普遍重视，各书店出售的教科书上均标明“实用”二字，以表示崇尚唯实主义教育。1913 年 8 月，教育部公布了《实业学校令》十一条，对实业教育的目的、学制、教学内容等都作了具体规定，对唯实主义教育的发展起了推波助澜的作用。《实业学校令》还规定：“实业学校以教授农工商业必需之知识技能为目的。”将实业学校分为甲、乙两种，“甲种实业学校施完全之普通实业教育；乙种实业学校施简易之普通实业教育；亦得应地方需要授以特殊之技术”。同年 8 月，教育部还公布了《实业学校规程》六十条，规程包括通则、附则及对农业、工业、商业、商船、实业补习学校的具体规定，而且，还添设了女子职业学校，专授妇女以职业技能，为她们将来自谋职业、自谋生活创造了条件。1915 年，袁世凯窃取政权，也顺应历史潮流，在《教育纲要》中重申了实业教育的必要性。因为实用、实业教育都是从社会生产出发，学习内容也是以学自然科学知识和生产技能为主，故无论哪一个阶级都对它采取了欢迎的态度。

实利、实用、实业教育思想的主要内涵都是指学校教育应与学生生活、与社会实际需要相联系。它既是针对封建教育脱离生活、远离社会的弊病而提出

① 黄炎培．学校教育采用实用主义之商榷．教育杂志，1913，5（7）

的，也是针对社会生产力和商品经济发展而提出的，是从社会与学生的需要两方面立论的。

实用主义教育思想自1919年5月1日美国著名学者杜威来华讲学后，其理论有了许多新内容，在此作一简略介绍，好与清末民初的实用主义教育相区别。杜威的实用主义教育思想从“五四”前直到1949年中华人民共和国成立，在教育界一直拥有很大势力。杜威受黑格尔、达尔文等人的学说的影响，形成其哲学思想体系，他提出“经验论的自然主义”或“自然主义的经验论”的命题。他在其哲学理论的基础上，提出了一系列教育观点，形成其较系统的实用主义教育思想体系。杜威认为教育过程是一个不断改组经验、重新组织经验的过程；教育即生活，最好的教育是“从生活中学习”。他提出“学校即社会”的口号，认为只有当学校本身是一个小规模的合作化的社会的时候，教育才能使青少年为将来的社会生活作准备。他提倡在教学实践中，要把东西交给学生去“做”，而不是交给他们去“学”，还主张学校课程的设置应与学生的生活联系起来，主张把园艺、木工、烹饪等生活所需的技能引进到学校教学内容中来。他还十分重视职业教育，认为职业教育是唯一能使个人特异才能和他的社会服务取得平衡的事业。杜威的实用主义教育思想与中国教育界提倡的共同点在于他们都主张教育要联系实际，要与培养学生的实际能力联系起来。

继实利、实用、实业等概念提出后，教育界又提出了职业教育问题，职业教育的提法虽与前三者不同，但教育目的、教育内容、人才培养目标却与前三者一致，故这四种命题实际上都属唯实主义教育思想的范畴。职业教育的提出是辛亥革命后，大多数中小学生毕业后都找不到出路，而此时，国际上掀起一股职业教育热，这股热潮随即波及中国，中国教育界受到一次新的挑战。教育界许多人认为，只有实施职业教育才有利于解除当时毕业生面临的生计危机。于是，以著名职业教育思想家黄炎培为代表的一些教育界人士开始大力倡导职业教育。

黄炎培于辛亥革命后曾任江苏省教育司司长，任内全力从事地方教育改革。1914年2月，他辞去江苏省教育司司长之职，以上海《申报》报馆旅行记者的身份先后到皖、赣、浙、鲁、冀等省考察教育。1915年4月，他随同游美实业团参观巴拿马太平洋万国博览会。在美国，他参观了18所中学，18所学校都设有农、工、商、师范、家事等职业学科。他还看到“美利坚一国，发明新器物，年至四万种；爱迪生一人，发明新器物，多至九百种”①。他深为“人绝尘而奔，我蛇行然伏”的状况担忧。他认为造成这种现象的一重要原因是因中国教育“无新学识以应用于实际，无新人才从事改良”，教育的最大流弊在于“教育不与职业沟通”，“百业也因此不能进步。”而现今，欧美各国对职业教育非常重视，这是他们经济发展得迅速的一个重要原因，因为整个劳动大军的生产素质提高了。他介绍欧美职业教育情况说：“今欧美之于职业教育，可谓盛矣。德国一职业学校，分科至三百多种。美国黑人实业学校，凡房屋以及房屋之砖之瓦之钉，屋内一切家具，马车以及车之轮之铁之褥之油幔，马及马之豢养，御者之衣及履，食物如面包，以及制面包之麦之粉，若牛肉，若牛油，若鸡蛋，若牲畜之豢养及屠实，无一非出学生手。”他将欧美国家发达的原因归功于职业教育：“考其发达之源，英仅自一九〇八年苏格兰设教育职业局始，美仅自一九〇七年波士顿设少年职业顾问所始。”面对世界生机勃勃的职业教育，黄炎培似乎找到了改造中国教育的良方，故而提出了“职业教育方为今之急务”的口号。关于职业教育的目的，黄炎培在《中华职业教育社宣言书》中讲得很清楚：“一、为个人谋生之准备；二、为个人服务社会之准备；三、为国家及世界增加生产能力。”可见，职业教育目的与实利、实用、实业教育的目的是一致的。他提出实施职业教育的具体方法主要有二：“一方推广职业学校、职业实习学校；一方于高等小学中学分设职业科。”黄炎培成为中国职业教育的奠基者。

“五四”运动以前的职业教育是提倡时期和初行时期，“五四”运动后才是推广时期。与黄炎培同时大力倡导职业教育的还有蒋梦麟、顾荫亭、庄俞、陶行知、陈独秀等人。他们大都赞同黄炎培的观点。如1915年陈独秀在其《今日之教育方针》一文中就将职业教育列为其主张的教育方针之一。他提出教育须贯彻四大主义，职业教育乃四大主义中的一项。他说：“今之教育，倘不以尊重职业为方针，不独为俗见所非亦经世家所不齿。盖个人以此失其独立自营之美德，社会经济以此陷于不克自存之悲境也。”② 陈独秀也是从个人生计和社会经济两方面来说明职业教育作用的。职业教育经过黄炎培等人的宣传，尤其是中华职业教育社的策励，该教育思想成为辛亥革命以后唯实主义教育的主要内容。

1917年，全国教育会联合会拟订的《职业教育进行计划案》进一步促进了

---

① 黄炎培．中华职业教育社宣言书．教育杂志，1917，9（7）

② 黄炎培．中华职业教育社宣言书．教育杂志，1917，9（7）

职业教育思潮的广泛传播。1917 年《教育公报》第 11 期刊登了《计划案》。1918 年 6 月，教育部以训令第 260 号要求京师学务局及各省教育厅按此计划案酌量办理职业教育。这一计划案十分全面地体现了当时实施职业教育的原因、目的及实施方法等内容，是对当时职业教育思想的一次总括。

清末民初影响甚广的唯实主义教育思潮，无论是实利、实用、实业，还是职业教育思想，都是一定社会条件下的产物，它们共同促成了近代唯实主义教育思潮的演变和发展。此四种教育思想均是应近代社会政治、经济的巨大变化而产生的。它们的基本目标一致，从社会方面讲，以振兴国力，发展生产为目的；从个人方面讲，以培养能自营自立的实用人才为宗旨。

唯实主义教育思想在近代中国产生了重大影响。

一是推动了唯实主义教育的发展。辛亥革命前后十几年中，从中央教育部到地方的教育部门，从教育界到实业界，都大力实施唯实主义教育。1903—1917 年，教育行政部门正式公布了许多实行唯实主义教育的章程、通则等，如《奏定实业学堂通则》、《奏定初等农工商实业学堂章程》、《奏定中等农工商实业学堂章程》、《奏定高等农工商实业学堂章程》、《奏定实业补习普通学堂章程》、《奏定实业教员讲习所章程》、《奏定艺徒学堂章程》、《教育部公布实业学校令》、《教育部公布实业学校规程》、《全国教育会联合会职业教育进行计划案》等。这些章程证明唯实主义教育影响面是很广的。教育行政部门的章程和训令为唯实主义教育的发展铺平了道路。但溯其根源，唯实主义教育为教育行政部门所重视首先还是教育思想家们大力提倡和宣传的结果。

二是这股强大的教育思潮为辛亥革命以后大批实业学堂、职业学校的诞生做好了思想上的准备。辛亥革命后，全国建立了一大批高、中、初级实（职）业学堂，各级实（职）业学堂又分设了各类农业学堂、工业学堂、商业学堂、商船学堂、职业补习学堂、实业教员讲习所和女子职业学堂。这一大批实（职）业学堂的建立对中国近、现代唯实主义教育的发展产生了深远影响。

三是在这股教育思潮的带动下，有实际生产知识的人才大量涌现。学生从读死书的旧式教育转向注重学习实际生产技能的新式教育，大批学生纷纷进入实（职）业学堂学习，为将来能自立于社会创造条件。它明显的社会功能和社会效益一直受到教育界的重视。

唯实主义教育思潮在理论上的价值，概括起来有：

（1）深化了教育功能的认识。唯实主义的兴起使人们开始从教育与社会经济的发展、生产力的提高的关系和教育与个人生活能力的培养、就业机会的获得的关系两方面来探讨，提升了对教育功能的认识。

（2）重新审视学校教育课程设置及内容。唯实主义开始了对学校教育课程设置及内容改革的思考，课程改革尤其是职业教育的课程设置应如何满足社会生产和学生个体生活的需要，这是当时教学改革中必须回答的问题。

（3）教学方法的探讨。教学方法怎样适应职业教育教学改革趋向社会实用化的要求而有所革新，对这些问题的探讨在当时有很大意义。

因此，在近代教学理论发展史上，特别是在教学理论中国化的探索中，实利主义、实用主义教育思潮有重要的地位。当然，它们的探讨主要是针对当时的实际，带有时代所带来的认识上不可避免的局限性，故尚不深刻全面。其后，职业教育思潮、杜威的实用主义教育思潮、乡村教育思潮等仍旧在继续探讨这些问题。所有这些，对于我们当前的教育改革都是有借鉴意义的。

第六章　晚清民国时期职业教育课程的启示

在我国，职业教育的产生虽然早于现代普通教育和高等教育，但因发展缓慢、曲折，始终没有成为中国教育的主流。这里面有很多因素，我们可以从文化学、社会学、经济学、教育学等多方面去探究，并且这方面的研究也已经取得了大量的成果。

发轫于晚清洋务运动的中国近代职业教育，经历了戊戌维新时期的初步发展、晚清新政时期的长足发展、民初实业教育向职业教育的转型、民国时期职业教育的发展，其发展过程可谓跌宕起伏。晚清民国时期职业教育的发展促进了中国社会经济的发展，推动了中国近代化的发展历程。中国近代职业教育的发展历程为中国现代职业教育的发展提供了很多宝贵的经验，值得我们去借鉴，同时，通过对晚清民国时期职业教育课程的研究，回顾职业教育发展的历史，也会给我们带来很多启示。

第一节　师范学堂不良，职业教育难“旺”

从晚清时期实业教育兴起之时，师资的问题就被视为一个关键的因素。钦定学堂章程开章“全学纲要”第七节就指出，“学堂开设之初，欲求教员，最重师范”；奏定学务纲要也强调“学堂必须有师”，办学堂首先要办师范学堂。在大兴新学的时期，晚清政府和民国政府无不把师范教育作为急要处理，制定了大量的师范学堂章程，并采用各种奖励政策来鼓励兴办师范教育和进入师范学习的学员。“师范为教育之母，初级师范为小学之源泉。师范学堂不良，地方学务永无发达之望，吾国现办师范学堂，优良者固多，而不合办法者亦复不少，既不注重教育，又无特别学风，名为师范，实与中学无异。”① 可见教师教育的重要地位，同时也指出了师范教育中存在的问题，尤其是师范学堂的课程问题。

教师教育经历了“长者为师”、“能者为师”、“吏者为师”的无模式时代、“师范学校”一元模式时代和正在经历的教师教育多元化培养的多元模式时代。职业师范院校是教师教育多元模式时代下多元中的一元，它承担着为职业教育培养师资和对职业学校教师进行培训的任务，这一类师范院校培养的学生正在成为我国职业教育的主要师资来源。

就其课程结构来看，职业师范院校的“职业”和“师范”的性质决定了其课程结构，一是职业课程，一是师范课程。目前职业师范院校的课程结构普遍存在“重职业课程，轻师范课程”、“重理论课程，轻技能实训”的现象，教育类课程在整个课程体系中没有得到应有的重视。而教育类课程是体现职业师范学院办学特色，实现学校培养目标的根本保证，无论是从职业师范院校的课程体系，还是从其教育类课程自身的结构的现状来看，都存在许多急需改革的地方。

一、职业师范院校教育类课程现状

（一）课程性质定位不准确的职业教育类课程

职业师范院校的课程和普通师范院校的分类一样，一般有两种分类：一是从课程性质上分为普通文化课程、专业学科课程、教育学科课程和选修课程四个板块；二是从课程功能划分为基础课、专业课和公共课三种类型。作为师范教育专业的教育类课程它既不属于基础课，也不属于专业课，长期被定性为非专业的公共课。由于这样的定位使教育类课程沦落为一种可有可无的边缘学科，不仅学生不重视，而且许多学校教务管理部门和教学单位也普遍没有引起足够的重视。

（二）课程门类少，课时比重低的教育类课程

目前我国职业师范院校教育类课程的设置与普通师范院校相比，除了在

① 邰爽秋．历届教育会议议案汇编（各省教育总会联合会议议案）．上海：教育编译馆，1935．13

课程名称方面略有区别外，如职业教育学、职业教育心理学等，几乎就是普通师范院校的翻版。有些职业师范院校在课程名称上也和普通师范一样。造成这种现象的一个主要原因是，现在学生毕业后在学校求职，用人单位更看重教育学和心理学，招考教师的考试科目也是教育学和心理学，所以有些职业师范院校在开设了职业教育学和职业心理学之后，也不得不又改开教育学和心理学。

从晚清民国时期来分析，教育类课程在师范教育课程结构中历来占很大的比重。

晚清时期，《钦定京师大学堂章程》里面，特别注重各门学科的教学方法，在第四年的计划中几乎都是教学方法的学习和教育实习，如伦理（授以教修身之次序方法）、习字（行书、篆书、草书，并授以教习字之次序方法）、算学（代数、级数、对数，并授以教算学及几何之次序方法）等。《女子师范学堂章程》第四节各学科要旨程度规定："教育学科的要旨在于使理会女子小学堂教育、蒙养院保育及家庭教育之旨趣法则，并修养为教育者之精神。其教课程度，先教以教育原理，使知心理学之大要，及男性女性之别，并使明了德育、智育、体育之理；次教以蒙养院保育之法；次教以小学堂一切教授管理训练之法，并使知家庭教育与学堂教育之关系，及家庭教育与国家之关系；次使于附属女子小学堂及蒙养院实地练习教授生徒及保育幼儿之法则。"

民国二年三月十九日（1913 年 3 月 19 日），教育部公布师范学校课程标准，教育学科开设普通心理学、伦理学大要、教育理论、哲学、教授法、保育法、教育史、教育制度、学校管理、学校卫生等科目，同年 4 月 24 日教育部通行师范教育注重实习训令，强调理论与实习并重。我国自新中国成立以来，本科师范院校教育类课程经历了四次大的调整 ：1952 年的《高等师范学校教学计划》规定除教育系外，教育学、心理学、教育史和学校卫生学四门作为各系教育类课程的必修课，同时各专业还要必修两门学科专业的学科教学法，共六门课程，另外还有教学见习和教学实习两门实践课程 ；1963 年第一次对专业目录进行了修订 ，减少了教育史、学校卫生学和一门学科教学法；1981 年课程计划除继续保持了教育学、心理学和学科教学法三门课程外，取消了课程见习；1997 年第四次专业目录的调整 ，教育类课程门类除增加了一些选修课程外，没有太大的变化。从课时量来看，1952 年教育类课程开设的课时量占总课时的

22%左右，从1963年开始，课时量占总课时的比重一直维持在11%左右。教育类课程的学分大致为6~8学分，只占到本科阶段总学分的5%左右。

我国职业技术师范院校教育类课程目前主要开设的职业教育学、职业心理学一般为36~54学时，教材教法为32学时，加起来不到总学时的1%。见表6－1所示。

表6－1　广东技术师范学院[①] 2007年师范教育专业的教育类课程学时分配表

专业 课程	计算机科学与技术		数学与应用数学		教育技术学		装潢设计与工艺教育		应用电子技术教育		英语		电气工程及其自动化	
	学时	学分	学时	学分	学时	学分	学时	学分	学时	学分	学时	学分	学时	学分
教育学	54	3	54	3	54	3	54	3	57	3	54	3	54	3
心理学	54	3	54	3	54	3	54	3	51	3	54	3	54	3
教育技术学	36	2	36	2	48	3	36	2	38	2	36	2	36	2
教师口语技能	36	2	36	2	—	—	36	2	34	2	36	2	36	2
理论课总学时	2 164		2 318		2 278		2 498		2 164		2 318		2 342	
毕业所需学分	170		170		168		161		167		169		172	

（三）课程内容组织普教化、学术化的职业教育类课程

从课程内容组织来看，职业师范院校教育类课程的内容普遍存在普教化和学术化的现象。职业教育的特色在于“术”，而不是“学”，“术学”不同于“学术”。梁启超先生早在1911年就指出“学”与“术”是不同的范畴，“学也

① 广东技术师范学院是我国目前专门为职业教育培养师资的13所普通高等院校之一。

者，观察事物而发明其真理者也；术也者，取所发明之真理而致用者也”①。蔡元培先生也认为“学为学理、术为应用”，“学必借术以应用，术必以学为基础，两者并进始可”②。

目前职业教育师范院校的教育类课程所使用的教材基本上是普通师范院校使用的教材，即使是使用的冠以“职业技术”之名的教材，其内容也基本是对普通院校课程内容的复制、增减，不能体现职业教育“术”的特色，缺乏对职业教育自身特点的深入探究。例如，近年来《职业教育学》的教材有了几十种版本，但是仔细对照一下，其主要章节、主要概念、主要观点，甚至主要话语等都是借用普通教育学，有些行文如果拿掉“职业”二字，几乎就是普通教育学。

职业教育应该突出“术学”，这是职业教育的最大特色体现。但是从分析职业师范院校的教育类学科的教材中我们可以看到，教育类课程所使用的教材和其他非教育学科类的教材一样，普遍存在知识学术化的倾向。重理论阐述，轻实践的指导，对概念、原理等讲授过多，而对职业教育中出现的现实问题的解答太少，或者解答不清；重学科的知识体系，轻职业教育的特色，教育类课程缺乏对职业教育教学实践的关注，缺少对职业教育师范生教育教学实践的指导；片面强调对教育知识本身的理解记忆，忽视知识的运用价值；过度关注理论知识的积累与进步，缺乏对教师实践知识的研究与借鉴。这种重“学”轻“术”的课程内容使职业教育师范院校逐渐沦落为“似普教又非普教，似职教又非职教”，论理论不及普通师范院校和综合大学，论技能不如高职院校的尴尬地位。

（四）抽象沉闷的职业教育类课程的实施方法

职业师范院校的教育学科课程的教学主要是以传统的课堂讲授法为主，整个教学过程在形式上课堂化，内容抽象化，教学组织单一化。由于教学远离职业教育的实际，脱离学生的生活，课堂上基本上是教师讲、学生听的单向知识输入方式，少见师生、生生之间的交流互动。沉闷乏味的课堂教学导致学生缺乏兴趣，无法真正实现师范生专业能力的提高，同时也使很多任课教师丧失了

① 梁启超．学与术．饮冰室合集（第三册）．北京：中华书局，1936．11～14
② 蔡元培．绍兴推广学堂议．蔡元培全集（卷1）．北京：中华书局，1988．150

对课程教学的探究兴趣和创新探求的动力。通过对广东技术师范学院外语学院英语教育专业05、06级学生的调查发现，在回收的168份有效问卷中有160名同学在学习之初对教育类学科感兴趣，尤其是对心理学和教学口语技能（或者是学科教学法）有兴趣，由于对教育学这门学科不是很了解，感兴趣的程度低于心理学和教学口语技能（或者是学科教学法）。但是期中过后的再次调查却显示，对教育类学科继续保持有兴趣的同学的人数减为37人。失去兴趣的主要原因是认为其内容理论性太强、过于抽象，因而使课堂沉闷。

（五）教学手段单一和课程评价单一的职业教育类课程

多媒体技术和其他计算机网络技术等技术手段现在已经广泛应用到了教学中，但是在职业教育类课程实施过程中，很少运用现代教学技术手段，大多数老师仍然是“一本书、一支笔”的传统教学模式。通过调查发现，广东技术师范学院教育学、心理学两门课程使用多媒体教学手段的比例虽然逐年有所提高，但是到2008年仍然不到50%，学校虽然有微格课室，但是使用率极低，几乎没有用于教育类课程的教学，究其原因，一方面是受学校教学资源的限制，另一方面是教师利用现代教学手段的意识不强和教育类课程内容只重知识传授的原因。

课程评价是对教与学效果的评定，其目的是检验课程教学是否达到了课程目标。职业教育学科课程的目标绝不是让师范生记住一些概念原理，而是要让学生形成教师职业能力，即教育教学能力。因此，要达到课程评价目的，必须采取有效的、多元的评价方法与手段，才能获得真实的信息。而在职教教师教育中，职教教育学科课程的考核方式主要是书面考试，由于学科性质不准确，重视程度不够，有时职业教育学科课程采取考查的方式，评价的方式要么是停留在学生对知识的记忆，要么是一种形式化的考查，而学生的职业教育教学能力却无从验证，这种单一的评价方法既背离了职业教育学科课程目标，又无法测试出师范生的真实水平，更无力推动职业教育学科课程的发展与进步。很多成绩优秀的毕业生进入教师岗位后，不知如何有效地进行专业教学，不会管理班级，不会做学生工作，这也使得人们对职业教育学科课程的价值提出了质疑。

二、我国本科师范院校教育类课程设置变化的历史考证

（一）教育类课程所占比重的变化

从表6－2可知，1952年教育类课程开设学时数，汉语言文学和数学专业分别为856学时和920学时，所占比重分别为22.9%和24.7%。从1963年开始教育类课程的学时数大幅消减，所占比重分别为11.9%和12.7%。从此以后教育类课程学时数基本保持占总学时数的10%左右。

表6－2　新中国成立以来本科教师教育的教育类课程设置比重变化表

汉语言文学专业								
结构	1952年		1963年		1981年		2000年	
	学时数	比重（%）	学时数	比重（%）	学时数	比重（%）	学时数	比重（%）
公共类课程	1 090	29.2	752	29.9	718	27.9	450	28.2
专业类课程	1 788	47.9	1 393	55.4	1 152	44.8	650	40.6
教育类课程	856	22.9	300	11.9	283	11.0	170	10.6
选修类课程	0	0	71	2.8	420	16.3	330	20.6
数学专业								
结构	1952年		1963年		1981年		2000年	
	学时数	比重（%）	学时数	比重（%）	学时数	比重（%）	学时数	比重（%）
公共类课程	886	23.8	595	22.8	642	23.0	490	28.2
专业类课程	1 916	51.5	1 640	62.7	1 567	56.1	630	40.4
教育类课程	920	24.7	330	12.7	289	10.4	190	12.2
选修类课程	0	0	48	1.8	286	10.3	250	16.0

注：表中数据引自姚云．教育类课程在我国教师教育中的设置研究．湖南师范大学教育科学学报，2003，2（4）

（二）教育类课程开课顺序的考证。

从表 6－3 可以看出以下规律：①心理学一般安排在教育学之前；②教育实习基本上都安排在第七学期；③第八学期都没有安排教育类课程。

表 6－3　新中国成立以来本科教师教育的教育类课程排列顺序

学期	1952 年		1963 年		1981 年		2000 年	
	汉语言	数学	汉语言	数学	汉语言	数学	汉语言	数学
一	心理学	心理学	—	—	—	—	—	—
二	心理学	心理学	—	—	—	—	—	—
三	教育学 见习	教育学 见习	—	—	心理学	—	心理学	—
四	教育学 见习	教育学 见习	心理学	心理学	教育学	—	—	心理学
五	教育史 卫生学	教育史 卫生学	教育学	教学法	教育学	心理学	—	心理学 教育学
六	教学法	教学法	—	实习	教学法	教育学	—	教学法
七	实习	教学法 实习	实习	教学法 实习	教学法 实习	实习	教学法	实习

注：表中课程排列情况参考华东师范大学本科教学计划

（三）教育类课程学时数的变化

教育类课程从 1963 年开始，不仅门类大幅减少，而且教育学、心理学、学科教学法等课程的时间也大幅减少，如表 6－4 所示。

表 6－4　新中国成立以来四门教育类课程学时数的变化

	汉语言文学专业				数学专业			
课程	1952 年	1963 年	1981 年	2000 年	1952 年	1963 年	1981 年	2000 年
教育学	118	64	51	54	118	68	57	54
心理学	84	32	34	36	84	32	36	36
教学	148	60	54	36	212	87	52	36
教育实习和见习	356	144	144	120	356	144	144	120
总计	706	300	283	266	770	331	289	256

注：表中数据引自姚云．教育类课程在我国教师教育中的设置研究．湖南师范大学教育科学学报，2003，2（4）

（四）教育类学科理论、应用、实践课程的比重变化

理论、应用和实践三类课程的比重是教师教育类课程内部结构十分重要的内容，它将直接影响到未来教师的素质。国外教师教育类课程理论和应用类与实践类之间的比重基本上是2∶1 。从表6－5 可以看出，我国教育类课程理论部分的比重一直都很大，应用类课程的比重一直相对较低，实践类的课时比重看起来不低，但是绝对比重还是较低。

表 6－5　新中国成立以来三门教育类课程学时数的变化

	汉语言文学专业								数学专业							
	1952 年		1963 年		1981 年		2000 年		1952 年		1963 年		1981 年		2000 年	
	学时	比重（%）	学时	比重（%）	学时	比重（%）	学时	比重（%）	学时	比重（%）	学时	比重（%）	学时	比重（%）	学时	比重（%）
理论类	353	41.1	96	32	85	30	90	36.6	352	38.3	100	30.2	93	32.2	90	36.6
应用类	148	17.3	60	20	54	19.1	36	14.6	212	23	87	26.3	52	18	26	14.4
实践类	356	41.6	144	45	144	50.9	120	48.8	356	38.7	144	43.5	144	49.8	120	48.8

注：表中数据引自姚云．教育类课程在我国教师教育中的设置研究．湖南师范大学教育科学学报，2003，2（4）

三、职业师范院校教育类课程解构的设想

（一）树立以学生为本的教育思想，为学生提供自身发展需要的课程

过去，职业师范院校教师教育的课程总是以学科教育目的来代替教师教育培养目标，根据学科目标来设置课程，这种模式脱离了教师教育的目标，也脱离了学生的实际。教育是人的教育，是对人的教育；教学是人的教学，是对人的教学；课程是人的课程，是为人的课程，课程应在人中，而不是其外，人应该在课程中，而不是其外。职业师范院校的课程应是以学生的需要为本，以学生的自身发展的需要为本。为学生提供自身发展需要的多种课程模块，设计教师教育的课程模块供学生选修。通过多样化的模块，让学生自由选修，真正体现生本的教育思想。

（二）建立职业教育以“术学”为本，师范教育以“师术”为本的课程思想

观念的更新是解构职业师范院校教育类课程的前提。建立职业教育以“术学”为本，师范教育以“师术”为本的职业师范院校课程思想，这是一种课程观念的建立与更新，尤其是学校管理者和管理部门观念的建立和更新。教育类课程是最能体现师范特色的课程，它理应在师范院校中占有相当重要的地位，不该游离于师范专业基础课之外，不该沦落为一种可有可无的边缘学科。作为教育学的教师，我经常在公共课的教学中提醒学生，我们的专业首先是师范，然后才是计算机、英语等。只有充分认识到教育类课程在整个教师教育中的重要地位，才能改变过去那种职业教育普教化、学术化的课程价值取向，探索能多方面体现职业教育师范院校特色的新的课程标准、课程设置、课程实施和课程评估。

（三）建构合理的教师教育课程结构和比例

无论是何种类型的教师教育，还是何种形式的（封闭的、开放的）教师教育体系，都离不开体现教师特征的教育类课程设置；而课程及其结构又是教育教学发展和改革的核心问题，是实现学校办学目标与培养目标的根本保障。

国外教师教育的课程结构和我国的教师教育的课程结构基本相同。一般由普通教育课程、教育科学课程、学科科学课程等构成，但是其结构的组成和比

例却相差甚远。比如，美国教师教育的普通教育课程主要有英语、哲学、文学、美术、音乐、戏剧、外语、历史、经济、法律、社会学、人类学、政治学、生物、数学、物理、化学、遗传学、地球和空间学以及健康教育和体育等，包括自然科学、社会科学、人文科学和艺术、语言等各方面。这种课程要求所有专业的大学生必修，其目的在于提高所有学生的科学素养和人文素养，为专业发展打下扎实的基础。在美国，教育科学课程由教育原理、教学法和教学实习三大板块组成。教育原理课程包括教育哲学、教育史、教育心理学、教育社会学、教学过程、人的成长和发展、职业道德与法律、教育行政与管理、教育技术等；教学法包括教学方法与策略、课程的组织设计与评价以及教学计划、教育测量与评价等；教学实习包括教学见习、教学临床实习等。这些课程为师范生提供了丰富的教育科学领域的专业知识，体现出教育专业的特色，为学生的教师专业发展奠定了坚实的基础。学科科学课程为学生提供将来所教科目的专业知识，与中小学开设的学科课程相对应。初等教育者要学习涵盖初等教育学科的所有科目，中等教育者要集中学习一个或两个科目。就其教育科学课程结构的比例来看，许多国家对教育科学科目占全部学科科目的比例有严格的规定，例如，美国为40%，日本为38%，德国和英国均为25%以上。

有鉴于此，职业师范院校中教师教育课程在现有的学制下，如果教育类课程选取20%～30%的课时标准，总学时为2 200学时，则用2 200乘以20%或30%，可以计算出其具体学时为440～660学时。根据国外课程设计的经验，可以将教育类课程设置成以理论、应用和实践为主的三大板块分散在4年的学习时间中，如表6－6所示。

表6－6　职业师范院校教育类课程解构设想

学期	理论类课程学时数	应用类课程学时数	实践类课程学时数
二	职业教育政策与法规 12	职业教育科学研究方法 12	见习1周 12
三	中国职业教育简史 20	教育技术 36	见习1周 12
四	外国职业教育简史 20	教师口语技能 24	见习1周 12
五	职业心理学 54	学科教学法 36	见习1周 12
六	职业教育学 54	职业教育课程设计 24	教学试讲 12
七	中外职业教育教改动态 24	教育测量 12　教育统计 24	实习6周 15 ×6
八	教育社会学 24	教育评价 24	
合计	208	192	150

（四）采取形式多样的课程实施手段，建构多元的课程评价体系

课程实施和评价是课程的重要环节。教育类课程本应最活跃地课程之一，因为人是最活跃的，而教育类课程是最直接关乎人的课程。然而，我们四处看到的是令人昏昏欲睡的沉闷课堂；教育类课程的评价本应最灵活地去测评学生的教学能力，而我们常用的却是考查人的记忆能力的考卷测试。课程实施的呈现方式应该是尽可能地运用现代的多媒体技术来呈现，课程实施的方法包含了理论知识的教师课堂讲授，也包含教学技能的学生自我实践，课程实施的地点可以在校内，也可以在校外具体的场景下进行。教师教育的课程评价更应该是多元的，在教学质量的评估中不仅要对学生进行教师专业能力的综合测评，而且，教学技能也应作为一个评估标准，并在课堂教学质量评估中占有一定的权重。

职业师范院校教育类课程结构的研究，可能更多的是属于一种理论的探讨，或许说是一种纸上谈兵的做法。我们没有足够的勇气，也没有足够的条件去大胆重构它，我们现在可以做得更多的是“解”的工作，去解剖现有的课程，而最重要的“构”，尚需时日。但是我们可以从我们的教学点滴做起，从我的课堂、我的教学、我的评价做起，经验积累多了，就会汇聚成流。

第二节　虚热现象不除，职业教育难“兴”

职业教育从晚清洋务运动开始萌芽发展到现在，几经大起大落，在其发展的过程中，不能说政府不够重视，从晚清时期的政府，到民国时期的国民政府都大力提倡发展职业教育，但是，职业教育始终没有成为中国的主流教育，总是处于一种弱势的地位。新中国成立后，职业教育也曾有过几起几落的发展历程，改革开放以来，随着经济改革的进一步深入，“科学发展观”和“构建和谐社会”等理论的相继提出，为职业教育尤其是中等职业教育的发展带来了契机，也为职业教育的发展提供了符合中国国情的理论支撑。“十一五”期间国家将投入100亿用于职业教育，职业教育的发展出现了新一轮的理论诉求和政策诉求，近几年来政府办职业教育的热情越来越高，人们对职业教育的认识也

越来越多。然而，如果职业教育的观念、教师队伍结构、资金的流向、职业教育的生存状况得不到改变和关注的话，市场将可能出现与之不相匹配的虚热现象，职业教育将负担无法承受之重。

政府和国民对职业教育认识水平的提高是一件大好事，但是职业教育的发展绝对不是凭头脑发热、一时鼓噪就能发展起来的，它受到许多因素的制约。我们永远都在追求最好的，可永远都无法得到最好的，但我们可以尽量避免最差的。因此，我们目前能做的就是，以客观的、务实的态度去为职业教育做好我们应该做的、且能够做的每一件事。在发展职业教育的过程中，我们要谨慎地防止出现一种“虚热”现象。中医学中将由阴、阳、气、血不足引起的发热称之为虚热。如果把影响职业教育发展的几个主要因素，如人们对职业教育的认识、职业教育的办学体制、职业教育的师资队伍、职业教育的经济投入等比喻成影响人的发展的阴、阳、气、血四大要素。我们可以发现目前职业教育的发展现状明显存在阴阳失调、气血亏损的现象。在没有调理好阴、阳、气、血四大元素前，职业教育的发展容易出现虚热现象。职业教育虚热现象的主要病症为：表热内寒，形式热实质寒，外部热内部寒，局部热整体寒。

一、不能承受之重的传统职业教育观

现在对教育改革反思类的文章不管是观念的问题，还是技术层面的问题，或者是体制的问题，都会归结为观念的问题，这似乎成为一种八股文式。但职业教育的发展确实有一个观念的问题。因此，该文也不得不套用这种文风。对职业教育的认识不足已是一个老生常谈的问题，具体表现为：

（1）被人看不起的职业教育和职业教育的被人看不起。不少人，甚至我们许多从事教育的“圈内人”仍把职业教育视为二流或三流教育，或者表面上承认职业教育的重要，实际上轻视职业教育，没有意识到职业教育的重要性，这是一种根深蒂固的文化价值取向。据中国社会调查所对北京、上海、哈尔滨、南京、武汉的学生家长调查显示：有65%的人认为职业教育比普通高等教育低一个档次；53%的人承认在与孩子谈理想时，会鄙视职业教育；77%的人表示在孩子初中毕业后，不会让孩子接受职业教育；65%的人表示，即便孩子高考失败，也不会同意把孩子调剂到高等职业学校；73%的人认为如果孩子接受职业教育，以后的收入会不理想。究其原因这里面有人们的思想观念问题，也有职业教育本身存在的局限性。

（2）政策性的偏见和歧视。在招生轮次、经费分配、教师职称认定、就业录用等一系列的政策中体现出对职业教育的偏见和歧视。职教学校的招生总是最后批次，经费划拨总是难以落实，职教系列的职称，普教总是不予承认或降格使用，用人单位在录用毕业生时没有体现普教和职教“同层等值”的原则。对同一层次的毕业生，重普通院校轻职业院校，一味追求名牌高校和高学历，对职业院校的毕业生就业设置许多人为障碍。

（3）高职院校因为政策、经费、精力等原因，无力走向市场，拓展学校的服务功能，扩大服务面，许多先进的工业实训设备不能发挥它的作用。

（4）许多职业学校不安心于本层次办学，不是想办法创造办学特色，建立品牌专业，而是忙于合并，忙于升格。

除上述表现外，现阶段还出现了一个不容忽视的大众趋势，随着高等教育大众化的进程，普通高校连续几年的扩招，使职业教育的发展陷入一个新的困境。高校扩招使更多的人获得了接受高等教育的机会，但由于中国的人口基数实在太大，扩招并没有满足人们接受高等教育从而向上迁移的愿望。相反，使人们接受高等教育的愿望越来越强烈，人们的胃口越来越被吊起来。原来人们认为上大学是一种精英教育，因而可能会选择职业教育，然而现在人们发现大学已是一种大众教育，上大学甚至是上名牌大学并不是想象中的那么难，所以越来越多的人走在通往普通高等教育的道路上，而抛弃了职业教育。

由此可见，理论和政策上的诉求并没有引起市场上的诉求。对职业教育传统的认识和现代人观念的变化使职业教育的发展面临困境。

二、不能承受之重的职教师资队伍

随着近年来高等教育大众化的进程，职业教育的规模也在迅速增长，学校数量和在校生人数急剧增加（见表6－7）。1998年本专科生招生108万人，其中高职院校招生43万人，占39.73%，高职院校在校生占34.44%；2003年本专科生招生382万人，其中高职院校招生200万人，占52.24%，高职院校在校生占本专科生总数的43.24%。1998—2003年普通本科生招生数年均增长速度为22.87%，在校生数年均增长速度为22.28%；1998—2003年高等职业教育招生数年均增长速度为35.99%，在校生数年均增长速度为32.47%；2004年普通高等院校毕业生280万人，其中，高等职业教育毕业生147万人，占总数的52.5%，本科毕业生占47.5%。

表6-7 我国高等职业教育近年学校数变化情况 （单位：所）

年份	职业技术学院	高等专科学校	合计
1999	161	313	474
2000	184	258	442
2001	386	242	628
2002	548	219	767
2003	614	198	812

资料来源：表中数据根据《中国教育报》历年公布的具有高等学历教育招生资格的普通高等院校名单整理得出。

如此高速度的增长和大规模的扩张，职教师资队伍从数量上已出现不能承受之重。从表6-8可以看出：

表6-8 2001年上半年全国24所高职院校生师比调查表

学校	生师比	学校	生师比
北京工业职业技术学院	30:1	邯郸职业技术学院	18:1
北京信息职业技术学院	28.9:1	广州民航职业技术学院	17:1
山东商业职业技术学院	25:1	金华职业技术学院	17:1
天津滨海职业技术学院	25:1	浙江纺织职业技术学院	16:1
重庆电子职业技术学院	23.8:1	扬州职业大学	15.3:1
包头职业技术学院	22.6:1	上海商业职业技术学院	15:1
上海科技职业技术学院	22.2:1	芜湖职业技术学院	15:1
邢台职业技术学院	22:1	浙江长征职业技术学院	14.2:1

（续上表）

学校	生师比	学校	生师比
石家庄职业技术学院	21∶1	青岛黄海职业技术学院	13.3∶1
广州铁路职业技术学院	21∶1	徐州建筑职业技术学院	12.6∶1
武汉职业技术学院	20.6∶1	天津职业大学	8.1∶1
天津工程职业技术学院	20∶1	丽水职业技术学院	7.7∶1
平均值	18.8∶1		

资料来源：黄立志，刘庆华．我国高职院校师资队伍现状分析与思考．职教通讯，2002（4）

更为严重的是，我国职业教育师资队伍结构存在严重不合理现象，“双师型”教师严重不足。职业教育的培养目标是培养各种应用型人才，这就要求其师资必须具备“双师”素质，即教师个体既有理论知识水平，又有实践技能与经验，或者教师群体中既有擅长于理论教学的，又有精通实践教学的。按照要求“双师型”教师的比例要达到专业课教师总数的70%，但实际上大多数职业院校的师资队伍是理论学科型教师为主。从表6－9可看出职教师资队伍从结构上已出现不能承受之重。

表6－9　2001年上半年高职院校中“双师型”教师调查表

学校	占专任教师总数比例（%）	占专业课教师比例（%）
芜湖职业技术学院	40.0	53.3
山东商业职业技术学院	15.0	20.0
四川机电职业技术学院	17.7	24.0
丽水职业技术学院	20.5	29.0
邯郸职业技术学院	31.0	38.7
邢台职业技术学院	37.7	47.6
浙江金华职业技术学院	20.7	44.5
平均值	26.1	36.7

资料来源：黄立志，刘庆华．我国高职院校师资队伍现状分析与思考．职教通讯，2002（4）

除了从数量和结构上分析职教师资队伍的不能承受之重外，还有以下几个长期困扰职教发展的问题：①思想观念不适应。我国传统的职业教育历来重视文化知识、技术理论的传授，而忽视实践技能的训练。教师已习惯于进行系统的理论教学模式，而对打破学科体系的综合课程模式难以接受，甚至认为降低理论难度会影响学生的发展。②知识技能结构不适应。我国的职教师资是按照传统的学科型的课程模式培养出来的，其知识面较窄而理论程度较深，而职业教育的课程设置要求打破学科体系，以职业活动为核心进行综合设置，每门课程涉及面极广，单一型的职教师资难以胜任，且现有的师资职业经历较少，动手能力较差，缺少新技术方面的知识与技能。③教育方法不适应。现有的教师擅长知识的传授，不善于运用灵活多样的教学方法组织教学。

三、不能承受之重的职教生存环境

应该说这几年从中央到地方都在不断加大对教育的投入，但从整体来看，教育投入不足仍然是严重制约教育发展的一个关键因素。现在教育存在不少问题，绝大部分都与投入不足有关，政府投入的力度远远落后于教育发展的速度。在我国教育经费的投入中，大部分是用于九年义务教育的，有近三分之一用于高等教育，而这三分之一的“蛋糕”又绝大部分切给了“985”、“211”工程的学校，国家对职业教育的资金投入不及普通高等院校的三分之一，而其中占职业教育大部分比重的中等职业教育（含普通中专、职业高中、技校和成人高中）所得的国家财政教育经费更是少得可怜。2003 年全国中等职业学校有 14 700所（比 2002 年减少 1 137 所），国家对职业中学的基本建设投资为 260 916万元，对普通高校的投资为 7 510 844 万元（资料来源：中国统计年鉴 2004）。然而职业学校由于它的办学目的决定它的办学成本高于同类普通院校，所以职业院校的生均经费是同类普通学校的 2.5 倍。在 2005 年 12 月召开的全国职业教育工作会议上，教育部副部长吴启迪说：“国务院决定，‘十一五’期间中央财政对职业教育投入 100 亿元，具体将用于‘四大工程’和‘四项计划’中。”“四大工程”即国家技能型人才培养培训工程、国家农村劳动力转移培训工程、农村实用人才培训工程、以提高职业技能为重点的成人继续教育和再就业培训工程。“四个计划”指职业教育实训基地建设计划、县级职教中心建设计划、职业教育示范性院校建设计划和职业院校教师素质提高计划。四大工程中至少有两大工程涉及的农村问题与中等职业教育有关，因此我们不仅要关注高等职业教育，也应该把目光转向更应获得关注的中等职业教育。职业教育投入不足导致教学、实习、实训条件和资源短缺，从而影响了职业教育质量的提高和培训特色的发挥，使培养出来的学生经常处于“一毕业就要再培训”的滑稽处境；培训就更谈不上了，职业院校的实训设备绝大多数远远落后于社会的实用设备，如我们的教学手段仍是以黑板、粉笔以及教师的简单实验和现场演示为主，我们用于汽车维修课程的教具还是“解放牌”等。由于职业教育投入不足，间接地增大了学生的成本，使许多学生上不起职业学校，构成了职业学校的生源障碍。目前，我国基础教育和高等教育的扶困助学体系基本建成，高等职业院校资助贫困生的问题已经纳入国家助学贷款政策范围，而中等职业教育助学制度尚未建立。2004 年，我国中等职业教育在校生规模已经达到1 370 万人，而相当一部分中职学校的学生出身于农村贫困家庭和城镇低收入家庭，他们选择职业学校的主要原因是出于经济的考虑，而现实政策却忽视他们的入学动机和现实需要。因此，占据职业教育体系大半江山的中等职业教育的境况如不能得以改善，也就是说，没有足够的资金投入中等职业教育中，则现有的职业教育办学条件将难以承受大力发展职业教育之重。

四、难以承受之重的职业教育的办学体制

职业教育是否具有公益性的属性？对此问题的回答是决定职业教育投资主体是谁的关键。教育的公益性就是指教育具有使大多数人受益、提高大众的整体素质、为国家培养急需人才的属性。目前我国职业教育的投资主体基本上不是政府，是多种机制、多种模式的投资组合，基本上体现了“谁受益，谁出资”的市场经济原则。职业教育真正的受益者是谁？从宏观层面看，受益者是国家和育人学校，国家因职业教育解决了许多涉及人口素质的问题，目前主要是解决社会中下阶层的子女的受教育问题，有益于政治稳定、经济发展，育人学校因办学质量高而名利双收。从微观层面看，最大的受益群体是用人单位和受教育者，用人单位因得到所需人才而受益，受教育者因学到一技之长而受益。但是，现实却存在明显的不公，用人单位不用花钱而受益，因为用人单位可以

几乎不用花费任何培养费用而随意得到所需的人才，而受教育者也不可能支付所有受教育费用。其结果是职业教育，尤其是中等职业教育陷入一种国家不愿投资、用人单位无须投资、受教育者无力支付的窘境，恰似一个靠吃救济粮的贫困户，只有靠施舍过日子。从“十一五”期间职业教育的“四大工程”来看，职业教育，尤其是中等职业教育关系到我国城市化建设的速度和质量，因为它承担着大量的农村劳动力转移培训、农村实用人才培训的任务。它事关国家大业，可以造福数亿农民，这带有明显的公益性属性，因此在“十一五”期间国家应该承担应有的责任，更多地关注职业教育，尤其是中等职业教育。

职业教育的发展如果只有理论上、形式上、外部的诉求，而没有实际的、实质的、内部的反应，便会导致虚热现象的发生。我们期待的是职业教育理性的、健康的发展，拥有正常的体温而不是虚热。

第三节　农村教育不举，职业教育难“为”

中国是一个农业文明特别发达的国家，中国的历史主要是农业文明史。在几千年农业社会的历史发展进程中，农业是社会的支柱产业，农村是社会活动的主要区域，农民是构成社会的主体成员。在晚清兴起的实业学堂中，农业学堂始终处于非常重要的位置。宣统元年（1909 年）经统计有高等农业学堂 5 所，学生 530 人，中等农业学堂 31 所，学生 3 226 人，初等农业学堂 59 所，学生 2 272 人；高等工业学堂 7 所，学生 1 136 人，中等工业学堂 10 所，学生 1 141人，初等工业学堂 47 所，学生 2 558 人；高等商业学堂 1 所，学生 24 人，中等商业学堂 10 所，学生 973 人，初等商业学堂 17 所，学生 751 人。[①] 民国五年（1916 年）乙种农业学校 282 所，学生 11 500 人，工业学校 59 所，学生 3 238人，商业学校 100 所，学生 4 827 人；甲种农业学校 41 所，学生 4 982 人，工业学校 21 所，学生 3 436 人，商业学校 22 所，学生2 106人。[②] 农村教育很大程度上就是一种国民教育，农业教育很大程度上也就是农村教育。这种现象应

---

① 学部总务司．宣统元年第三次教育统计图表（单印本），1910

② 黄炎培．最近三十五年来之中国教育．上海：商务印书馆，1931

该说一直延续到20世纪80年代，20世纪80年代中国社会开始了向以工业为产业基础、以城市为区域基础、以城市市民为社会主体的工业化社会转型，在这个转型过程中，曾经不太引人注意的，或者说不太严重的农业、农村、农民（简称“三农”）问题日渐凸现出来，“三农”的地位正在逐渐衰减和边缘化，“三农”问题是目前中国最大的社会问题，它已成为一个影响乃至决定国家社会稳定和持续发展的政治社会问题。正是在这样的背景下，政府提出建设“新农村”的任务。“新农村”概念的提出使我们猛然发现，我们正在忽视曾经我们赖以生存的产业基础——农业；我们正在忘却本不该忘却的一个庞大的弱势群体——农民；我们正在丢失养育我们的家园——农村。“三农”问题既是一个政治、经济问题，也是一个教育问题。“三农”问题的出现有政治的、经济的、文化的、历史的、当下的因素，但是，作为促进农村各项事业发展的一种重要原动力——农村教育的落后也是不可忽视的原因之一。职业教育，尤其是中等职业教育和农村的联系实在是太紧密了，例如，中等职业学校的任务是为当地经济发展服务，为农村劳动力转移服务；中等职业学校的专业设置、课程安排要体现当地经济特色，接受中等职业教育的群体为广大的农村地区的学生，等等，这些都说明农村教育和职业教育的紧密联系。不重视农村教育，职业教育难以获得大面积的发展和提高。农村教育得不到重视，职业教育难以有所作为。

农村教育，如果以地域为标准，则是指县城以下的学校教育，如果以办学目标指向为标准，则是指各级各类服务于农村的教育，它既包含农村普通教育（中小学教育）、农村职业教育和农民职业培训教育，也包含高等农业教育。我国的农村教育经过几十年的发展已经取得了巨大的成就。在建设“新农村”的过程中，农村教育应该“有为”，也将“有为”。但是如果理性地对农村教育的现状进行审视，我们会痛苦而遗憾地发现，我国的农村教育对“新农村”的建设实在“难为”，农村教育正徘徊在“有为”与“难为”之间。

一、高等农业教育的“有为”与“难为”

新农村的特征之一就是强调“生产发展”。“生产发展”就是要加快农业产业化的建设，繁荣农村经济，改变过去农村生产经营分散、组织化程度不高等落后的生产模式，提高农村生产力水平。可以预见，中国农业将走上生产专业化、区域化和管理企业化的发展之路，农业科技人才将是农业产业化成败的关键。据预测，中国农业人员需求量约为2.1亿人，其中农业高级组织管理人才、高级营销人才、科技研发人才三者之和应达到整个农业人员的20%左右，也就是约为4 000万人。作为培养高级农业人才主要渠道的高等农业院校将在新农村建设中大有作为。

但是现实却告诉我们高等农业教育正在萎缩。高等农业教育的现状不能承受新农村建设之重。高等教育的大众化、高等教育的全面收费政策、高校毕业生的低就业率和低薪就业的就业现实是产生高等农业教育萎缩的主要原因。

1999年开始中国高等院校每年以20%的规模扩大招生，到2004年中国高等院校的毛入学率为19%，已达到世界公认的高等教育大众化（毛入学率15%）的标准，实现了高等教育精英模式向大众模式的转变。在精英教育模式下，上农业大学尽管有些许无奈，但无论如何上大学还是令人兴奋和令人羡慕的事情。高等教育大众化的到来为更多的人提供了接受高等教育的机会，使人们的选择范围越来越大，人们开始跳出过去那种无奈的选择，越来越多的人逐渐放弃选择农业类大学，这是导致高等农业教育大面积萎缩的原因之一。

20世纪90年代，中国高等教育开始实行教育收费制度，高等教育的成本分担机制开始实施，这种改革是符合高等教育发展规律的，但是改革的步伐超出了人们的承受能力，高等教育的收费超过了国民的人均收入水平。2003年中国的人均GDP虽超过1 000美元大关，但中国的教育经费投入还是在3%左右徘徊，3%的投入这一现实必然造成教育经费的总体短缺，政府在短时间内无法或者不愿意加大投入的情况下，解决的办法之一就是负担转嫁。近几年高额的教育成本已使无数家庭不堪重负，1994—2004年十年间，中国的大学学费从每年几百元一路飙升至每年5 000～10 000元不等，增长幅度达25倍，而国民人均收入增长还不到4倍，一个本科大学生四年的费用相当于城镇居民4.2年的纯收入，普通农民家庭13.6年的纯收入。从宏大的道理而言，很少有人会否认接受高等教育的正确性，但“利益驱动”的市场经济原则和人们“追求利益最大化”的心态，使人们在选择是否接受高等教育、接受什么样的高等教育时会作出更加理性的选择，尤其对于大部分农村家庭和城市中的一些困难家庭而言更是如此。在高昂的学费面前宏大的道理往往被朴实的事实轻易击溃，因为我们不能终日饿着肚子去想明天的美餐，我们“不能赤着脚着西装”，于是我们放弃步入高等院校的梦想。接受高等教育已是一种投资行为，任何投资者都希望将资本投到收益最大、回收最快的项目上面，高等农业教育显然不属于人们热衷的教育投资领域，失去国家政策扶持的高等农业教育，出现大面积的萎缩现象也就不足为奇了。

大学毕业生低就业率[①]和低薪就业的现实加速了高等农业教育的萎缩。大学生就业难和低薪就业的问题有多方面的原因，具体是什么原因我们暂且不作探究，我们需要考虑的是当大部分大学生毕业即失业时，当工资收入的差异不能正常反映受教育程度的差异变化时，大学对人们的吸引力还能持续多久？2006 年重庆市涪陵地区 500 多名高三毕业生弃考的现象现在属于特殊现象，但不久在农村地区也许就是普遍现象。从经济的角度来说就业无门和低薪就业都意味着对个人高等教育投资的失败，就业无门意味着投资可能导致血本无归，低薪就业意味着投资无法在短期内收回，这样的结果都是投资者难以接受的。大学生的这两种就业状况在当今已经是一个普遍现象，当许多热门专业的学生都面临这样的问题时，当人们对接受高等教育产生迷茫时，处于弱势地位的农业高等教育的境况就更加糟糕了。

二、中等农业职业教育的“有为”与“难为”

中国的经济改革是从农村开始的，农民家庭联产承包责任制的实行极大地调动了广大农民的生产积极性，农业经济的快速发展带来了中等农业职业教育（农业高中和农业技术学校）的迅猛发展到 20 世纪 90 年代中期达到鼎盛时期。

随着“新农村”建设的开始，中等农业职业教育将在两个方面显示它巨大的“有为”。一方面，将为新农村培养大量的产业农民。这些产业农民将主要从事农业产业生产、农业产品的营销和农业技术推广的工作；另一方面，将为大量农村剩余劳动力的转移提供更加贴身的教育。但从 20 世纪 90 年代后期开始，受中国产业结构的调整、教育体制的改革、高等院校的扩招等因素的影响，

① 中国社会科学院发布的《2005 年：中国教育发展报告》显示，2005 年应届大学毕业生真正的签约率只有 33.7%。

中等职业教育受到严重挤压，中等农业职业教育更是岌岌可危。中等农业职业教育处于一种不能承受“新农村”建设之重的“难为”境地。

（1）“缺丁少员”的中等农业职业教育。由于农村职业学校的地理和人文环境相对较差、农村职业教育的地位和教师经济待遇低的问题，造成不少农业职业学校教师的流失，专业教师中“双师型”的教师资源更是严重不足；由于近几年来中等农业职业教育招生的大幅度下滑，不少农村职业高中基本上处于“有校无生”的瘫痪状态。

（2）“囊中羞涩”的中等农业职业教育。锈迹斑斑的校门、长满杂草的校园、残缺破损的门窗……这就是我们大多数农村职业中学的写真。国家投入不足、地方无心投入、农民无力投入，没有投入的主体，中等农业职业教育何以为继？更为离奇的是，有些地方财政不仅不投入，反而把职业学校的学杂费当成财政预算外收入，并且要统筹调控学杂费的15% ~20%用于其他方面的财政支出，使本来就经费不足的中等农业职业教育更加捉襟见肘。

（3）“改换门庭”的中等农业职业教育。20世纪90年代末，我国改革教育管理体制，将各行业部门直接办教育改为中央和省级政府为主的教育管理体制，其他行业的教育经过资源结构的调整优化而得到充实和提高，而农业教育和农村职业教育因农业属于弱势产业教育以及不适应一些简单市场化运作，在不同程度上被削弱、流失；90年代曾经鼎盛一时的农业中专受到极大冲击，366所农业中专学校经各地调整，目前仅剩200多所，而且还在不断减少。有的脱掉“农字帽”，没有脱帽的农村职业学校在专业设置上已转向计算机、电子、机械模具等热门专业。本来最接近“三农”的中等农业职业教育却与“三农”越来越远。中等农业职业教育因生存的压力和追求效益最大化的导向而轻视农业、离开农业的现象比比皆是，农业职业中学基本上成为二、三产业的职业学校。

（4）“良莠不齐”的中等农业职业教育。不可否认有些中等农业职业教育，尤其是地处经济发达地区的中等农业职业教育已形成了自己的特色，具有较高的办学水平。但总体而言，大多数中等农业职业教育的质量并不高。体制问题、经费问题都是造成教育质量不高的原因，还有一个原因就是有些中等农业职业学校在“改换门庭”的过程中，新增的一些专业既没有考虑学校的自身条件，也没有考虑本地经济发展的实际需求，缺乏充分论证和必要准备，致使一些新专业从一开始就是在低层次上运转。

(5)“形式大于实效”的农民职业教育培训。农民职业教育培训是农村教育的重要组成部分。农民职业教育培训影响较大和成果明显的主要途径有“绿色证书工程”、“阳光工程”等项目，但“绿色”还没有铺满广袤的田野，“阳光”还没有普照农村的大地，有的土地还“裸露着黄土”，有的地方“阳光还被大山遮蔽”。这主要是因为：第一，农民职业教育培训主体和实施主体的职能不明。国际通行的做法是政府是投入主体，提供资金支持，农业大专院校、科研院所和技术推广组织、农民合作组织及相关企业是教育培训的实施主体。但在我国各级政府一直充当培训主体，政府职能定位并不准确，越位、缺位、错位现象比较普遍。主体职能不明往往导致主体缺失和职能的混乱，形式主义严重，效益不大。第二，农民接受培训的主观需求不足。农村经济改革的过程达几十年，对解放生产力起到了极大的促进作用，但是生产力的解放并没有提高生产力的水平。目前农业生产的现状仍然处于一种规模小、技术含量低的水平。作为一个生活在相对封闭落后区域的群体，大多数农民对教育培训的需求仍处于维系基本生存的层次，接受培训与其收益的关系并不明显，因此缺乏接受培训的需求。第三，培训内容脱离农村、农民的实际需求。长期以来，农民教育形成了政府号召、媒体宣传、学校实施、农民接受的固化的单向传统模式，按不同地区不同农民的不同需求，分类指导、分层次培训，农民和培训者之间双向选择还难以真正实现。

三、农村中小学基础教育的“有为”与“难为”

普通教育和职业教育在晚清民国期间就处于一种分分合合的发展过程中，要么是学校融合一体，要么是内容相互交错。所以本研究虽然主要是谈职业教育的问题，但是也涉及普通教育的部分内容，尤其是农村教育。农村的中小学教育和农村的职业教育有着非常紧密的联系。“生产发展、生活宽裕、乡风文明、村容整洁、管理民主”是建设新农村的总体要求，它既要求推进农村生产方式的现代化，又要求推进农民生活方式、思维方式和价值观念的现代化。农村中小学基础教育对于提高农民的综合素质，养成新一代农民的生活方式、思维方式和现代人的各种价值观念，提升自身在转移过程中的适应力和竞争力等方面都有着数不尽的益处，没有人会怀疑农村中小学基础教育在“新农村”建设中的“有为”。但在这里，“有为”的理想同样遭到了现实“难为”的打击，我们仅以农村义务教育的现状为例来说明农村中小学基础教育所处的“难为”窘境。

农村义务教育这一中国教育最为基础和庞大的部分正处于危机中，这绝非耸人听闻的夸大其词！普及九年义务教育的工作这几年可以说成绩斐然，但是农村的“普九”工作仍然十分艰巨，辍学的现象尤其是女童辍学的现象仍然十分严重。根据上海教育科学院有关专家的测算，2001—2002 年，全国 15 ~ 17 周岁人口的九年义务教育完成率分别只有 75 % 和 76. 60%，有 7 个省区在 60% 以下。虽然小学净入学率已达 99%，但毕业率仅为 89% 左右，相差近 10 个百分点；初中阶段毛入学率达到 90%，但毕业率仅为 76% 左右，相差近 14 个百分点。也就是说近年来每年约有 500 万适龄儿童未完成初中教育，其中近 200 万适龄儿童未完成 6 年小学教育，这些儿童主要是农村适龄儿童。

导致农村中小学学生辍学的原因是多方面的，但主要是与经济因素相关的“农村教育的贫困病症”。这一病症表现之一就是农村教育经费的短缺，现在城市学校与农村学校的差距越来越大，教育资源的分配越来越不公平，当城市学校的校长在为学校的信息化建设考虑时，广大农村的中小学校长操心的是危房的改造，考虑的是什么时候不用发愁买粉笔和课本的钱。教育经费的短缺导致农村学校依然经常向学生伸手，而在没完没了、名目繁多的“杂费”面前，“义务教育”也就成了家庭困难的农家子女难以享用的奢侈品，于是不得已的选择就是辍学。“农村教育的贫困病症”的另一表现就是教育内容的贫乏和质量的低下。缺乏农村话语的教材、缺乏现代技术手段的教学、缺乏能够带来希望和成功憧憬的教学质量等现状都严重降低了农家子女上学的兴趣和需求，导致他们厌学，甚至辍学。在这种双重意义的贫困的教育环境中，在这个讲究竞争的时代，许多农家子女在竞争的起点就输掉了。

农村义务教育的危机不单是学生“辍学”的问题，现在恐怕要加上教师的“辍教”行为了。每年都有大量的农村教师出现脱离教师队伍的横向流动和流向城镇学校的纵向流动，而产生“辍教”的主要原因就是农村教师的工资待遇问题。农村中小学教师的工资收入存在行业之间的差异、与城镇教师之间的差异和区域间的差异。教师工资的拖欠和不能足额发放是农村中小学所面临的最为严重的问题。2001 年农村中小学教师的工资改为县一级财政统一拨款发放之后，拖欠工资的情况得到了根本性的好转，工资基本上有了保证，但是奖金和津贴却没有保证，导致教师工资不能足额发放，农村中小学的工资被教师戏称为“裸体工资”。

农村的教育在新农村建设过程中应该有为，而且应该大有所为，前提就是政府对教育的“有为”——政府应尽快兑现为教育开了许久的4%的期票①，这个指标实在不高；尽快全面实现免费的义务教育，这比减免农业税更能造福于农民和弱势群体。前提就是政府对教育的“公平”——在资源分配上公平、科学地对待各级各类教育；在经济待遇上公平地对待教师群体；在教育机会上公平地对待每一个学生。当然绝对的公平是不存在的，我们追求的是一种起点公平，犹如百米竞赛，所有的选手都在同一声鸣响中跑离同一起跑线，起点公平带来的输赢结果，谁都不会再怨天尤人！

四、课程结构不实，职业教育难“盛”

职业教育的教育宗旨就是为社会的经济发展培养合格的实用性技能人才。从晚清时期兴起的海防实业教育、民用实业教育，到民国时期的实用主义职业教育，无不体现“实用”的教育宗旨。如何实现“实用”的教育宗旨，务实的课程的结构是关键。课程结构不实，职业教育就难以有昌盛繁荣的局面。实用的职业教育课程结构应该体现职业教育课程如下的主要特点。

（一）职业教育课程结构的一般特点

与其他教育类型的课程结构相比，职业教育的课程结构具有如下特点，这些特点是各级各类职业教育的课程结构共同具备的：

（1）多样性。职业教育课程的制约因素及变化比其他教育类型更多、更复杂，因而课程结构更趋多样化。不仅普通教育发展中出现的基本结构在职业教育中均有反映，而且随着地区、行业和职业的千变万化，职业教育的课程结构表现出许多特殊的、典型的特点。

（2）应变性。首先是对有效需求（或称“可靠培训要求”）变化的适应，

① 教育经费占GDP的4%是世界的平均水平，我国的教育经费占GDP的比例近几年一直徘徊在3%左右。

职业教育课程结构只有适应诸多有效需求，才能有效益可言。应变性还要求职业教育课程有极大的灵活性和弹性，以提高其适应性，课程模块化的趋势正是这种应变性特点的反映。

（3）共适性。由于职业教育实践中课程结构繁多而复杂，往往令人感到无所适从，所以为了讲求效率和效益，迫切需要一种共适性较大的结构，这也成为职业教育课程结构的一大特点。一个成功的课程结构必须具有较强的共适性，其框架和思路不应只适用于一个专业、一所学校、一个地区。

（二）实用性是职业教育课程结构的核心

职业教育的课程理念是职业教育课程结构的导向，课程建设是提高教学质量的核心，也是教学改革的重点和难点。“理论与实践并重”是体现职业教育课程实用性的课程理念。为了开发职业院校的实用性课程，办出职业教育的特色，实现职业院校的课程目标，我国职业院校现行的课程设置及其体系结构必须进行根本性的改革。针对当前职业院校的课程设置及其体系结构的基本模式与普通高等教育类同，没有消除学科本位影响，不敢割裂原学科，岗位技术技能训练尚未形成独立课程等问题，我们尝试提出职业院校课程开发模式的几点设想。

职业院校的课程开发模式大致有三种：一种是目标模式；一种是过程模式；一种是环境模式。由于职业教育培养实用技术人才的目标十分具体明确且无可替代，它着重于人才之养成，强调教育的产出，因而一般均以目标模式为其发展之参考模式。当代世界比较成功的几种职教课程开发模式，基本上都是在能力本位思想指导下，从职业岗位分析入手，以目标分解为主要手段，建立教学模块，确立教学内容，协调模块间关系，经反复教学实践检验，最终形成与培养目标相一致的、可行有效的课程体系。结合我国现实职业院校的具体条件和环境，吸收和融汇各国先进的课程开发经验，我们认为可以把课程开发过程归纳成四步：第一步职业分析；第二步目标分解；第三步构建课程；第四步课程评鉴。

职业分析是课程开发的前期工作，是通过职业院校毕业生第一任职岗位、岗位职责、岗位能力需求的调查，掌握职业院校培养的人才应具备的智能结构，以确定人才培养规格，实际上这也是课程目标的选择。进行职业分析要紧紧依靠长期在企业生产一线工作的专家和技术人员，切忌仅靠学校领导、教师脱离实际的主观判断和分析。

目标分解是构建课程前的准备工作，是课程开发的关键环节，通过对形成相应智能结构的教学分析，实现由社会需求向教育功能的转换，建立课程教学目标，进而对这些理论教学和技术技能训练目标进行分解，产生了技术技能训练的教学模块和理论知识教学模块，这是构建课程的基础。进行目标分解要实行教师与企业技术人员相结合的方式，既发挥企业技术人员对职业岗位专项能力及其发展趋势非常熟悉的优势，又发挥教师对教学领域的专长。

课程组织是课程开发的主体工作，通过各个“技术技能训练教学模块”和“理论知识教学模块”按其性质、功能以及内容和它们相互间的内在联系的整合，构建出课程门类，并按人才培养规格来确定各教学模块教学内容的深度、广度、技术技能熟练程度，确定课程标准即教学大纲，完成课程建设。这项工作实际是将教学目标及人才规格以模块教学的形式达到具体化，是高等职业教育特色的具体体现，必须强调能力本位思想，突出技术技能实训的地位，防止学科本位思想的干扰。课程组织工作的进行，主要依靠任课教师发挥他们掌握教育规律的优势，但要组织广大教师深入学习高等职业教育理论，转变教育观念。

课程评鉴是指在课程教学实施了一个或几个周期后，检查课程内容与课程目的是否统一，课程目的与教学目标是否统一。因而它是对课程自身的评价，而不是对课程教学质量的评价，要排除教师、学生、设施条件及管理上诸多因素的影响，目的在于对课程价值作出判断，以便进一步提出修改意见。

总之，在进行课程开发的过程中，课程设置应以提高学生的能力为中心，由传统的“知识本位”转为“能力本位”。合理划分理论课与实训课、实习课的比例，强调理论以“够用”为限，加大实训和实习课的比例，一般为5∶5，甚至是4∶6，达到“基础深化、知识广化、能力强化”的目标。课程设置要注意实用化的要求，对于基础课和专业课的设置一定要强调实用，即该课程对培养学生的能力是否有价值。

五、高等职业教育课程结构的特殊性

在现代职业教育体系中，高等职业教育表现出强劲的发展势头，课程是高等职业教育可持续发展的有力保障。高等职业教育课程具有特殊性，这是由其自身所处的地位所决定的。高等职业教育既是职业教育的高层次，又是高等教育的重要组成部分，因此，高等职业教育的课程结构具有一些不同于其他层次职业教育（主要是中等职业教育）的特点，具体表现在以下方面：

（1）课程开发的动态性。高等职业教育培养的是生产、建设、管理、服务等第一线需要的高级应用型人才，这既与培养学术型、工程型人才的普通高等教育相区别，也与培养生产、服务第一线职业技能人才的中等职业教育有所不同。职业教育的定向性特征，要求采用职业分析的方法制定相应的课程方案和课程标准，而就业市场对于高级人才素质的要求是随着社会、经济与科技的发展而快速变化的，因此，高等职业教育课程的开发要比中等职业教育更快，课程更新的周期更短，呈现出明显的动态性特征。

（2）课程内容的先进性。高等职业教育的课程内容，具有先进性特征，这一特征是针对科学技术日新月异的发展状况提出的。作为一种高等教育形式，高等职业教育培养的人才主要面对高技术或复杂技能领域的职业，这类职业的智能化程度越来越高，即使以技能操作为主的产业，其科技含量的成分也越来越多。以此为导向，高等职业教育的课程不可避免地要突出职业技术与技能的先进性，通过引进先进的科技知识、管理方法、服务理念和操作技能保障学生知识、能力的增长与经济发展、社会进步保持同步，这是与中等职业教育强调培养普通操作技能相区别的。

（3）课程设置的实用性。高等职业教育同其他类型的高等教育相比，具有突出的实用性，即以培养大批高级应用型人才为目标。高等职业教育的课程设置应以培养目标为前提，着眼于学生职业能力的培养。例如澳大利亚 TAFE 学院由行业（企业）、学校和教育行政主管部门共同研制的“培训包”（training package），摒弃深入、系统理论的传授，而以切合工作岗位的实用性为准则，也正因为如此，TAFE 才成为一种颇具特色的高等职业教育课程结构的代称。

第四节　一种有效的职业教育课程实施模式

从晚清实业教育的兴起到民国时期职业教育的发展，我们可以清晰地看到在职业教育发展的过程中企业的参与过程。洋务运动时期的实业学堂就是分属于不同的部门，民国时期许多企业家直接兴办各种职业学校。在新中国成立后，我国的职业教育也分属于不同的部委和厂矿企业。国外职业教育发展程度很高的国家都非常重视企业参与课程的实施。在日本，职业教育被称为是“企业眼中的教育”；在德国，职业教育被称为是“企业手中的教育”。这种校企合作的形式被历史和国外的成功的经验证明是一种行之有效的职业教育课程实施模式。遗憾的是，目前我国的校企合作办学出现了很多问题。下面我们将对这种课程实施模式做一些探讨。

一、校企合作课程实施模式的理论基础——建构主义的学习理论

建构主义（constructivism）也译作结构主义，是认知心理学派中的一个分支。建构主义学习理论，最早由瑞士心理学家皮亚杰提出。建构主义理论的主要代表人物有皮亚杰（J. Piaget）、科恩伯格（O. Kernberg）、斯滕伯格（R. J. sternberg）、卡茨（D. Katz）、维果斯基（Vogotsgy）。

皮亚杰经过研究认为：儿童自身知识的获得是儿童在与周围环境相互作用的过程中逐步建构的。此理论以后又经多位科学家、心理学家的深入研究逐渐形成现在的理论。建构主义学习理论认为：学习是获取知识的过程，学习是在一定的情境下（即文化背景）下，借助他人的帮助（即人际间的协作活动）而实现的意义建构过程。意义大致是指事物的性质、规律、事物间的联系等。因此“情境”、“协作”、“会话”和“意义建构”就被认为是建构主义学习过程的四大要素。在这里，意义建构是最终目的，协作会话是主要手段，而情境则是学习过程中异常重要的条件，也是教师在进行教学设计时应给予特别关注的地方。该理论强调个体的认知发展与学习过程的密切相连。它能较好地说明学习如何发生，意义如何建构，概念如何形成，理想的学习环境包含哪些因素等。

建构主义的重要理念是：理解依赖于个人经验，即由于个人对世界的经验各不相同，他们对世界的看法也必然各不相同；知识是个体与外部环境交互作用的结果，人们对事物的理解与个体的先前经验有关；知识不是通过教师传授得到的，而是学习者在与情景的交互作用过程中由学习者自己建构的。因而，学习者应该处于中心地位，教师是学习者的帮促者。因而，建构主义强调“知

识的意义建构”，而不是知识本身的传授。

建构主义对“动作技能学习”具有重要意义。职业教育的培养目标是“面向生产一线的技术应用型专门人才”，因而技能培养十分关键。因此，以建构主义理论指导职业教育的学习方法与教学设计，十分有益。

由于每个学习者的原始经验与背景都不同，他们对事物的理解也不一样。因此，决不能希望通过课堂的描述，就能让学习者客观理解他所接受的信息。必须提供与“现实生产场景”交互作用的经历，学习者才能在这一过程中通过“判断、理解”完成对知识、技能的意义建构。因此，职业教育必须依托实践，依托行业、企业，走“产学结合”的道路，否则职业教育的培养目标就无法全面落实。

依据建构主义学习理论，职业教育的课程设计，必须经过“工学交替”的学习过程，使学习者“将课堂上的学习与工作中的学习结合起来，将理论知识应用于现实的实践中，然后将工作中遇到的挑战和见识带回学校，促进学校的教与学”。只有实施产学结合，学习者才能跨越学用界线，获得基本的实践技能，从而增强学习者的自信，加强学习者对职业的体验与理解。

综上所述，无论是从职业教育的知识结构还是从职业教育的学习特点来看，职业教育课程的实施如果离开产学结合，没有学院与企事业单位教育资源的共享，学习者的技能训练就失去了依托，职业技能训练就无法完成，也无法实现对知识与技能的意义建构。

二、职业教育课程的校企合作实施模式

广义地说，校企合作是指学校与社会上相关企业、事业单位及其他各工作部门之间的合作关系。校企合作应该作为高等职业技术教育办学的基本要素，而不是一个局部的措施。随着经济技术的发展和《职业教育法》、《社会力量办学条例》等国家政策法律的实施，校企合作模式呈现多元化特点。根据校企合作中企业参与方式和层次的不同，可分为以下几种模式：

（一）“企业配合”模式

在这种模式中，对人才的培养是以学校为主体进行的，企业处于辅助地位。

人才培养目标和计划主要由学校提出和制订，并承担大部分培养任务。企业只是根据学校提出的要求，提供相应的条件或协助完成部分（主要是实践教学环节）培养任务。企业主要采取提供教育资源的方式，例如投入设备和资金帮助学校建立校内实训基地，利用企业资源建立校外实训基地，企业的专家兼任学校教师，设立奖学金、奖教金等。目前，我国多数高职学院的人才培养都采用这种合作模式，这与我国高职人才培养是以学校本位高职人才培养模式为主的现状直接相关。

（二）“校企联合培养”模式

这种模式是指在高职人才培养中实行校企联合，共同培养人才。企业不仅参与研究和制订培养目标、教学计划、教学内容和培养方式，而且参与实施与产业部门结合的那部分培养任务。这种模式于20世纪80年代中期开始在部分高等院校中试点。目前全国试点院校共有128所，其中部分高职学院参加了试点工作。实践证明，合作教育是高职人才培养的有效模式。

（三）“校企实体合作型”模式

企业以设备、场地、技术、师资、资金等多种形式向高职学院注入股份，进行合作办学。企业对高职学院承担决策、计划、组织、协调等管理职能，企业以主人的身份直接参与办学过程，分享办学效益，企业通过参与办学来参与学校人才培养。所以，参与高职人才培养成为企业的一部分工作和企业分内之事。企业对学校的参与是全方位的整体参与、深层参与，管理上实行一体化管理。

随着教育产业化、办学体制多元化的发展，高职人才培养的过程中，校企实体合作的模式将会得到充分的发展空间。这种合作模式需要特别注意避免企业由于追逐利润而出现短视行为，背离学校引入企业参与的初衷。

三、校企合作的运行机制

教育行为的动机和目标同企业行为的动机和目标不完全相同，在市场体制环境中，如何建立长期的、可持续发展的校企合作关系，是当前值得认真探讨的重要问题，其关键是如何使校企双方都有合作的积极性。

（一）社会动力和制约机制

第一，建立崇尚技术教育的社会风尚和文化氛围，人们以接受职业教育为荣。第二，加大职业教育的资金投入。中国作为发展中国家，要在政府职业教育经费投入不足的情况下，鼓励社会力量投资和国外教育投资，形成多元化的资金来源。第三，建立标准齐备、运行规范的劳动力市场和培训市场，全面建立和推行国家职业资格证书制度。第四，建立法律和相关政策制度，鼓励和保护企业参与职业教育。第五，校企双方更新观念。企业要以长远的观点，将校企合作作为营造“学习型企业”的重要组成部分对待；学校则要充分认识到，企业深层次参与课程实施是保证职业教育的特色和质量不可缺少的要素之一，把企业视为学校的战略合作伙伴。

（二）双赢的利益驱动机制

目前我国职业院校人才培养中大多数校企合作关系的建立和维系主要靠“关系和信誉”。这种机制是校企合作的最初形式，形式简单，方便灵活，但缺乏稳定性。因此，必须注重构建双赢的利益驱动机制。站在企业的角度，校企合作的利益主要体现在：①选择优秀的高职人才，利用学校资源对职工进行继续教育，通过刺激、激励等手段以潜移默化的方式将企业转化为学习型企业，提高企业竞争力。②借助于高职院校的信息与技术服务，进行新产品的研制开发、新技术的引进、设备的技术改造等。③可以通过对教育的支持，起到宣传作用，树立企业形象。④学生使用企业提供的专业实训设备进行训练，起到了针对潜在消费者的广告作用。⑤在“校企实体合作型”模式中，权利分享与责任分担透明度高，依法进行，企业在分担责任的同时获得应有的经济利益。

（三）保障机制

职业院校与行业企业能否长期合作，取决于双方利益平衡点的寻找与把握，而能否使合作产生最大效益，则取决于长期合作中双方逐步探索建立的各种保障机制。①建立校企双方的管理协调机构，负责协调处理校企合作中的有关问题，如校企合作委员会等。②建立相关基础文件。例如：《联合办学协议》、

《联合办学五年规划》、《校企联合共建实践基地计划》、《"双师型"教师培养计划》、《联合办学专项经费使用管理办法》、《企业技术骨干教师聘任考核办法》、《企业职工继续教育实施管理办法》、《教材建设与教材管理办法》、《校企联合科研开发管理办法》、《企业教学各环节基本要求》、《企业教育学生管理办法》、《科技成果奖励办法》等。③建立新的教学质量监控体系与评价标准。企业必须参与课程标准的制定和质量监控。课程评价标准必须将教育标准、企业标准和行业标准统一起来。学生在企业学习期间，按照《企业教学各环节基本要求》、《企业教学学生管理办法》，扎实开展教案、教学进度、作业批改检查等工作。按照《企业技术骨干教师聘任考核办法》加强对企业教师的管理，强化激励机制，坚持教学质量评估和考核，对教师教学活动的环节进行督察和评价，根据综合评价结果由校企双方给予相应奖励或处罚。

四、我国校企合作存在的问题

无论是作为职业教育人才培养模式，还是作为职业院校课程的实施模式，校企合作都是一种有效的实施方式，但是还存在以下三个方面的问题。

（一）国家的宏观政策与指导力度不够

虽然我国现在高度重视校企合作，成立了校企合作协会，并开展了大规模的试点、试验，但还没有建立权威、完整的校企合作的准则和指导手册。国家还没有出台校企合作对企业的奖励机制，对企业利益的保护还不够。国家没有建立专门的校企合作的协调机构，负责设计、监督、考核和推行校企合作。很多项目难以获得企业主管单位、劳动部门、教育部门的充分协调。学校管理体制滞后，弹性学制和学分制有待建立，制约了校企合作课程的实施。

（二）观念问题

很多企业尚未形成成熟的合作教育思想。企业只是选择人才，而不参与或很少参与人才的培养，把培养人才的主要责任推给了学校；部分企业出于自身经济利益和生产实践等因素的考虑，在出现企业眼前利益和长远利益、企业本身利益和社会利益相冲突时，就把培训和教育学生视为额外负担。由于传统的课堂教学模式仍然是课程实施的主要方式，校企合作的实施模式必然带来教学方法上的改革，这种改革需要投入更多的精力，如果缺乏相应的激励机制，很难调动教师的积极性。

（三）运行问题

首先，对校企合作实施模式缺乏整体推进，没有从系统的观点通盘考虑、统筹运作，使企业运行与办学诸要素之间有机结合、相互作用，构成一个具有特定功能的整体，最优化地实现课程目标和预期效果。其次，微观的运行制度不够成熟和完善，特别当与学校现行制度发生冲突时，显得无能为力。再次，我国校企合作层次普遍偏低，深度不够，特别是欠缺技术开发方面的合作。职业院校办学越是向纵深发展，层次越是向上延伸，就越要紧密结合经济、社会发展和科技进步的实际，才能真正培养出走向先进生产力前列的人才。最后，学校运作机制和企业运作机制、校园文化与企业文化存在较大差异，还没有真正融合，使校企之间的深度合作以及受教育者从学员、职业人到社会人的角色转化受到一定的制约。

从对晚清民国时期职业教育课程的研究中我们得到的启示远远不止如上所述。职业教育如果没有政府的提倡，没有大众的热情是难有作为的，职业教育课程如果不能让人受益，让民生利也是难以兴盛的。在当今新技术不断出现的形势下，职业教育的课程如果只单纯教给学生一些简单的“术”而没有“学”也不能深入地可持续地发展下去。

参考文献

1. 顾明远，梁忠义. 世界教育大系（职业教育）. 长春：吉林教育出版社，2000

2. 陈学恂. 中国教育史研究（近代分卷）. 上海：华东师范大学出版社，2001

3. 钱曼倩，金林祥. 中国近代学制比较研究. 广州：广东教育出版社，1996

4. 教育大辞典编纂委员会. 教育大辞典（第3卷）. 上海：上海教育出版社，1991

5. 李蔺田. 中国职业技术教育史. 北京：高等教育出版社，1994

6. 陈学恂. 中国近代教育大事记. 上海：上海教育出版社，1981

7. 璩鑫圭等. 中国近代教育史资料汇编. 上海：上海教育出版社，1994

8. 吴玉琦. 中国职业教育史. 长春：吉林教育出版社，1991

9. 周邦任，费旭. 中国近代高等农业教育史. 北京：中国农业出版社，1994

10. 周谈辉. 中国职业教育发展史. 台北：三民书局股份有限公司，1985

11. 杨绍章，辛业江. 中国林业教育史. 北京：中国林业出版社，1988

12. 刘桂林. 中国近代职业教育思想研究. 北京：高等教育出版社，1997

13. 沈云龙，盛宣怀. 近代中国史料丛刊续集（第十三辑. 愚斋存稿）. 台北：台湾文海出版社，1974

14. 张謇研究中心，南通市图书馆. 张謇全集. 南京：江苏古籍出版社，1994

15. 舒新城. 中国近代教育史资料. 北京：人民教育出版社，1961

16. 苑书义等. 张之洞全集. 石家庄：河北人民出版社，1998

17. 中国史学会. 洋务运动. 上海：上海人民出版社，1961

18．沈岩．船政学堂．北京：科学出版社，2007

19．石伟平，徐国庆．职业教育课程开发技术．上海：上海教育出版社，2006

20．王炳照，郭齐家等．简明中国教育史．北京：北京师范大学出版社，1994

21．朱有瓛，高时良．中国近代学制史料．上海：华东师范大学出版社，1993

22．陈绍闻，郭库林．中国近代经济简史．上海：上海人民出版社，1983

23．林庆元．福建船政局史稿（增订本）．福州：福建人民出版社，1999

24．陈元晖．中国近代教育史资料汇编（教育行政机构及教育团体）．上海：上海教育出版社，2007

25．中国大百科全书出版社编辑部．中国大百科全书（教育）．北京：中国大百科全书出版社，1985

26．周渠．中外职业技术教育比较．北京：人民教育出版社，1991

27．黄逸平．近代中国经济变迁．上海：上海人民出版社，1992

28．沈云龙，学部总务司．近代中国史料丛刊三编（第十辑）．台北：台湾文海出版社，1973

29．邓泽民，陈庆合．职业教育课程设计．北京：中国铁道出版社，2006

30．欧阳河等．职业教育基本问题研究．北京：教育科学出版社，2006

31．李定仁，徐继存．课程论研究二十年（1979—1999）．北京：人民教育出版社，2004

32．［美］丹尼尔·坦纳，劳雷尔·坦纳．学校课程史．崔允漷译．北京：教育科学出版社，2006

33．［美］亚瑟·K. 埃利斯．课程理论及其实践范例．张文军译．北京：教育科学出版社，2005

34．［日］细谷俊夫．技术教育概论．肇永和，王立精译．北京：清华大学出版社，1984

35．胡定荣．课程改革的文化研究．北京：教育科学出版社，2005

36．李建求．张謇与中国教育的现代化．乌鲁木齐：新疆大学出版社，1996

37. 南京工业职业技术学院黄炎培职业教育思想研究中心. 黄炎培职业教育思想评介. 南京：江苏人民出版社，2006

38. 中国陶行知研究会“九五”教育规划课题组. 陶行知教育思想的现代价值. 北京：华文出版社，2001

39. 彭平. 张百熙与晚清教育改革. 船山学刊，2002（1）

40. 吴祖鲲，刘小新. 中国近代农业教育的兴起及其特点. 长白学刊，2003（6）

41. 钱民辉. 教育社会学——现代性的思考与建构. 北京大学学报（社会科学版），2004（10）

42. 王笛. 清末民初我国农业教育的兴起与发展. 中国农史，1987（1）

43. 谢长法. 中国近代普通中学职业科施设的历史考察. 教育与职业，2000（10）

44. 鲍嵘. 课程与权力——以京师大学堂（1898—1911）课程运营为个案. 浙江师范大学学报（社会科学版），2005（4）

45. 游小培. 奏定学堂章程颁行百年祭. 浙江社会科学，2004（11）

46. 曲铁华，梁清. 我国近代学制发展嬗变及启示. 邢台职业技术学院学报，2003（8）

47. 朱晓斌. 西方国家早期职业教育课程的演变. 教育与职业，1998（1）

48. 谢长法. 实业教育的传入及其在中国的萌芽. 教育与职业，2001（10）

49. 苗体君. 南洋公学在近代中国学校教育中的地位和意义. 上海交通大学学报（社会科学版），1995（2）

50. 徐鼎新. 中国企业的科技力量与科技效应. 近代史研究，1994（1）

51. 刘巧利，刘璞. 从“实用主义教育”到“职业教育”——谈黄炎培的职业教育理念. 北京劳动保障职业学院学报，2007（3）

52. 暴侠，索磊. 论陶行知的生利主义职业教育. 职业教育研究，2006（8）

53. 夏奇. 清末新政时期的职业教育. 郑州铁路职业技术学院学报，2003（6）

54. 熊贤君. 清末职业教育述评. 教育研究与实验，1994（4）

55. 雷婷婷. 张謇与黄炎培职业教育思想的相通之处. 南通纺织职业技术

学院学报（综合版），2007（3）

56. 元青. 五四时期的实用主义教育思潮. 历史教学，1999（9）

57. 丁平一. 二十世纪初的唯实主义教育思想. 河北师范大学学报（教育科学版），2000（10）

58. 吴洪成. 民国时期职业教育制度化研究. 西南师范大学硕士学位论文，2003

59. 吴玉伦. 清末实业教育制度研究. 华中师范大学博士学位论文，2006

60. 夏奇. 1927—1937年南京国民政府的职业教育. 河南大学硕士学位论文，2004

61. 翟红霞. 20世纪上半期职业教育思想研究. 西北大学硕士学位论文，2005